Ece Kumkale

Hassas Anne

OLİMPOS®

HASSAS ANNE
Ece Kumkale

Redaksiyon: Buse Turan
Kapak Çizimi: Hazar Ata

1. Baskı: Aralık 2017
ISBN: 978-605-2063-27-9

OLİMPOS YAYINLARI
Maltepe Mah. Davutpaşa Cad. Yılanlı Ayazma Yolu No:8 K:1 D:2
Davutpaşa / İstanbul
Tel: (0212) 544 32 02 (pbx) Sertifika No: 13718
www.olimposyayinlari.com - info@olimposyayinlari.com

Genel Dağıtım: YELPAZE DAĞITIM YAYIN SANAT PAZARLAMA
Maltepe Mah. Davutpaşa Cad. Yılanlı Ayazma Yolu No:8 K:1 D:2
Davutpaşa / İstanbul
Tel: (0212) 544 46 46 Fax: (0212) 544 87 86
info@yelpaze.com.tr

Baskı: Ezgi Matbaacılık San. Tic. Ltd. Şti.
Sanayi Cd. Altay Sk. No:10 Çobançeşme/Yenibosna/ İstanbul
Tel: 0212 452 23 02 Sertifika No: 12142

Ece Kumkale

Hassas Anne

OLİMPOS®

ÖN SÖZ

Çocuk Gelişimi ve Eğitimi Uzmanı
Özge Selçuk Bozkurt

Bir hayatta birçok öyküyü barındıran sevgili Ece,

Bir insanı olgunlaştıran doğumlar ve ölümlerdir. Anne baba kaybı, sizi hayatta desteksiz bırakır ve güçlü olmak zorundasınızdır artık; bir desteğiniz, dayanağınız yoktur çünkü... Doğum ise size sorumluluk verir hem de kendinizden başka küçük bir yavrunun sorumluluğudur bu; artık kendiniz için değil o kalp için çalışır, daha hassas düşünürsünüz...

Sevgili Hassas Anne Ece; bu ilk kitabın ile birçok annenin yalnız olmadığını, hayatın tüm zorluklara rağmen devam ettiğini ve daha da güçlenerek devam edeceğini gösterdin...

Annelik ışığın hiç sönmesin; tüm anneleri aydınlatsın...

TEŞEKKÜR

Öncelikle Allah'a, bana verdiği evlatlar ve hayatımdaki insanlar için şükrediyorum. Bu kitabı mümkün kılan canım çocuklarım Kaan, Alper, Sevinç, Esin, hayat arkadaşım aşkım Tarcan, annem, babam, anneannem ve dayım, Sevinç annem, Tamer babam, Tunacığım size sonsuz çok teşekkürler. Canım arkadaşlarım, manevi kardeşim Eser Turgal iyi ki varsınız. Sevgileri ve ilgileri ile bana bu kitabı yazma cesaretini veren Hassas Anneler, sizleri çok seviyorum. Üç yıldır her zaman yanımda olan *Parents* dergisi ekibine de çok teşekkürler. Üç yıldır kitap yazmamakta direnirken beni bu kitabı yazmam gerektiği konusunda ikna eden Olimpos Yayınları'na çok teşekkür ederim.

Kitabıma annelik hikâyelerini yazan 16 anneye de özel olarak teşekkür etmek istiyorum. Hepsi de birbirinden özel anneler. Her annenin bir hikâyesi vardır ve onlar da hikâyeleriyle pek çok annenin kalbine dokunacaklar. Kendi annelik hikâyelerini yazarak benim kalbimi fethettiler.

Bu kitap tek bir annenin bile gücüne güç katsa buna değer…

Ben uzman veya doktor değilim. Kitabımda yazdıklarım benim tecrübelerim ve okuduğum uzmanların ve doktorların tavsiye ettikleridir. Siz lütfen her zaman sizi ve çocuğunuzu tanıyan uzman ve doktorlara danışın ve onları dinleyin. Kitabımda yazanları uyguladığınızda tüm sorumluluk size aittir. Bir çocuk için iyi olabilecek bir şey diğeri için iyi olmayabilir. Unutmayın, her çocuk ve anne farklıdır. Her uzman ve doktor da aynı şeyi söylemiyor. Siz okuyarak, araştırarak ve sorgulayarak sizin ve çocuğunuz için en iyisini bulacaksınız. Annelik sezgilerinize güvenin. Çocuğunuz için en iyi uzman sizsiniz.

ECE KUMKALE KİMDİR?

Ece Kumkale, 1976 yılında İstanbul'da doğdu. 10 yaşında bir oğlu ve 8,5 yaşında ikiz kızları var. Kendi annelik tecrübelerini uzmanlardan öğrendikleriyle harmanlayarak 5 yıldır Hassasanne.com bloğu ve Facebook sayfası aracılığıyla anne-babalarla paylaşıyor. Üç yıldır düzenli olarak *Parents* dergisinde, bazen de *7'den 70'e Kültür, Edebiyat, Çocuk* dergisinde yazıyor. Aynı zamanda, *Parents* dergisi dijital işler koordinatörü olarak çalışıyor. Türkiye çapında gerçekleşen Hassas Anne buluşmaları, *Parents* dergisi Gezgin Anneler Kulübü etkinlikleri ve başka birçok konferans ve seminer bağlamında binlerce anne-babaya ulaştı. Yetersizlik ve suçluluk duygusuyla anneliğin tadını çıkaramayan anneleri motive etmek ve annelerin gücüne güç katmak en büyük amacı.

Ece Kumkale, Cent Koleji ve Koç Üniversitesi Uluslararası İlişkiler Bölümü mezunudur. Florida Üniversitesi Sosyal Psikoloji Bölümü'nde 1 senelik lisansüstü çalışmalarını üniversiteden aldığı tam bursla tamamlamıştır. 2 sene boyunca Florida Üniversitesi İkna Edici İletişim Psikoloji Laboratuvarı'nda araştırma koordinatörü ve laboratuvar müdürü olarak çalışmıştır. 2005-2006 yılları arasında Duke Üniversitesi Sosyal Bilimler Araştırma Enstitüsü'nde, iletişim ve araştırma koordinatörü olarak görev almıştır.

Annelikte Yeni Bir Sayfa

Biz anneler sürekli bir pişmanlık, yetersizlik ve suçluluk duygusu ile yaşıyoruz.

Ona yeterince anne sütü veremedim.

Onu sağlıklı besleyemiyorum.

Onunla yeterince zaman geçiremedim.

Hatta onu normal doğumla bile doğuramadım.

Keşke ona dün bağırmasaydım, neden onu tersledim?

Çalışmam gerekiyordu, gösterisine gidemedim.

Acaba çocuğuma yetemiyor muyum?

Benim yüzümden çocuğum yaşıtlarından geri mi kalıyor?

Kafamızda bu düşünceler ve sorularla çocuğumuzu büyütmeye çalışıyoruz. Çocuğu 5 yaşına gelmiş bir anne; gözleri dolu dolu, hâlâ ona yeterince anne sütü veremediği için ne kadar üzgün olduğundan bahsediyor. Hem de o kadar içten anlatıyor ki sanki 4 yıl öncesine gidiyor ve hâlâ o anda yaşıyor.

Başka bir anne, evini zor geçindiriyor ama çocuğunu sadece organik gıdalarla besleyen arkadaşının yanında kendini kötü hissediyor. Tabii ki bunun nedeni, her zaman çocuğumuz için en iyisini yapmayı istememiz. Bundan daha doğal bir şey yok. Keşke her şey her zaman elimizde olsa ama değil. Elinizden gelenin en iyisini yapmanız yeterli. Lütfen bunu bilin ve kabul edin. Herkesin imkânları, hayatı ve koşulları farklıdır. Kalbinizde taşıdığınız bu ağır yükler ve aklınızın bir köşesindeki "acaba"lar sizin bugün tam anlamıyla mutlu ve anın tadını çıkaran bir anne olmanızı engelliyor. Çocuğunuz da sizin düşüncelerinizden ve ruh hâlinizden etkileniyor.

Hayatta olduğu gibi her gün annelikte de yeni bir sayfa açılıyor. Tertemiz bir sayfa... Bu sayfada eski pişmanlıklarınız, hatalarınız ve sorunlarınız yok. Her yeni gün yeni bir başlangıç... Her gün kendinizi annelikte geliştirebilir ve daha mutlu bir anne olmak için bir adım atabilirsiniz. Mesela, çocuğunuzu daha sağlıklı besleyebilir, onunla daha çok zaman geçirebilir veya ona daha az bağırabilirsiniz. Ama bunu yapabilmek için geriye bakmamanız gerekiyor, çünkü geriye bakarsanız tökezlersiniz. Hep ileriye bakın ki ileri gidin ve o anın tadını çıkarın. Bu kitabı bitirdikten sonra sizin de annelik defterinizde tertemiz bir sayfa açmanız ve tüm olumsuz duygularınızı geçip giden yıllarda bırakmanız dileğiyle...

Nasıl yaptım bilemiyorum.

Kızlar doğduğunda evde 2 yaşın altında tam 3 bebek vardı. Altı bezli 3 bebek!

Allah gücünü, sabrını veriyor. Şimdi kocaman oldular da fotoğraflara bakıp gülümsüyoruz. Bazen dışarıda gezerken küçük bebekleriyle zorlanan anneleri görünce içimden yanına gidip kulağına "Büyüyecek..." diye fısıldamak geliyor. Bazen söylüyorum, bazen de söylemiyorum. Buradan hepinize söylemiş olayım.

Çocuklar büyüyecek ve bu günleri özleyeceksiniz. Kesin bilgi.

Gerçekten...

- Panik yapmayın.
- Tadını çıkarın.
- Nefes alın.

- Bol bol anı biriktirin.
- Kendinizi ve aşkınızı unutmayın özen gösterin.
- Bol bol fotoğraf çekin, bastırın.
- Koşulsuz sevgi, kesintisiz iletişim ve güvenli ortam çocukların mutlu ve sağlıklı büyümesi için yeterli.

Bu Kitabı Neden Yazdım?

Her annenin anlatılmaya değer bir hikâyesi vardır. Bu kitabı annelerin gücüne güç katmak, kendini hassas bir anne olarak görenlere yalnız olmadıklarını hissettirmek ve son 10 yılda üç çocuk annesi olarak edindiğim tecrübeleri ve yaptığım araştırmaları anne-babalara aktarmak için yazdım. Uzman değilim, araştırmacı ve tecrübeli bir anne olarak yazdım bu kitabı. Hassas Anne seminer ve buluşmalarımda "Ece Hanım, çocuğumu sizin yazılarınızla büyüttüm." cümlesini o kadar çok anneden duydum ki... Anne ve babaların çocuklarını büyütürken kitabımdaki bilgilerden yararlanacaklarını umuyorum.

Tek çocuğum, ikiz çocuğum, hem kızım hem oğlum var. Çok kolay da hamile kaldım, tüp bebek tedavisi de oldum. Çok riskli hamilelikler yaşadım. Normal doğum da yaptım, iki tane sezaryen de oldum. Bir tane zamanında doğmuş, biri erken doğum nedeniyle vefat eden üç tane de prematüre bebeğim oldu. Evlat acısını yaşadım. Çok hastalıklarla boğuştum. Borderline yumurtalık kanseri nedeniyle yumurtalıklarım ve rahmim alındı, 37 yaşında menopoza girdim. Sporcu çocuklarım var, kızım üç kere havale geçirdi. Yani uzun lafın kısası sizin başınıza gelebilecek pek çok şeyi ben de yaşadım ve sizi anlıyorum. Yaşamadığım şeyler de oldu. Her annenin anlatılacak bir hikâyesi vardır demiştim. Önce ben size hikâyemi anlatıyorum sonra da 16 Anne size kendi hikâyelerini anlatıyorlar. Belki benim belki de onların hikâyelerinde kendinizi bulacaksınız.

Hayatım boyunca anne olmak istedim. Çok küçüktüm, annem ile babam ben 5 yaşındayken boşanmışlardı. 1980'lerde boşanma, günümüzdeki kadar sık olan bir şey değildi. Okulumuzdaki tek boşanmış aile çocuğu bendim. Yaz tatili bitip okula döndüğümüzde herkes ailesiyle yaptığı tatilleri anlatırken, ben iç çekerdim. Aklımda anne-baba-çocuk olarak fazla anı yok. Çocukları inanılmaz çok severdim ve hep üç çocuğum olacağını söylerdim. Küçücükken bile keşke birisi kapımızın önüne sepetin içinde bir bebek bıraksa diye düşünür, hayaller kurardım. Annem benim kadar çocukları sevmezdi. Dünyanın en iyi annesiydi ama kesinlikle benden başka bir çocuğu olmasını istememişti. Çok çocuklu olmak ona göre değildi. Yıllar boyunca anneme bana bir kardeş yapması için yalvardım. Annem ben 9 yaşındayken yeniden evlendi. Evlendiği adamdan nefret etmeme rağmen kardeş isteklerime devam ettim. Tek çocuk olmayı hiç sevmezdim. Kardeşi olan arkadaşlarıma gıptayla bakıyordum. Çok sevgi dolu bir ailede büyüdüm.

Annem bankacı olarak çalıştığı için beni daha çok anneannem büyüttü. Anneannem ben doğduğumda 41 yaşında olduğu için daha çok annem gibiydi. Anneannemin benim üzerimde çok emeği vardır. Anneannem her zaman çok çalışkandı, herkese o bakardı; bana, dedeme, kayınvalidesine, dayıma... İnanılmaz güzel yemekler yapardı. Yemek yapmayı ve gezmeyi aynı onun gibi seviyorum. Allah başımızdan eksik etmesin. Hâlâ evimizin direğidir. İnanılmaz zeki ve iyi yüreklidir.

Sonra Ahmet dedem... Çocukları inanılmaz severdi, çocuklar da onu. Çocuk sevgimin ondan geldiğini düşünüyorum. Cebinde her zaman sokakta karşısına çıkan çocuklar için balon, şeker ve minik hediyeler olurdu. O zamanlar erkekler çocuklara fazla sıcak davranmazlardı ama İstanbul beyefendisi dedeciğim beni sırtından ve kucağından indirmezdi. Hayatımda gördüğüm en asil ve kibar insandı. Çok hasta olduğu son günleri haricinde onu takım elbisesiz görmedim. İnanılmaz şık giyinirdi.

Emirgan'ın eski bakkalı olduğu için çevresi çok genişti. Birlikte gezer, oynar, dans ederdik. Ne yazık ki annemle babamın ölümünü kaldıramadı; onlardan 6 ay sonra vefat etti. Çok sevdiğim 3 insanı 6 ay içinde kaybettim.

Canım dayım... Ben küçükken de benimle çok ilgilenirdi ama annem ve babamın 19 yıl önce trafik kazasında ölmesinden sonra bana baba gibi oldu. O olmasaydı üç çocuğumu büyütemezdim. Çocuklarımın ve benim üzerimde çok emeği var. Biraz hiperaktiftir; her şeye yetişir. Dayım bizler için her şeyini feda edebilecek bir insandır. Bizim ailemizde çocuklara çok değer verilir; onların iyiliği için her şey yapılır; ben onlardan böyle gördüm ve aynı şekilde bunu devam ettirmeye çalışıyorum.

Bize çocukların iyiliği ve gelişimi için yapılan hiçbir şey zor ve ağır gelmez. Anneciğim çalışmasına rağmen iş dışındaki her anını bana ayırırdı. Beni devamlı sanat ve spor faaliyetlerine götürürdü. Benim gelişimim ve sosyalleşmem için sınır tanımazdı. Ben bugün olduğum insanı ona borçluyum. Ben de annemden gördüğüm gibi büyütüyorum çocuklarımı. Canım babacığım da bana çok şeyler öğretmiştir. Hatta bunları bir kâğıda yazıp bana imzalatmıştı.

- Hiçbir insanı küçümsemeyeceksin.
- Hiçbir işi küçümsemeyeceksin.
- Yaptığın her şeyde en iyi olacaksın.
- Dürüst ve çalışkan olacaksın.

İş disiplinimi ve çalışkanlığımı babamdan aldığımı düşünüyorum. Çok ileri görüşlü bir insandı. Zamanının çok ilerisindeydi. Annemle babam boşanmalarına rağmen arada görüşürlerdi. Onları yine böyle ailecek yemeğe çıktığımız bir gecede alkollü bir sürücü yüzünden kaybettim. Arabada arka koltukta sağımda ve solumda oturuyorlardı. Ben de kaburga ve omuz kırıklarıyla mucizevi bir şekilde o kazadan sağ kurtuldum.

Annemle babamın yokluğunun acısını her zaman hissediyorum. Çocuklarımın mutlu günlerinde içim cız ediyor. Keşke görebilselerdi diyorum. Geçenlerde Alper ilk basketbol lig maçında oynadı. Annemle babamın bunu göremeyecek olmalarını düşünüp devamlı ağladım. Yine de hayatımın 22 yılında anne baba sevgisini tattığım için Allah'a her zaman şükrediyorum ve isyan etmiyorum.

Eşimin ailesi ailemi kaybettikten sonra bana aile oldular. Onları gerçekten anne baba ve kardeş olarak görüyorum. Onlar da bana hep kızları olduğumu hissettirdiler. Eşimin abisi ve kardeşi de olmayan kardeşlerim oldular. Eşimin ailesi ben kızlara 6 aylık hamileyken Akçay'a taşındı. Ne yazık ki onları istediğim kadar göremiyorum. Yine de iyi ki varlar. Her gün mutlaka konuşuruz.

Şimdi gelelim aşkıma... Dile kolay 22 yıldır aşkımız devam ediyor. Burada bir maşallah rica ediyorum. Biz neler atlattık bu 22 yılda. Annemle babamın ölümü, oğlumuzun vefatı, benim 7 ameliyatım, 21 ayda 3 çocuk sahibi olmak, eşimin doktora süreci, Amerika maceramız, Türkiye'ye dönüşümüz ve üç çocuğu beraberce layıkıyla büyütmeye çalışmak...

Eşimle tanıştığımızda 19 yaşındaydık ve Koç Üniversite'sinde öğrenciydik. Bir ders için birlikte çalışmaya başladık ve 25 Aralık 1995'ten beri hiç ayrılmadık. Aşkım psikoloji okuyordu ben de uluslararası ilişkiler. Rahmetli annem ve babam, eşimi çok seviyorlardı. Ölmeden önce 3 yıl onu tanıdıkları ve damat adayı olarak bildikleri için çok mutluyum. Annemle babam trafik kazasında öldüklerinde aşkım yanımda olmasaydı sanırım yaşamaya devam edemezdim. Annemlerin gidişinden 1 yıl, üniversiteden mezun olduktan 3 hafta sonra 23 yaşında evlendik ve Amerika'ya yerleştik. Eşim Florida Üniversitesi'nde psikoloji doktorasına başladı. Ben de ilk yıllarda Amerika'da çocuk baktım. Hâlâ o depresyonu üzerimden atamamıştım ve ilk yıllar genç de olduğumuz için çocuk düşünmedik. Öğrenci olduğumuz için ucuza tatil bulabildiğimizde Amerika'nın pek çok yerini gezdik. Daha sonra ben de Florida Üniversitesi'nden aldığım tam bursla 1 senelik lisans sonrası sosyal psikoloji programını tamamladım. İki sene boyunca Florida Üniversitesi İkna Edici İletişim Sosyal Psikoloji Laboratuvarı'nda müdür ve araştırma koordinatörü olarak çalıştım. Hem öğrencilik hem ev hanımlığı hem de tam zamanlı çalışmak zordu ama çalışmayı çok sevdiğim için severek devam ettim.

Anne olma hikâyemde bu dönemleri ayrıntılı olarak okuyacaksınız. Ben biraz size evlilik hakkındaki düşüncelerimi yazmak istiyorum. Günümüzde ne yazık ki evlilikler çok kısa sürüyor ve boşandıktan sonra anne-babalar birbirlerine düşman oluyorlar. Bundan en çok etkilenen de çocuklar oluyor. Lütfen evlenirken daha çok düşünün ve evlenmek veya çocuk sahibi olmak için evlenmeyin. Kimseyi değiştiremeyeceğinizi bilin. Gerçekten çok sevdiğiniz ve uyumlu yaşayabileceğiniz insanla hayatınızı birleştirin. "İyi günde kötü günde..." derler ya, çok doğru. Evlilikte iyi günler de olur kötü günler de, önemli olan birbirinize olan sevgi ve saygınızı yitirmemek. Çok şükür biz bunu başardık. Eşim, benim en büyük şanslarımdan biri. Bu kadar yıldır hâlâ onunla sohbet etmeye doyamıyorum ve sıkılmadan onunla zaman geçirebiliyorum. O da çok çalışan bir akademisyen, ben de çok yoğun çalışıyorum ve hâlâ birbirimizi özlüyoruz. Yıllarca ben onun eğitimini ve kariyerini destekledim, şimdi de 5 yıldır o benim Hassas Anne bloğuma ayırdığım zamanı ve verdiğim emeği destekliyor. Hayat müşterektir. 21 ayda üç çocuk sahibi olduk ve bizi hem fiziksel hem de psikolojik olarak zorlayan zamanlardan geçtik. Şimdi çocuklarımız çok şükür büyüdüler. Oğlumuz Alper 10 yaşında, ikiz kızlarımız Esin ve Sevinç 8,5 yaşındalar ve biz verdiğimiz emeklerin meyvelerini yiyoruz. Eşim bir anne olarak bana saygı duydu ve beni destekledi; ben de bir baba olarak onu çocuklarımızın hayatına kattım ve babalığını doya doya yaşaması için teşvik ettim. Eşim doğurmak ve emzirmek dışında ben çocuklarım için ne yapıyorsam, aynısını yapmıştır. Harika bir babadır. Her şey birlikte yapınca ve başarınca güzel ve değerli... İyi ki varsın canım. Ben ve çocuklarım çok şanslıyız.

Ben nelerden hoşlanırım? Mesela seyahat etmeyi çok severim. 21 yaşındayken 1 aylık interrail tren bileti alıp sırtımda sırt çantamla trenlerde ve hostellerde uyuyup Avrupa'nın 9 ülkesini gezmiştim. iInterrail Türkiye'de ilk yapanlardan biri olmak çok hoşuma gidiyor. Umarım bir gün çocuklarımla da böyle bir tatil yapabilirim. Şimdi de *Parents* dergisi Gezgin Anneler Kulübü ve Hassas Anne buluşmalarıyla Türkiye'nin tüm illerinde anne buluşmaları yapmak hedefim.

Fotoğraf çekmeyi de çok severim. Bu huyumu da dedemden almışım. O kadar çok fotoğrafım var ki inanamazsınız.

Araştırma yapmayı çok severim. İlgimi çeken konulardaki bilimsel makaleleri okurum ama ilgilendiğim konuda öyle bir iki tane değil yüzlerce makale okurum. Amerika'da 3,5 yıl üniversitelerde araştırma koordinatörü olarak çalıştığım için makale okuma alışkanlığını o zamanlarda edindim sonra da çocuk sahibi olunca çocuk gelişimi ve sağlık konularında okumaya başladım. Bloğumda bu okuduğum makalelerden edindiğim bilgilerle üç çocuğumla yaşadıklarımı harmanlayıp yazıyorum ve bu annelere hitap ediyor.

Biraz da size hayata bakış açımdan bahsetmek istiyorum. Hayatım boyunca zor sınavlar ve hastalıklar atlattım. Ben bu süreçlerde her zaman çok olumlu düşündüm ki zaten hayata çok olumlu bakan bir insanım. Kötü bir şey olmadan, "Kötü bir şey olacak." diye üzülme huyum yoktur. Kadere ve tevekküle inanırım. Her şey olacağına varır ve ben daha çok süreçlerle ilgilenirim. Tabii ki 22 yıldır eşim ve ailem de bana her an destek oldu. Ama sanırım benim her zaman mutlu ve telaşsız bir insan olmam onlara da iyi geldi.

Her şeyin iyi olacağına dair inancımı ve umudumu hiç kaybetmedim ve her zaman iyi düşündüm. Hastalık sürecinde hayatın tadını çıkarmaya odaklandım. Hastane sürecimin bile tadını çıkardım diyebilirim. Kendime çok şirin köpekli bir hastane terliği ve şık pijamalar aldım. Hassasanne.com bloğumdan paylaşımlarıma hiç ara vermedim. Benim bu deneyimimin diğer kadınlara umut ve güç vermesini istedim. Bloğumda anne olma hikâyemi okuyan 230,000 kadına umut verdiğimi biliyorum.

İnsanların umut dolu ve sonu iyi biten hikâyelere ihtiyaçları var. Benim gibi zorluklara rağmen dimdik ayakta olan ve hayatın her koşulda tadını çıkaran bir anneyi takip etmek Hassas Annelere çok iyi geliyor. Beş yıldır her anımda yanımda olan, bana destek olan Hassas Anneler de bana çok iyi geliyor. Hayat paylaştıkça daha da güzelleşiyor. Sizlerin hayatlarınıza dokunmak çok güzel. Sizler iyi ki varsınız. Her zaman bir faydam olmasını istedim ve Hassas Anne bloğum ile bunu gerçekleştirebiliyorum.

Benim Anne Olma Hikâyem... Çok Uzun, Üzücü, Şaşırtıcı, İnanılmaz ama Sonu Mutlu

Benim anne olma hikâyem klasik anne olma veya doğum hikâyelerinden değil. Çok uzun, üzücü, şaşırtıcı, değişik... Belki yer yer inanılmaz ama sonu çoğunuzun bildiği gibi çok güzel. Hikâyemde yaşadığım sağlık sorularına da yer verdim; birilerine faydalı olabileceğini düşündüm. Kısaltmak mümkün değildi; tam 7 sayfa yazdım. Alt alta koyunca "Ben bunları nasıl yaşamışım?" dedim.

Çok küçük yaşlardan beri çocukları çok severim. Kendim bir çocukken bile bebeklerin peşinde koşar, onlara bakardım. Rahmetli dedemden miras herhâlde; o da çok severdi çocukları. Yıllar içinde çocuk sevgim hiç bitmedi ve artarak çoğaldı. Yeni öğrendim, rahmetli babam da bunu fark etmiş ve 25 yıl önce en iyi arkadaşı İlhan Abi'ye "Çocukları çok fazla seviyor, inşallah çocukları olur yoksa mahvolur üzüntüden." demiş. Gerçekten mahvolurdum sanırım. Her zaman 3 çocuğum olmasını arzu ediyordum.

Üniversitede okurken eşimle âşık olduk, çıkmaya başladık; 3,5 yıl sonra okul bittiğinde hemen evlendik. Eşim doktora için ABD'deki Florida Üniversitesi'nden burs almıştı. Bu nedenle evlendikten 3 hafta sonra Florida'ya taşındık. Bu taşınma bana çok iyi geldi çünkü tam bir yıl önce trafik kazasında canım annemi ve babamı alkollü bir sürücü yüzünden trafik kazasında kaybetmiştim. Kazada ben de yaralandım ama mucize eseri kurtuldum. İlk bir yıl ağır depresyondaydım. Bu yüzden ülke değişikliği ilaç gibi geldi. Evlendiğimizde henüz 23 yaşında olduğumuz ve doktora dönemi zorlu geçtiği için hemen çocuk düşünmedik. Gittikten 2 yıl sonra ben de üniversitedeki bir psikoloji laboratuvarında araştırma koordinatörü olarak tam zamanlı çalışmaya başladım. Çok sıkı çalışıyordum; ertesi sene burs kazandım. Sosyal psikoloji alanında lisans sonrası eğitimimi tamamladım. Çocuk işi biraz daha ileriye atıldı. 27 yaşında bende bir hormon bozukluğu olan Polikistik Over Sendromu'nun (PKOS) olduğunu öğrendim. PKOS, Türkiye'deki kadınların yaklaşık yüzde 12'sini etkileyen epey rahatsız edici bir sendrom. Regl düzensizliği, kilo alma, istenmeyen yerlerde tüylenme, erkek tipi saç dökülmesi, kan testlerinde testosteron hormonunun normalden yüksek çıkması gibi belirtileri var. Bu sendromun hamile kalmayı zorlaştırdığını duyduğumda çok korkmuştum. Üç yıldır kullandığım doğum kontrol hapını bırakmaya karar verdim. Bu arada PKOS olan insanlarda altta yatan sorunun insülin direnci olduğunu ve buna da bir ilacın iyi geldiğini öğrendim ve kullanmaya başladım. Bu ilacı mutlaka hamileyken de kullanmak gerekiyor yoksa ilk 3 ayda düşük olma olasılığı çok fazla. (Önce mutlaka doktorunuza danışın ve ondan onay almadan ilaç kullanmayın.) Uzun yıllar hamile kalmaya çalışacağımızı düşünürken hapı bıraktığım ay hamile kaldım. Şaşkınlıktan ve mutluluktan ölecektim. Meğerse bu hastalıkta bir süre doğum kontrol hapı kullanıp bırakınca o ay hamile kalma olasılığın çok yüksekmiş. Eşim de çok çok sevindi tabii.

Hamileliğim çok güzel gidiyordu, bulantım yoktu, üniversitedeki işime devam ediyordum. Bir oğlumuz olacağı fikri beni çok heyecanlandırıyordu. Hayatımdaki kederli dönemin bittiğini, çok mutlu bir dönemin başladığını düşünüyordum. Dokuz haftalık hamileyken hafif lekelenme şeklinde kanamam olmuştu ve ben araştırmalarımdan progesterone eksikliği olduğunu tahmin etmiş ve zorla yaptırdığım kan testiyle de bunu kanıtlamıştım. Amerika'da test yaptırmak veya fazladan ultrasona girmek öyle Türkiye'deki kadar kolay değil. Hamilelikte bir kez 18 haftalıkken ultrasona giriyorsunuz; bir sorun olmazsa da bir daha girmiyorsunuz. Zaten öyle her doktorun odasında da ultrason cihazı yok. Hastanelerde genelde bir tane oluyor; onun da peşinde koşuyorsunuz. Bu durum sonradan şaşırtıcı geldi; çünkü gittiğimiz hastane Florida'nın en iyi araştırma hastanesiydi. Israrla progesterone takviyesi istedim; lekelenmelerim anında kesildi. Ondan sonraki hamileliklerimde de ilk 3 ay progesterone kullandım ve faydasını gördüm.

On sekizinci haftada yapılan büyük ultrasonda her şey harika görünüyordu. Oğlumuz çok sağlıklı büyüyordu, kilo alımım normaldi, kan testlerim iyiydi. Benim biraz hislerim kuvvetlidir. Nereden aklıma esti bilinmez; doktora, "Profesör, bende rahim yetmezliği olabilir mi?" diye sordum. İçime öyle bir his doğmuştu. Doktor bu soruyu sormama sebep olacak bir durum olmadığı için benimle birazcık alay etti ve daha güzel bir ultrason olamayacağını söyledi. Ben yine de " Artık hiçbir sorun olmaz değil mi?" diye sordum. "Kimse bunun garantisini veremez." dedi. Çok haklıydı.

20,5 haftalık hamileyken bir sabah uyandım. O gün 1,5 saat uzaklıktaki Orlando'ya gezmeye gidecektik. Bir baktım biraz kanamam olmuş. Hemen acile gittik. Doktor ultrasonda inceleme yapmaya başladı. Ekranda oğlum Kaan'ı hareket ederken görünce ne kadar sevindim ve rahatladım, anlatamam. Ama doktorun yüzü birden asılmıştı. Hemen koştu ve 2 tane daha doktor çağırdı. Allah'ım ne oluyordu; tamamdı işte oğlum yaşıyordu, çok hareketliydi. Neden ortalık karışmıştı? Doktor serviksimin açıldığını hatta bebeğin ayaklarının çıkmak üzere olduğunu ve bugün çok büyük ihtimalle bu doğumun gerçekleşeceğini anlatırken beynimden kaynar sular dökülüyordu. Ama bebeğim henüz yaşayabilecek kadar büyümemişti ki...

Beni hemen yatağa yatırdılar ve yatağın ayak ucunu iyice

yukarıya kadar kaldırdılar. Kaan'ı belki içeriye doğru kaydırabiliriz diye düşünüyorlardı. Ondan sonra servikse dikiş atmaya çalışacaklardı, tabii bu arada suyum patlamazsa... O durumda kafam aşağıda ayaklarım havada saatlerce yattım. Eşim de ben de perişandık. Ne yazık ki sabaha doğru suyum geldi ve oğlumun doğması engellenemedi. Oğlum Kaan, 3 Ocak 2004'te doğdu. Sadece 20,5 haftalık, 357 gram minyatür bir bebekti. Her şeyi vardı; doğduğunda yaşıyordu, ama ciğerleri gelişmediği için vefat etti. Çok güzel bir resmi var bende ve Sevinç'e çok benziyor. Sevinç doğduğunda bu benzerlik beni şok etmişti. Yaşadığımız bu acıyı anlatmama imkân yok. Allah kimseye evlat acısı vermesin. Annemi babamı bir anda kaybetmiştim ama Kaan'ın acısının tarifi yok. Kalbim yerinden söküldü.

Taş oldum ben...

Doğumdan sonra çok kötü günler bizi bekliyordu. Lohusaydım ama bebeğim yoktu. O hastaneden eşimle bebeğimiz olmadan ayrılışımızın acısını şu anda bile yüreğimde hissediyorum. 2-3 gün içinde göğüslerim sütle dolduğunda bir kez daha yıkıldım. Sütlerim vardı ama emzirecek bir bebeğim yoktu. Beceriksiz Amerikalı doktorlar bana bu sütü kesecek bir ilaç vermeyi bile akıl edemediler. Hâlbuki bu mümkünmüş. Lahana yaprakları sararak filan halletmeye çalıştım. Doğumdan bir hafta sonra laboratuvara işe döndüm. Doğum sonrası kontrolüme gittiğimde o profesör yüzüme bile bakamıyordu. Beni daha önce hem alttan hem ultrasonla muayene etmiş olmasına rağmen bendeki bir sorunu fark etmemişti. Normalde kadınların serviksinin uzunluğu 5 santim civarında olur ama benimki doğuştan 1 santim uzunluğundaymış. Doğuştan bu kadar kısa bir serviks ancak 10 milyonda bir görülürmüş. Normalde rahim yetmezliği olduğunda (Evet, bende rahim yetmezliği varmış içime doğduğu gibi.) zayıf olan servikse alttan basit bir ameliyatla vajinal serklaj (dikiş) yapılıyor; bu sayede bebeği daha uzun taşıyabiliyor anneler. Çok yapılan bir işlem; ancak benim serviksim bu dikişi tutabilecek kadar bile uzun değilmiş. Doktor çok ender yapılan bir ameliyat olan Trans-Abdominal Cerclage (TAC) diye bir ameliyattan söz etti. Bir başka ihtimal olarak da taşıyıcı annelik yoluyla çocuk sahibi olabileceğimi söyledi. Oradan ayrılırken eşim de ben de konuşacak hâlde değildik. Öylece eve geldik.

Şoku atlattıktan sonra hemen araştırmaya başladım. Huyumdur. Hemen harekete geçerim. Önce doktorun bahsettiği TAC ameliyatı hakkında bilgi topladım. Bu ameliyatta sezaryen gibi karından giriliyormuş; rahmin bittiği yere, serviksin biraz üstüne bir kelepçe takılıyormuş; bu serviksi devreden çıkarıyormuş ve bebeği içeride tutuyormuş. Çok nadir yapılan ve biraz da tehlikeli bir ameliyat olduğu için en son çare olarak yapılıyormuş. Genellikle, anneler 3-4 bebeği 5-6 aya kadar taşıyıp kaybetmeden bu ameliyatı gündeme almıyorlar. Riskli bir ameliyat; yapabilen doktor da dünyada çok az.

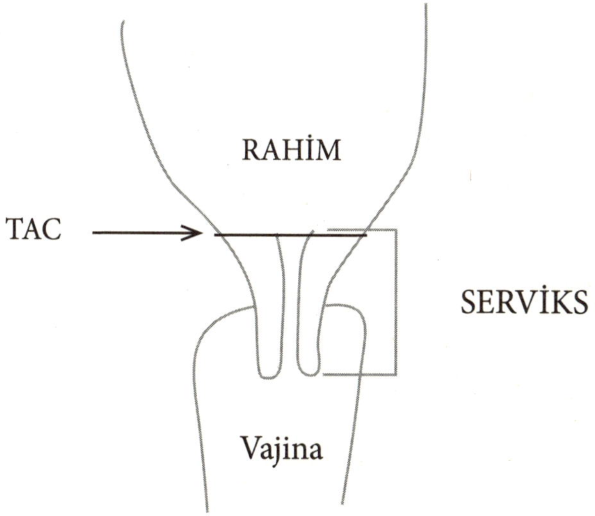

İşte ameliyatı gösteren bir çizim

Bu arada bu ameliyatı olmuş kadınlardan oluşan bir internet grubuna katıldım (Yahoo'da Abbyloopers). Onların hikâyelerini okumak bana çok iyi geldi. Ameliyatı yapan çok az doktor var gibi gözüküyordu; ancak sonuçlar genelde başarılıydı. Annelerin çoğu bebeklerini sonuna kadar taşıyabiliyorlardı. Ne yazık ki koca Amerika'da bu ameliyatı sadece 10 doktor yapıyordu; bizim yaşadığımız Florida'da ise yapan doktor yoktu. Avrupa'da da sadece İngiltere'de bir doktor yapıyordu. Türkiye'de o zamanlar yapan yoktu; şimdi 2 doktorun yaptığını öğrendim. Ama onlar kelepçe takmıyorlarmış, dikiyorlarmış ve bu, her vaka için ideal olmuyor. Yine de şu anda bu ameliyatı Türkiye'de olanlar var ve bebeklerini sonuna kadar taşıyabildiler. Florida dışında ameliyatı olursam oradaki sağlık sigortamız bunu karşılamayacaktı. 20,000 dolara mal olan, pahalı bir ameliyattı. Öğrenci hâlimizle bunu karşılamamız imkânsızdı. Büyük hayal kırıklığı oldu.

Eşimin doktorası bitmek üzereydi. Amerika'da biraz daha kalmak istiyordu. Değişik üniversitelerden iş teklifi aldı. İşini seçerken gideceğimiz şehirde bu ameliyatı yapan doktor olup olmadığını da kontrol ettik. Yani çocuk arzumuz kariyerimizi bile etkiledi diyebilirim. Duke Üniversitesi seçenekler arasında idealdi. Florida'dan kuzeye North Carolina'ya taşındık. İlk işimiz orada bu ameliyatı yapan Dr. Haywood Brown'u bulmak oldu. Beni muayene etti ve ameliyatı yapacağını söyledi ancak önce hamile kalmam gerektiğini söyledi. Ameliyatı ben 3 aylık hamileyken yapmak istiyordu çünkü bu ameliyat o zamanda yapılıyordu. 3 aylık hamileyken sezaryen gibi kesiyorlar içinde bebek olan rahmi çıkarıyorlar ve ucuna kelepçeyi (TAC) takıyorlar. Hiç aklıma yatmadı. Hem riskliydi hem de bebeğimin anestezi alması söz konusuydu.

"İstemem." dedim. Bu ameliyatı bulup geliştiren başka bir doktorun ameliyatı doğum öncesinde de yapmaya başladığını duymuştum. Dr. Haney, Chicago'da çalışıyordu. Telefonunu buldum; ağlayarak durumu anlattım. Ona Dr. Brown'un ameliyatı hamilelikten önce yapmayı kabul etmediğini söyledim ve ona, öğrencisini ikna etmesi için yalvardım. Dr. Haney inanılmazdı. Kendisinin hastası olmayacağımı bildiği hâlde benimle 1,5 saat konuştu. Ameliyatı ilk dönemlerde yapan tüm doktorlara ameliyatı o öğretmişti. Bu yüzden, benim doktorum Dr. Brown'ı tanıyordu. Dr. Brown, Amerikan Jinekologlar Derneği Başkanı inanılmaz ünlü bir doktordu. Kendi aralarında konuştular. Sonunda, Dr. Haney benim doktorumu Chicago'ya çağırdı; hamilelik öncesi yaptığı 2-3 ameliyata katılmasını istedi. Benim doktorum da ameliyatı bu şekilde yapmayı öğrendi. Söylediğine göre çok farklıymış rahim büyümeden yapmak. Bu arada bana sıra gelene kadar bir yıl beklemek zorunda kaldım çünkü doktorum çok yoğundu. Tabii o beklemeler ömrümden ömür götürdü. Bu arada da hamile kalmamam gerekiyordu.

Tam ameliyat zamanım gelirken sigorta şirketi ameliyatı karşılamayacağını haber verdi. Hamile kalabileceğimin garantisi olmadığı için ameliyatı boşuna olma ihtimalim varmış! Delirdim. Uzun uğraşlarımdan sonra bir doğurganlık uzmanına gittim ve hamile kalabileceğime dair rapor aldım. Sigorta şirketini de ikna ettikten sonra ameliyat gününü beklemeye başladım. Duke Üniversitesi Hastanesi, Amerika'nın en saygın hastanelerinden biriydi. Hamilelik öncesi TAC ameliyatı, bu hastanede ilk defa yapılacağı için büyük olay oldu. Kanada'dan ve Amerika'nın başka eyaletlerinden doktorlar ameliyatı izlemeye geldi. Başımda 20 kadar doktor ve 30 kadar hemşire vardı. Hepsi yanıma geldi; bol şans dileyip ameliyatı izlemeye çıktılar.

Biliyorsunuz, siyaset ve dinden bahsetmeyi pek sevmiyorum ben; uygunsuz geliyor ancak bu hikâyeyi anlatırken burayı anlatmasam eksik kalacak. Ameliyatımı yapan iki doktor da çok dindar Hristiyanlardı; hatta kendi yaptırdıkları, onların adını taşıyan kiliseleri vardı. Bu ameliyat benim için çok önemliydi, bir başlangıçtı. Doktorumdan ameliyata başlarken Allah'a dua etmesini ve Allah'ın adıyla başlamasını rica ettim. O ve diğer doktor bir anda eşimin ve benim elimi tuttular ve öyle güzel bir dua etmeye başladılar ki anlatamam. "Allah'ım ellerimize kuvvet ver, hayırlı sonuç alalım." şeklinde şeyler söylediler. Hâlâ unutamam. Öyle bir ruh hâlinde ve moralle ameliyatım başladı ve çok güzel sonuçlandı. Ameliyattan sonra aylarca hamile kalmam yasaktı.

Ameliyattan yaklaşık bir yıl sonra Türkiye'ye dönmeye karar verdik. Döneceğimiz için çok mutluydum ama yine beklemem gerekiyordu çünkü hamileyken Amerika-Türkiye uçağına binmem yasaktı. Havadayken doğum başlarsa kelepçe nedeniyle normal doğum yapmam mümkün değildi, havada sezaryen de olacak hâlim olmadığı için ölebilirdim bile. Yine beklemeye devam ettik. Türkiye'ye Ocak 2006'da döndük. Sonunda Eylül 2006'da hamile olduğumu öğrendim. Kaan'ım gideli neredeyse 3 yıl olmuştu. Dile kolay... O 3 yıl nasıl geçti bir ben bilirim.

Olduğum ameliyata güvenim tamdı ama yine de tabii insanın içinde her an doğum yapacağım endişesi oluyor. Dört aylık hamileyken yatmaya başladım. 17 yıllık jinekoloğum Dr. Herman İşçi'ye haftada bir gidiyordum. Risk nedeniyle hiçbir şeyi şansa bırakmıyorduk. Beş aylıktan itibaren oğlum Mehmet Alper tamamen aşağıya inmişti ve onu sadece o kelepçe tutuyordu. İyi ki vardı. Evden sadece doktora gitmek için çıkıyordum. Ultrason sonuçları iyiyse iki saat alışveriş merkezine gidiyorduk. Eşim orada beni tekerlekli iskemleyle dolaştırıyordu. Ah o iki saati nasıl beklerdim... Evdeyken sadece tuvalet ve yemek için kalkardım, onun dışında devamlı yan yatardım. Haftada bir de çok acı veren P17 Progesterone iğnelerinden oluyordum. Kasılmaları ve erken doğumu önlüyordu. İki hamileliğimde bu iğneden tam 50 tane oldum.

Sevgili doktorum daha hamileliğin başında bana araştırdığını ve bu ameliyattan sonra taşınan bebekleri 37 hafta 1 günlükken almanın uygun olacağını söyledi. Risk almak istemiyordu, bebek sorun yaşamazdı ve ikinci bir bebek olursa diye kelepçeyi çok zorlamak istemiyordu. Tarihe baktı, "19 Mayıs'ta alacağız." dedi. Ağlamaya başladım. Çünkü İlk oğlum Kaan zamanında doğsaydı o da 19 Mayıs 2004'te doğacaktı. Allah'ım sen nasıl bir plan yapmıştın böyle? Ne dersler vardı acaba bunda? Bir yıldaki o kadar günden bu gün olmuştu ve Kaan'ın doğacağı günden tam 3 yıl sonra canım oğlum Mehmet Alper'imi kucağıma aldım. 37 hafta 1 günlük doğdu, 3 kilo 70 gram ve 48 santimdi. Çok şükür, her şey yolunda gitmişti. Hayatımıza bir güneş gibi doğdu ve bütün kederlerimin üstünü ışığıyla örttü. O kederler, kayıplar ve acılar hep var tabii ki ama hayat çocuklarımla güzel ve anlamlı. Her gün yaşanmaya değer ve Allah'ın bize bir armağanı.

Doktorum Herman Bey ile Alper'i çok bekledik, heyecanlandık. Doğumum epiduralli sezaryendi. Rahim kelepçesi başka bebeğim olursa diye yerinde bırakıldı. Doğum boyunca her şeyi yaşamak; eşimle, doktorumla konuşmak çok güzeldi. Ameliyathane de olsa Herman Bey'in açtığı muhteşem klasik müzik ve devamlı benimle konuşup moralimi yükselten şeyler söylemesi harikaydı. Alper doğdu; her şey harikaydı, ama Herman Bey'de bir durgunluk olduğu dikkatimi çekti. Alper çıktığında çok neşeli olan adam sonrasında asık suratlıydı biraz. Hatta ben "Bir şey mi oldu? Bir sorun mu var?" diye sordum. Alper'de bir sorun yoktu; ancak aylar sonra söylediler ki sorun bendeymiş. Oraya döneceğiz.

Alper çok rahat bir bebekti. Deliler gibi emerdi. Çok şükür, sütüm yerindeydi. Bakımı da çok kolaydı, sadece acıkınca ağlardı. Herkesin öyle bebeği olsun inşallah. Bu arada eşim bana devamlı "Sütün azaldı mı?" diye soruyordu. Ben de biraz sinirlenerek "Hayır." derdim. Alper 8,5 aylık oldu ve ben özel sağlık sigortamın kapsamını biraz azaltmak istedim, sağlıktan söz açılınca eşim, "Galiba artık sana bunu göstermem gerek." dedi ve bir biyopsi raporu getirdi. Hiçbir şey anlamadım. Doktorum doğumda Alper'i aldıktan sonra bir de yumurtalıklara bakayım demiş ve yumurtalık kadar (3 santim) bir tümörle karşılaşmış sol yumurtalığımın üzerinde. İyi huylu olmadığını ilk bakışta anlamış ve o tümörü tamamen temizleyip almış ve biyopsiye göndermiş. Yani benim doğumum aynı zamanda bir tümör ve kanser ameliyatına dönüşmüş. Adamcağızın morali bu nedenle bozukmuş.

Doğumdan sonra eşimi çağırmış, bu raporu ve güvendiği bir onkoloğun kartını vermiş. "Sütü biraz azalınca bu onkoloğa gidin." demiş. Ama bu arada beni 3 ayda bir kontrole çağırdı ve ultrasonla baktı. Ben de diyordum ki "Doğumdan sonra ne çok kontrol varmış, millet tarlada doğuruyor işine dönüyor." Meğerse tümör yeniden büyüdü mü diye bakıyormuş. Aylarca bana hiçbir şey söylemediler.

Hemen biyopsi raporunu incelemeye başladım; pek bir şey anlamadım. Bir tümör var ama ne? Sonuç bölümünü Google'a yazdım ve karşıma "Yumurtalık Kanserinin Türleri" çıktı. Şok oldum. Allah'ım bitmemiş miydi kederlerim? Hemen doktorumu aradım. Herman Bey, "Daha gitmediniz mi onkoloğa?" diye kızdı. Neyse hemen ertesi gün bin bir ricayla randevu aldık ve onkolog-jinekolog Prof. Fuat Demirkıran'a gittik. Fuat Bey de çok kızdı bu kadar geç gelmemize; hemen ameliyat olmam gerektiğini söyledi. Bir MR çektirdim ve alınan tümörün yerinde yeni bir şey çıktığını gördük. Tümör, Borderline Over kanseriydi; kötü huylunun iyisi gibi bir şey. Kanser başlangıcı diyenler var, invasiv kadar kötü değil ama bundan ölenler de var. Benimki papiller cinsti; yani biraz daha tehlikeliydi. Yayılma olasılığı vardı. Biz doktorumun sayesinde erken yakaladık.

"Yakalamasak 2 yılda ölmüş olurdun büyük ihtimalle." dedi onkolog. Alper'imin doğumu ve doktorumun dikkati büyük ihtimalle benim hayatımı kurtardı diyebiliriz.

Ameliyata girerken çok kötü oldum. Göğsüme Alper'in bir resmini koydum, öyle girdim. İnsanın çocuğu olunca ameliyata girmek ne zormuş. Ameliyathanede herkese gösterdim. "Bakın." dedim. "Bu benim 9 aylık oğlum. Ona kavuşmam gerekiyor, ona göre yapın ameliyatı." Ağlattım herkesi ama ameliyatım güzel geçti. Tümörün çıktığı sol yumurtalık ve tüp alındı, tümör geri gelirse diye apandisit ve karın zarı da alındı çünkü ilk oralara bulaşırmış. Sağ yumurtalıktan da parça alındı ama ameliyat sırasında yapılan hızlı biyopside (Frozen deniyor buna.) sağ yumurtalık temiz denildi. Eğer orada da çıksaydı sağ yumurtalık da alınacak, 31 yaşında menopoza girecektim. Kızlarım olmayacaktı. Bu da Allah'ın bir hikmetiydi. O test yüzde 90 doğru çıkarmış.

Ameliyat ağırdı, çok acı çektim. Karnımı göbek deliğinden aşağıya kadar kestiler. İyileşmem zor oldu. Yine de Alper daha fazla süt içebilsin diye ameliyattan 3 saat sonra yattığım yerden canım arkadaşım Eser'in yardımıyla anne sütümü sağmaya başladım. Üç saatte bir sağdım; anestezi ilaçlı olduğu için attım. Dört gün bunu yaptım. Herkesin yapabileceği bir şey değildi ama azmettim. Bir annenin kafasına koyduğu her şeyi yapabileceğine inanıyorum. Annelik böyle bir güç veriyor insana. Dört gün sonra eve geldiğimde Alper meme emmeye devam etti. Oğluma kavuşmak harikaydı.

Ameliyattan 10 gün sonra, doğum günüme denk gelen 25 Şubat 2008'de doktorun ofisine her zamanki gibi gülerek ve neşeyle girdim ama doktorum gülmüyordu. Onu öyle görünce bir şeylerin ters gittiğini anladım. Gelen biyopsi sonucuna göre kalan sağ yumurtalıkta da aynı tümörden varmış. Kötü bir 32. yaş günü hediyesi oldu. Bir noktada yeniden ameliyat olmam gerekecekti. Israr ederek Alper'e kardeş yapmak istediğimi söyledim. Ben tek çocuğum ve annemle babamı kaybettiğimde hep keşke bir kardeşim olsaydı demiştim. Onun yalnız büyümesini istemiyordum. Kardeş şart olayını aşmıştım. Evet, biraz riskliydi ama kalan yumurtalıktaki tümör görünmüyordu bile ve inşallah büyümeyecekti ben Alper'e kardeş yapmadan. Doktorum benim deli olduğumu düşünmekle beraber risk bende olmak üzere bana izin verdi, ama tek koşulda: Hemen tüp bebek yapmam gerekiyordu. Kalan tüpün şekli çok bozulmuştu, hamile kalmam kolay olmayacaktı. Bu arada o tümör her an büyüyebilirdi. "Tamam." dedim. Alper 14 aylıkken Haziran'da tüp bebek yaptık. Çok az hormon kullandık ve tüp bebek doktorum Dr. Melih Aygün iğneleri o kadar güzel ayarladı ki tam istediğimiz gibi sadece iki embriyo oldu. Onlar da Sevinç ve Esin.

25 Temmuz'da embriyoları rahmime yerleştirdiler. Eşimle eve geldik. Alper henüz ellerini bırakıp yürümüyordu. Ben yattım eşim de Alper'i parktaki bir doğum günü partisine götürdü. Eşime dedim ki "Alper artık abi oldu ve orada yürüyecek." Gerçekten de orada ilk defa yürümüş ve o günden sonra da yürüdü.

Biz rahmime iki tane embriyo koyduk çünkü tümör nedeniyle bu benim tek tüp bebek deneme şansım olacaktı. Şansımızı arttırmak istedik. Dr. Aygün tutma ihtimallerinin çok yüksek olduğunu söyledi. Ama tabii bilemiyorsun. İkiz olmasını pek istemiyordum, çünkü rahim yetmezliği nedeniyle taşımam çok zor ve riskli olacaktı. Gerçi Amerika'da TAC ile ikiz taşıyanlar vardı. İkiz olduğunu öğrenince çok sevindim, ama korkuyordum da. Her ultrasonda doktorum tedbirli davranıyor ve "Belki bunlardan biri gidebilir ve tek gebeliğe düşebilir. Öyle olabilme ihtimali de var." diyordu. Ben de "Hayır bunlar ikiz olacaklar, biliyorum." diyordum. On sekiz haftalık olunca doktorum, büyük ultrason için dünya çapında bir ikiz gebelik uzmanına gönderdi. Makineyi açmadan önce doktora "Bakın şimdi, çok korkutucu bir görüntü göreceksiniz." dedim. O da anne karnında ikizlere ameliyat yapan biri olduğu için "Ooo, ben neler gördüm." dedi ancak ultrasonu açınca bir anda morali bozuldu.

Kızlarımın ikisinin de kafası doğum kanalındaydı; onları sadece o minik kelepçe tutuyordu; kelepçenin minik deliğinden aşağıya kızların su torbası kaymıştı ve orada, altta bir su torbası oluşturmuştu. Her an patlayacak gibiydi. Bana çok kızdı. "Neden bunlardan birini aldırmadın, o zaman daha çok şansları olurdu." dedi. Doktora, "Bu kararı ben veremem; kısmetleri varsa ikisi de yaşar, ben seçip birini aldıramazdım." dedim. Çok şükür ki kısmetleri varmış!

Tabii bu hamilelik de aynı şekilde yatarak ve iğnelerle geçti. Ama bu sefer 1 yaşında bir bebeğim vardı. Onu kucağıma alamamak, onunla koşup oynayamamak ve gezememek zordu. Evde ben yatarken ve otururken bol bol aktiviteler yaptık. Onunla olabildiğince yoğun ve kaliteli zaman geçirmeye çalıştım. Babası ve benim dayım da onu dışarıda gezdirdiler. Doktora da beraber giderdik. Geçen sefer olduğu gibi, doktordan sonra alışveriş merkezinde tekerlekli iskemlede gezerken o da kucağımda olurdu. Buna bayılırdı.

Korkular hep aklımdaydı; ya çok erken doğarlarsa? Ya yaşamazlarsa? Alper'i taşımıştı TAC ama iki bebeği ne kadar taşıyacaktı? Bu arada benim tümör ne âlemdeydi? Üç aydan sonra rahim büyüdüğü için yumurtalığı göremiyorduk; ne olduğu hakkında bir fikrimiz yoktu. Biraz korkutucu bir durumdu. Düşünmemeye çalıştık. Eşim için de zordu. Açıkçası kızlarımı düşünmekten beni unuttuk.

Bu arada sizlere hislerimin biraz kuvvetli olduğundan bahsetmiştim. Küçüklüğümden beri 32 yaşında 3 çocuk annesi olacağımı hissederdim ve söylerdim. Sağlık sorunları nedeniyle Alper'i 31 yaşında doğurunca artık bu imkânsız demiştim. Olaylar öyle gelişti ki bir baktım ben 32 yaşında ikizlere hamileyim ama hislerim doğru çıkarsa kızlar erken doğmuş olacaktı. Çok dua ettim hislerim doğru çıkmasın diye ama doğum günümden 1 gün önce suyum geldi. 24 Şubat 2009'da, yani 32 yaşında 3 yaşayan çocuk annesi oldum.

Kızlarım 33 haftalık doğdular. Bu arada kızlar bu kelepçeyi yaklaşık 30. haftada yırttılar ama hemen doğmadılar çünkü mesane gelip rahmin önünü kapatmış ve çıkmalarını engellemiş. Üç hafta daha erken doğsalardı her şey farklı ve daha kötü olabilirdi. Mucizevi bir şekilde işler yolunda gitti.

Doğumda kalan tek yumurtalığımdaki tümörün hiç büyümediğini görmek bizi çok mutlu etti. Doktorum altı ayda bir kapsamlı bir kontrolden geçmeme, en ufak bir büyüme görürsek hemen yumurtalığı ve rahmi almaya ve büyüme olmasa da 40 yaşına doğru her şeyi almaya karar verdi. Bu kapsamlı kontrolde ultrasonla ve elle muayene oldum. Kandaki CA125 ve diğer kanser markerlarına bakıldı. Dört yıl boyunca her 5-6 ayda bir Dr. Herman İşçi'ye gittim. Her seferinde "6 ay sonra görüşürüz." dedik, gülüştük. Kızlar 4 yaşındayken bir kontrolüm böyle geçmedi. Ultrason açıldığında doktorumla gülüşüyorduk, ekrana baktık ve yıllardır aynı görüntüye baktığımız için ekrandakinin bir tümör olduğunu anladık. Ona baktım, "Herman Bey..." dedim. O da bana baktı, "Çok üzgünüm Ece Hanım." dedi. Gözleri dolu doluydu. Benim de...

Üç santimlik yumurtalık büyümüş 6 santim olmuş, üstünde 3 santimlik bir tümör ve 2 tane de küçük tümör. Altı gün içinde ameliyat oldum. Ameliyata bu sefer 3 kuzumun resmini götürdüm ve o odadakilere gösterdim. Ameliyatta rahim, kalan tek yumurtalık, tüp, lenf bezleri alındı. Karnım boydan boya kesildi, her yerden parça alıp incelemeye gönderdiler ve karnımdaki bütün organları ellerine alıp incelediler. Büyük bir ameliyat oldu. Aslında bu ameliyat hem genel anestezi hem epidural yapılarak oluyor, çünkü çok büyük ve ağrılı bir ameliyat.

Ancak ben anneannemin ve dayımın beni genel anesteziyle aygın baygın görüp morallerinin bozulmasını istemediğim için genel anestezi istemedim. Doktorlarımı ikna etmek çok zor oldu çünkü daha önce epiduralle böyle büyük bir ameliyat yapmamışlardı. 2 saat 45 dakikalık ameliyatta uyanıktım ve onlarla konuştum. Tüm ameliyatı dinledim! Ameliyat biraz uzayınca ve karnın üstündeki organları tek tek kontrol etmeye başladıklarında ameliyatı ve acıları hissetmeye başladım. Çok zor bir 15 dakika geçirdim; her şeyi hissediyordum. Ameliyat çıkışı sedyede ailemi gördüm; uyanıktım ve gülüyordum. Bu onlara ve bana çok moral verdi. Yine de bunu herkese tavsiye etmem. Sonraki üç gün çok çok zordu, hiç anlatmak bile istemiyorum. Önemli olan, sonuçlarım güzel geldi. Yayılmamıştı hiçbir yere; karın sıvısı temizdi; kemoterapiye gerek yoktu. Çok şükür bir ameliyat daha geride kalmıştı.

İyileşme sürecim zor oldu; komplikasyonlar oldu. Moral bozucu bir dönemdi ama hepsi geçti. Bu arada internet siteme ne oldu peki? Sitem için çalışmaya yattığım yerden devam ettim. Paylaşımlarım bir gün bile aksamadı. Binlerce Hassas Anne bu süreçte bana destek oldu. 1 Kasım 2013 civarı Hassasanne.com ve Facebook paylaşımlarına bakabilirsiniz. Çalışmak çok güzel bir şey; çalışmayı, üretmeyi, paylaşmayı çok seviyorum.

Bu arada doktorlarım yaşadıklarımı *Ender Vaka* adı altında bir tıp makalesinde derleyip *Avrupa Jinekolojik Onkoloji* adlı bir bilimsel dergide yayınlandılar. Hakkımda benim durumumu anlatan 4 sayfalık bir tıp makalesi var. Ama en son ameliyatımı anlatmıyor. Ondan önce basılmıştı. Yani vaka daha da ender hâle geldi aslında.

Anne olmak benim için her şeydi ve hâlâ da her şey. Bu kadar istediğim ve zor kavuştuğum bir şey olduğu için değerini çok iyi biliyorum, her anının tadını çıkarıyorum ve her gün şükrediyorum. Bu kadar sağlık sorununa ve anne olamamam için bu kadar nedene rağmen 1 cennette, 3'ü yanımda 4 çocuğuma anne olabildiğim için çok mutluyum. Annelik benim içim hayatın anlamı, mutluluğu ve her gününün ismi. Her adımında benim çok istemem, çok araştırmam, çok ısrar etmem, çok kararlı ve güçlü olmam var. En çok tabii Allah'ın bunu nasip etmesi ve Allah'ın sevdiği kulu olmam. Hayatımda hep iki aşırı uç oldu. Başıma çok korkunç çok üzücü şeyler de geldi, (annemi, babamı ve oğlum Kaan'ı kaybetmem, hastalıklarım ve toplam 7 ameliyatım) dünyanın en güzel ve harika şeyleri de. (22 yıldır eşimle çok mutlu olmam, 3 sağlıklı tatlı yavrum, Hassas Anne internet sitem) Önemli olan her günün değerini bilmek ve isyan etmemek aslında. Her zaman hayata olumlu ve umutla bakmışımdır. Herkesin kendi kendinin psikoloğu olması ve kendini telkin etmesi gerektiğini düşünüyorum. Bakış açımızın çok önemli olduğunu düşünüyorum.

Eğer bu çok çok uzun anne olma hikâyemi okuduysanız bundan aklınızda her annenin çok güçlü olduğu ve aklına koyduğu her şeyi yapacağı kalsın. Bu güce sahipsiniz.

Anne olma hikâyemi okuduğunuza göre benim nasıl böyle bir insan ve anne olduğumu az çok anlamışsınızdır. Bu hikâye beni ben yaptığı için kitabıma bu hikâyeyle başlamak istedim.

Anne Olduktan Sonra Neleri Anladım?

Eski fotoğraflarıma baktığımda şimdi anneliğimin ne kadar değiştiğini görüyorum. Oğluma kavuşmam kolay olmadı. İlk oğlumuz Kaan erken doğdu ve vefat etti. Amerika'daki ameliyatla rahmime kelepçe takıldı. Kaan'dan 3 sene sonra Alper'i kucağıma alabildim. Tabii ki böyle başlayan bir annelikte normalden daha hassas, temkinli ve belki de endişeliydim. O zamanki hassasiyetlerim çocuğun düzeni olsun, sadece anne sütüyle beslensin, temiz havaya bol bol çıksın, bol ten teması, organik gıda, kimyasal içermeyen ürünler, günde en az iki üç kitap okuyalım gibi şeylerdi. Bunlar tabii hâlâ önem verdiğim ayrıntılar ama şimdi 10 sene sonra esas önemli olanın çocuğa koşulsuz sevgi vermek ve onunla kesintisiz iletişim kurmak olduğunu biliyorum. Bir de çocuklarla anı biriktirmenin önemi çok büyük. Çocuklar o anıları ve anları kesinlikle unutmuyor. Siz çocukken kaç litre anne sütü aldığınızı, organik beslenip beslenmediğinizi veya kaç saat uyuduğunuzu hatırlıyor musunuz? Hayır.

Ama eminim anne babanızla yaşadığınız ve unutamadığınız anlar ve anılar çoktur. Babanızla oyun oynarken size muzip bir bakışı, annenizin size yaptığı bir sürpriz (bir doğum günümün sabahında rahmetli annemin beni yatağımda bembeyaz papatyalarla uyandırmasını 34 yıl sonra bile dün gibi hatırlıyorum ve tabii ben de çocuklarıma çiçek alıyorum.) aklınıza ve kalbinize kazınıyor. Her gün daha iyi bir anne olmak için çaba gösteriyorum. Hatalarım oluyor ama elimden gelenin en iyisini yapıyorum. Her gün yeni bir sayfa açılıyor ve ben geçmişte yaptığım hataları yapmamaya çalışıyorum. Bu hatalarımı düşünmüyorum hep ileriye bakıyorum. Her gün kendimi anne olarak geliştirmek için bir fırsat. Geriye bakmıyorum çünkü geriye bakarsam tökezlerim. Anne olarak kendinizi yetersiz hissetmeyi bırakın ve suçluluk duygusunu üzerinizden atın. Anne olmadan önce insanız ve insanlar hata yapar. Mükemmel olmak zorunda değilsiniz. Siz zaten kendi çocuğunuz için her zaman mükemmelsiniz. Başka kimsenin de değerlendirmesine ihtiyacınız yok. Kendinize ve anneliğinize güvenin. Şimdi gidin ve çocuğunuza sıkı sıkı sarılın. Çocuğunuzun ve anneliğinizin tadını çıkarın. Anneliğimin ilk 10 yılında bunları anladım.

Ömür geçiyor, çocuklar büyüyor biz yaşlanıyoruz. Pardon, yaş alıyoruz. Olsun zamanın canı sağ olsun, sağlık olsun yeter. Anları biriktirmeye devam. Her şey geçiyor. Dayanılmaz gelen ağlamalar, uykusuz geceler, bitmeyen banyolar, düşüp yaralanan dizler... Çocuklar büyüdükçe ağlamalar yerini gülücüklere, uykusuz geceler yerini deliksiz uykulara, bitmeyen banyolar yerini "Anne, ben kendim banyo yaparım."lara bırakıyor ve dizlerdeki yaralar da iyileşiyor. Her şey geçici ama anlar ve hisler kalıcı.

Sabah uyanıp çocuğunun senden önce kalkıp kahvaltıyı hazırladığını gördüğünde hissettiğin gurur, çocuğunun bir başarısına şahit olduğunda içine dolan mutluluk, çocuğuna sarıldığında duyduğun güven ölene kadar seninle kalıyor.

Türkiye'de anneliğin resmi

2014 yılında Facebook'taki Hassas Anne sayfamda bir araştırma yapmıştım. Hassas Anne sayfamı o zaman takip eden 375,000 anneye, "Annelik nedir? Lütfen sadece bir kelime ile anlatın." dedim ve 5 saat boyunca bilgisayarın başından kalkmadan bir kelimeden uzun yorumları sildim. Yaklaşık 500 kadar yorumu silmeme rağmen toplam 3,067 cevap kaldı. Daha sonra bu cevapları bir istatistik programına aktardım ve her cevabın kaç anne tarafından söylendiğini gördüm. Bu yüzdelerden de ortaya bu resim çıktı. En çok yazılan cevaplar resimde en büyük görülenler yani bir cevap ne kadar çok anne tarafından verildiyse o kadar büyük yazılmış.

Gördüğünüz gibi "Fedakârlık" 513 anne tarafından yazılarak (% 16,7'lik bir oran ile) en çok verilen cevap oldu. Açıkçası bu beni hiç şaşırtmadı; çünkü Türkiye'deki annelerin kendini fedakâr olarak tanımladığını biliyorum. Türkiye'deki anneler belki de gerçekten dünyanın en fedakâr anneleri; ama bence mutlu olmak ve mutlu çocuklar yetiştirmek için annelerin bu düşünce tarzını değiştirmeleri gerek. Bu "Ben seni ne fedakârlıklarla büyüttüm." yaklaşımı çocukların omuzlarına büyük bir yük getiriyor ve çocukta özgüven gelişimini olumsuz etkiliyor. Çocuk ailesinin beklentilerini gerçekleştiremediğinde bu yük altında eziliyor. Anne ne kadar fazla fedakârlık yaptığını düşünürse, sanki çocuktan beklentiler de o kadar artıyor. Bu soruyu Amerikalı annelere sorsaydım ortaya kesinlikle bu tablo çıkmazdı. Yedi seneye yakın Amerika'da yaşadığım için Amerikalı annelerin düşünce tarzını biraz biliyorum. Eminim çok az anne "Sacrifice" yani, "Fedakârlık" olarak tanımlardı anneliği. "Aşk" (Love), "Mucize" (Miracle) çıkardı ilk sıralarda. Bu sonuç Amerikalı annelerin bizlerden daha az fedakâr olduğunu göstermiyor. Sadece bakış açıları farklı. Kısa zaman önce sayfamda tekrar bu soruyu sordum ve çok benzer bir sonuç çıktı.

Peki anneler başka nasıl tanımladı anneliği?

Aşk: 327 anne (%10,7)

Sabır: 161 anne (%5,2)

Mucize: 148 anne (% 4,8)

Hayat: 147 anne (% 4,8)

Can: 133 anne (%4,3)

Nefes: 117 anne (% 3,8)

Her şey: 105 anne (% 3,4)

Mutluluk: 97 (% 3,2)

Fedakârlık dışında bunlar anneliği tanımlamak için bence harika kelimeler. Peki, bu soruya benim cevabım ne oldu?

Annelik: Hediye benim için. Annelik, bana Allah'tan gelen dünyanın en güzel hediyesi. Hayata, anneliğe ve kendime olan olumlu, mutlu ve güçlü yaklaşımımda anneliği bir hediye olarak görmemin çok etkisi var. Sanırım bu sayede bu ayrıcalığın ve mutluluğun her anını doyasıya yaşayabiliyorum. Tabii ki ben de bir Türk annesiyim ve arada duygusallaşıyorum. 3 çocuğuma kavuşmadan önce ne engellerle karşılaştığım, geçirdiğim ameliyatlar, borderline over kanserini atlatışım, hamileliklerde aylarca yatışım, hamileyken yediğim 50 tane iğne, 2 prematüre ve kolik kızıma ve onların 1,5 yaş büyük abilerine baktığım günler aklıma geliyor. Hemen bu kendine acıma duygularını kafamdan uzaklaştırıp sonuca bakıyorum. Anne olmayı ben istedim hem de her şeyden fazla istedim ve anne oldum. Anneliğin getirdiklerini ve yaptığım fedakârlıkları da bu isteğin sonucu olarak görüyorum. Bana verilen annelik hediyesini kabul ediyorum ve bunu çocuklarıma mutluluk olarak yansıtıyorum.

Annelikte Önceliklerim Değişti

Annelik, hayatımın en büyük parçası. Yıllar geçtikçe ve çocuklarım büyüdükçe annelikte önceliklerimin değiştiğini fark ediyorum. Şimdi önceliğim çocuklarıma koşulsuz sevgi verebilmek, onlarla aramdaki iletişimi güçlü tutabilmek ve onların potansiyellerini gerçekleştirmelerine destek olabilmek. Önceliklerimin değişmesinin nedeni, çocuklarımın biraz büyümesi ve benim anne olarak tecrübe kazanmam.

Olmazsa Olmazlarım

Çocuklarımı büyütürken benim en çok önem verdiğim 3 konudan bahsetmek istiyorum. Bu üç konu benim için olmazsa olmaz ve diğer her şeyden daha önemli.

Koşulsuz Sevgi Vermek

Çocuklarınıza koşulsuz sevgi verin. Onları doyasıya ve koşulsuz sevin. Sevginizi sık sık belli edin ve sadece sözcüklerinizle değil, davranışlarınızla da gösterin. Hayatınızda öncelik olduklarını hissetmeliler. Şu mesajı onlara vermelisiniz: "Sadece çocuğum olduğun için seni seviyorum. Seni sevmem için başka bir şey yapmana gerek yok. Seni sevmem için başarılı, akıllı veya itaatkâr olmana gerek yok. Kısacası seni sevmem için bir koşulum yok." Bu çocuğumuzun her istediğini yapacağız, ne yaparsa yapsın ona kızmayacağız, şımartacağız demek değil. Tabii ki yaptığı yanlışların ve kötü davranışların bir sonucu olacak ama bu hiç bir zaman ona verdiğimiz sevginin azalması olmamalı.

Kesintisiz İletişim Kurmak

Çocuğunuzla aranızda kesintisiz bir iletişim olmalı. Çocuğunuz size her şeyi anlatabilmeli ve size her ulaşmaya çalıştığında karşısında onu yargılamadan dinlemeye hazır birini bulmalı. Bunu başarmanın ilk koşulu çocuğunuzun hatalarına çok büyük tepkiler vermemeniz. Her yaptığı hayatı görmezlikten gelin demiyorum ama her hata yaptığında ona çok kızarsanız hatalarının sonuçlarını çözmek için size gelmeyecektir.

Elinden Gelenin En İyisini Yapmaya Çalışmak

"Hassas Anne kimdir?" diye sorarsanız size, "Hassas Anne, elinden gelenin en iyisini yapan annedir." derim. Herkesin koşulları ve imkânları farklıdır. İyi bir anne bence çocukları için imkânları dâhilinde elinden gelen her şeyi yapar ve yapmalıdır. Asgari ücretle geçinen bir anneyi çocuklarını organik gıdalarla beslemiyor veya çocuklarını klasik müzik konserlerine götürmüyor diye eleştirmek ne kadar doğru? Ama mesela bu anne de çocuklarının beslenme çantasına gofret koymayıp ev yapımı anne emeği bir kurabiye koyabilir veya yaşadığı şehirdeki ücretsiz tiyatroları ve konserleri araştırıp çocuklarını onlara götürebilir. İşte o zaman o anne kendi koşullarında çocukları için en iyisini yapmaya çalışmış bir Hassas Anne oluyor.

Çocuklarımla geçirdiğim birebir kaliteli zaman, onlarla yaptığım konuşmalar, onların ilgi alanlarını desteklemek, onlara sevgimi hissettirebilmek gittikçe daha çok önem kazanıyor. Çocuklar büyüdükçe fiziksel olarak size olan ihtiyaçları azalsa da sizin psikolojik desteğinize olan ihtiyaçları artıyor. Bebekliklerinde ne kadar yorulsak ve zorlansak da aslında ilerideki yıllarda onların psikolojik gelişimini desteklemek daha büyük bir iş ve sorumluluk. Birer birey olarak hayatın içinde yer almaya başladıklarında sizin desteğinize olan ihtiyaçları artıyor. Aranızdaki güven ve sevgi onların huzurlu ve mutlu olmasını sağlıyor. Üç çocukla bu yazdıklarımı yapmak biraz daha zor olsa da kesinlikle imkânsız değil. Zamanımı iyi planlayarak üç çocuğumu ayrı ayrı destekleyebiliyor ve onların gelişimine katkıda bulunabiliyorum.

Zaman içinde bir gerçeğin daha farkına vardım. Anne olarak benim de kendime zaman ayırmam ve kendimi geliştirmem çocuklarla olan ilişkimi güzelleştiriyor. İşime zaman ayırmak beni mutlu ediyor ve birlikte geçirdiğimiz zaman çok az azalsa da birlikte olduğumuz zamanların verimliliği artıyor.

Önem Verdiğim Konular

Çocuklarda rutine çok önem veriyorum. Çocukların hep aynı saatte yatmasını, kalkmasını, yemek yemesini ve banyo yapmasını önemsiyorum. Çocuklar kurallar ve rutin olduğunda kendilerini güvende ve huzurlu hissediyorlar. Çocuklar büyüdükçe kuralları beraber belirliyoruz.

Evdeki huzura, mutluluğa değer veriyoruz.

Çocukların güzel davranışlarını teşvik ediyorum. Güzel bir şey yaptıklarında onları gururlandırıyorum ama onlara maddi ödüller vermiyorum.

Kendime de önem veriyorum. Mutlu, huzurlu ve sakin olmaya çalışıyorum. Benim bu hâlim çocuklarıma da yansıyor.

Çocukları dikkatle dinliyorum, onlara önem veriyorum ve saygı duyuyorum. Çocukların duygularını ifade etmelerine izin veriyorum ve bunu teşvik ediyorum.

Çocukların bireyselliğine saygı duyuyorum ve her çocuğun farklı olduğunu kabul ediyorum.

Çocukların bana ve babalarına her şeyi anlatabilmeleri benim için çok önemli. Bize güvenebileceklerini ve bizim onların her zaman arkasında bir güç olduğumuzu biliyorlar.

Dinlenmeyen çocuklarda agresyon, uyumsuzluk, davranış bozuklukları ile sık karşılaşılır.

Empatisi yüksek duyarlı çocuklar yetiştirmeye çalışıyorum.

Kendinizi Başkalarıyla Kıyaslamayın

Kendinizi hiçbir zaman başkalarıyla kıyaslamayın. Elinizden gelenin en iyisini yapmanız yeterli. Herkesin imkânları farklıdır. Siz hep kendinizi geçmeye ve ileri gitmeye çalışın. Anneliğinizi de böyle değerlendirin. İyi bir anne olmak için bence elinizden gelenin en iyisini yapmanız ve her gün kendinizi geliştirmeniz yeterli. Çocuklarınıza da bunu öğretirseniz hayatta hem başarılı hem mutlu olurlar. Çocuğunuzun bir sınava veya yarışmaya girdiğinde veya bir spor yaptığında birinci olması veya en yüksek notu alması değil, elinden gelenin en iyisini yapmış olması ve çalışmış olmasıdır önemli olan. Bunu kabul etmezse mutsuz olmaya mahkûmdur. Her zaman ondan daha iyi not alan veya onu geçen biri olacaktır. İnsanın yarışı sadece kendisiyle olmalıdır. Ben kendimi geliştirdim mi? Ben yeterince çalıştım mı? Ben dünden bugüne biraz daha ileriye gidebildim mi? Budur önemli olan. Üzücü olan bir insanın kapasitesini gerçekleştirememesidir. Tabii ki hayatta örnek alınacak izinden yürünecek insanlar olacaktır. Etrafınıza bakacağınıza ileriye bakarsanız daha hızlı ilerleyeceğinize emin olabilirsiniz.

Hayatta her şey insanlar için. İnsanın başına her şey gelebilir ve insan her hatayı yapabilir. Önemli olan hatalarımızdan dersler çıkarmak ve her zaman olumlu düşünmek. Ölümden başka her şeye çare bulunur. Çocuğunuza umutlu, mutlu ve olumlu bir insan olarak örnek olun. Çocuğunuzun hiçbir şeyden mutlu olmadığını, hemen sıkıldığını, hemen umutsuzluğa kapıldığını ve genellikle stresli olduğunu mu düşünüyorsunuz? Biraz dönüp kendinize bakın. Bunu sizi suçlamak için yazmıyorum ve her çocuğun farklı olduğunu ve farklı bir karakteri olduğunu da kabul ediyorum. Yine de olumlu, mutlu ve umutlu olmak bizi de kurtaracak, yani fena bir tavsiye değil.

Üç Çocuk Annesi Olmak Zor Olmalı

Şöyle diyorsunuz: "Üç çocuk annesi olmak çok zor olmalı." Evet, fiziksel olarak da psikolojik olarak da zorluyor insanı. Üç çocuğun banyosu, alt değiştirmesi, yemek yedirmesi, uyutması, giydirmesi, tırnak kesmesi, hastalanması bir tane çocuğunkiyle karşılaştırılamaz, kimse kusura bakmasın. Bir de bunun psikolojik yönü var tabii. Üç çocuğun ayrı ayrı nazı, avutması, suyuna gitmesi, gelişimi, eğitimi. Maddi yönünü hiç saymayayım. 2-3 çocuk anneleri neden bahsettiğimi anladılar. Ama hepsi bir yana, onlar için her şeye değer.

Çok şükür, hep şükür çocuklarım iyi ki varsınız. Hayatım boyunca üç çocuğum olsun istedim. Bir tane olması bile mucize olacakken Allah üç tane nasip etti. Şikâyet etmeye, yoruldum demeye hakkım yok demiyorum. Bence her anne arada "of" diyebilir, demeli ve o enerjiyi atmalıdır sonra da tabii bu manzaraya bakıp şükretmelidir diye düşünüyorum.

Hassas Anne Etkinlik Merkezi'min olduğu dönemde engelli çocuklara ve annelerine ücretsiz hizmet verdik ve onlarla sohbet etme fırsatım ve hayatlarına dâhil olma ayrıcalığım oldu. Otizmli, down sendromlu ve cerebral-palsyli çocukların annelerinin çok zor hayatları var. Biz çocuklarımıza bir veriyoruz on geri alıyoruz. Engelli çocuk anneleri o kadar çok emek veriyorlar ki on veriyorlar ama çoğu zaman bir bile geri alamıyorlar. 4 yaşına kadar çocuğunun ağzından "anne" kelimesini duyamayan otizmli çocuk anneleri var. Allah yardımcıları olsun ve kuzularına şifa versin. Onlara bakıp hâlimize şükretmekten veya onlara acımaktan bahsetmiyorum tabii ki. Sadece insan elindeki sağlık, nimet, mutluluk için her zaman Allah'a şükretmelidir. Şükretmek ve tevekkül iyileştiricidir. En büyük nimet de sağlıklı ve mutlu bir çocuktur bana göre.

Zorlanıyorum Mu Dediniz?

Prematüre kızlarımı yeni doğan yoğun bakımdan 10 gün sonra alıp eve getirdiğimde Alper 21 aylıktı. Yani evde 2 yaşın altında 3 çocuk olmuştu ve ben 3 bebeğin altını değiştiriyordum. Neyse ki 1 ay sonra 22 aylıkken Alper kendisi bezi bıraktı. Arkada evin başköşesinde süt pompası var ve orada 13,5 ay durdu. Kızlar 33 haftalık doğdukları için emme refleksleri yoktu sağdığım anne sütünü minik plastik kadehlerle içiriyorduk ve çok zordu. Gerçekten memeden süt emen bir bebek ne büyük bir nimetmiş. Ağlayınca koy memene emsin, herkes mutlu. Pompa çok yıpratıcı ve zahmetli ama tabii iyi ki vardı da kızlarımı hiç ememememelerine rağmen ilk 4,5 ay sadece anne sütüyle besledim sonra da 13,5 ay anne sütü aldılar. Bu iki kolik prematüre bebekle uğraşmak bile başlı başına işlem bir de 1,5 yaşındaki Alper var ve inanın etkilenmesin diye onunla belki daha çok ilgilenmişizdir.

Bu gördüğünüz "evde 3 çocuk" isimli tablo tam iki sene devam etti ve Alper 3,5 yaşında kreşe başlayınca biraz olsun rahatlama oldu. Fiziksel ve psikolojik olarak hayatımızın zor bir dönemi de olsa çocuklar sağlıklı olduktan sonra her şey atlatılıyor. Bir engelli çocuk annesinin yaşadıklarıyla karşılaştırılamaz bile mesela. Ama tabii ki bir bebek bile insanı zorluyor ve bu çok normal inanın. Bebek sahibi olmak insanın hayatında çok büyük bir değişikliktir. Kendinize güvenin ve kendinize çok yüklenmeyin. Zorlanmanız çok doğal ve bir kaç yıl içinde hepsi düzene girecek, çocuklu hayatınıza alışıp tadını çıkarmaya başlayacaksınız.

Ben yaptıysam siz de şu anki durumunuzun üstesinden gelirsiniz. Kendi içinizdeki güce inanın.

Çocuğunuzla Aranızdaki İletişim Anahtarı

Çocuklarımın bilmelerine çok önem verdiğim bir şey var: "Bana ve babana her şeyi anlatabilirsin. Aramızda hiç bir sır olmamalı." Bunun önemini ne kadar anlatsam az. Bu çocuğunuzu her türlü kötülükten ve kötü insandan korumaya yardımcı olacak bir anahtar. Bu, aranızdaki iletişimin anahtarı. Keşke sadece bunu çocuğumuza defalarca söylemekle onu inandırabilsek ve bu dileğimiz gerçek olsa. Ne yazık ki anne-babalıkta hiçbir şey bu kadar kolay değil. Bu dileğimizin gerçek olmasını sağlayacak olan çocuğumuzla aramızda bir güven ilişkisinin oluşması. Çocuğunuz size güvenmeli, siz de çocuğunuza.

Bir gün gelir herkes hata yapar, anneler ve babalar da...

Peki, siz çocuğunuzun bu gerçeği bilmesine izin veriyor musunuz? Çocuğunuz sizin de arada sırada hata yaptığınızı biliyor mu? Yoksa sizi hiç hata yapmayan mükemmel bir insan olarak mı görüyor? Her ne kadar çocuğumuzun gözünde bir idol olmak kulağa çok çekici gelse de bunun çok zararlı yan etkileri olabilir. Mesela çocuğunuz hata yapmayı kabul edilemez bir şey gibi görebilir. Hiç hata yapmayan birine gidip "Ben hata yaptım." demeyi istemeyebilir. Ona hata yapabileceğini ve hata yaptığında bunu beraber çözebileceğinizi söylemek onu rahatlatacaktır. Hatta bu hataların bazen çok büyük hatalar da olabileceğini eklemeyi unutmayın. Daha önce de yazdığım gibi çocuklar duyduklarından çok gördüklerine inanıyor ve uyguluyor. Bu nedenle çocuğunuzun yanında hatalarınızı kabul etmeniz ve bunları çözüme ulaştırmanız önemli. Mesela stres altındayken çocuğunuza gereğinden fazla sesinizi yükselttiğinizde ona gidip "Ben sana bağırarak hata yaptım, bir daha yapmamaya çalışacağım. Özür dilerim." diyebilirsiniz. Böylece çocuğunuz hem sizin de hata yapabileceğinizi görecek hem de bir hata yaptığında ne yapması gerektiğini öğrenecektir.

Çocuğunuz bir hata yaptığında ona aşırı tepki göstermeyin ki hatalarını gelip size anlatabilsin. İstediği her şeyi yapmasına izin verin veya hatalarının bir sonucu olmasın demiyorum. Sadece hata yaptığını kabul edip hatasını size söyleme cesaretini gösterdiğinde ona karşı sakin ve olumlu yaklaşın. Bu hatasını nasıl telafi edebileceğini beraberce düşünün. Düşünün ki bir genç hata yapmış ve uyuşturucu kullanmış ama hatasını anlamış ve nasıl kurtulacağını bilemiyor veya bir genç kız istemeden hamile kalmış ve ne yapacağını bilemiyor. Bu durumlarda çocuğunuzun size gelip gelmemesi her şeyi değiştirecektir. "Ne kadar kötü bir şey yapmış olursan ol, sen benim çocuğumsun. Seni her zaman koşulsuz seveceğim ve her zaman yanındayım." mesajını çocuğunuza büyürken vermiş olmanız çok önemli. Çocuğunuzu koşulsuz sevdiğinizi her an ona hissettirin. Çok basit ve doğal bir söylem olsa da bunu uygulamak her zaman kolay olmuyor.

Geçenlerde bir oyuncak mağazasında dolaşırken duyduklarıma inanmakta güçlük çektim. Annesi, biraz huysuzlanan 2,5 yaşındaki kızına devamlı çemkiriyor ve şunları söylüyordu: "Seni sevmiyorum, sen kötüsün. Neden yaramazlık yapıyorsun? Böyle davranırsan seni sevmeyeceğim. Şimdi bu oyuncağı alıp ....'ya hediye edeceğim."

O kadar şaşırdım ve üzüldüm ki anlatamam. Kendimi tutamayıp bu anneye hakaret etmekten ve deliler gibi bağırmaktan korktum ve sustum. Çocuğunun bir kelimesi için dünyaları verecek engelli çocuk anneleri aklıma geldi. Çok üzüldüm. Bu anne sokakta bunları söylüyorsa, evde bu kızcağıza neler yapıyor, neler söylüyordu?

Çocuğunuzla aranızdaki iletişim kanallarını açık tutmak çok önemli. Anne-babalık görevimizi bırakıp çocuğumuzla sadece arkadaş da olmayalım çünkü her çocuğun anne babaya ihtiyacı vardır.

HAMİLELİK

Hamilelikte Dikkat Ettiklerim

Hassas Annelik bence hamile olduğunuzu anladığınız anda başlıyor. O miniğin düşüncesi ve sevgisi içinize düştüğü anda artık bir annesiniz. Hatta belki de anne olmaya karar verdiğiniz anda. Çünkü bütün hayatınızı aranıza katılacak o küçük insan için değiştirmeyi kabul ediyorsunuz.

Hamilelik çok önemli bir dönem çünkü bu 9 ayda yapacaklarınız bebeğinizin bütün yaşamını etkiliyor. Mesela hamileliğiniz boyunca sigara içerseniz çocuğunuzun hayatı boyunca astım hastası olmasına yol açabilirsiniz. Diğer taraftan eğer hamileliğiniz boyunca dengeli beslenirseniz bebeğinizin bağışıklık sisteminin sağlam olmasını sağlayabilirsiniz. Benim hamileliklerim çok zor geçti. Rahim yetmezliğim ve erken doğum tehlikesi olduğu için 18. haftadan sonra devamlı yatmak zorundaydım. Sadece yemek ve tuvalet için ayağa kalkıyordum. Neyse ki bu zor günleri atlattım ve hamileliğim sırasında çok iyi beslendiğim ve yapmamam gereken şeyleri yapmadığım için içim çok rahat ve bir anne olarak görevimi yaptığımı hissediyorum. Size biraz kendi yaptıklarımdan bahsedeceğim.

Hamile kalmaya karar verdiğimde hemen diş doktoruma gittim, dişlerime temizlik ve bakım yaptırdım. Hamilelikte dişlerinizin zarar görmemesi için bu bakım ve beslenmeniz çok önemli. Hamile kalmadan 3 ay önce folik asit almaya başlamalısınız. Bütün multivitaminlerin içinde gerekli folik asit var, bu nedenle her gün bir multivitamin alsanız yeterli. Hamileliklerim boyunca her gün 3-4 litre su içtim. 4 farklı meyve, günde

1 adet organik yumurta, bol sebze, 500 ml organik süt, 1 kâse yoğurt, 1 kâse ceviz, fındık, badem tükettim. Protein ve kalsiyum açısından zengin gıdalar tüketmeye çalıştım çünkü bunlar hem bebeğimin gelişimi hem de benim sağlığım ve diş sağlığım için önemliydi. Doktorumun önerdiği vitaminleri ve mineralleri aldım. Sigara, alkol ve tatlandırıcı kullanmadım ve sigara içilen ortamlarda bulunmadım. Çayı ve kahveyi minimuma indirdim. Fastfood çok çok az yedim, suşi veya pişmemiş et yemedim. Bir tek ilk günlerde canım bir fastfood firmasının patates kızartmasını çok çekmişti. 2-3 kere ondan yedim, itiraf ediyorum!

Güneş gördüğüm anda hemen güneşe çıktım ve özellikle kollarımı açıp güneşten gerekli D vitaminini almaya çalıştım. Ama dikkat edin yaz aylarında 11-17 saatleri arasında güneş kremi sürmeden güneşe çıkarsanız hamileyken ve lohusayken güneş lekeleri olması ihtimali daha fazla oluyor. Bu saatlerde güneşten uzak durun veya parabensiz güneş kremlerinden sürün. Bildiğiniz gibi hamilelikte iyi beslenen ve yeterince güneş gören kişilerin bebeklerinde sarılık görülme olasılığı daha az. Benim 3 bebeğim de çok şükür sarılık olmadı. Üstelik kızlarım 33 haftalık prematüre doğdular ve prematüre bebeklerin çoğu sarılık oluyor. Tabii ki mükemmel beslenseniz ve güneşe çıksanız da bebeğiniz sarılık olabilir ama önemli olan elinizden gelenin en iyisini yapmanız. Hepinize sağlıklı ve mutlu bir hamilelik dönemi diliyorum.

Gebelikte Beslenme

17 yıllık doktorum, kadın hastalıkları ve doğum uzmanı Yard. Doç. Dr. Herman İşçi Hassas Anneler için "Gebelikte Beslenme" konusunu anlattı.

Gebelikte karbonhidrattan fakir; protein, sebze ve meyve ağırlıklı beslenmeye özen gösteriniz. Sebze meyveleri iyice yıkayarak, etleri iyi pişirerek tüketiniz. İçeriğini bilmediğiniz, güvenmediğiniz markaların hazır gıdalarını, konserve ürünleri tüketmemeye gayret gösteriniz.

Günde bir bardak süt, bir kâse yoğurt veya iki bardak ayran, bir adet yumurta; haftada 1-2 kez balık, 1-2 kez kırmızı et tüketiniz. Salam, sucuk, suşi gibi çiğ et ürünlerini tüketilmemelisiniz veya salam, sucuk, sosisi pişirilerek tüketiniz. Pastörize edilmemiş süt ve peynirden uzak durunuz. Her öğünde salatayı sofranızdan eksik etmeyiniz. Salatanızı limon, zeytinyağı, peynir, ceviz, ton balığı, tavuk ızgara ile zenginleştirebilirsiniz.

Günde en az 2 litre su tüketmeye gayret gösteriniz.

Ana öğünlerin haricindeki acıkmalarınızda 1 avuç fındık, fıstık, ceviz içi, tuzsuz badem, kuru kayısı, kuru erik, yabanmersini veya kuru inciri ara öğün olarak tüketebilirsiniz. Bunlar hem sizi tok tutacak hem de size enerji verecek doğal yağ ve şekeri barındırır.

Anne adayları oruç tutmamalıdır.

Gebelik sürecinde karbonhidrat içeren besinlerden uzak durmaya çalışınız çünkü gebelikte şeker hastalığına yatkınlık artar. Beyaz ekmek, makarna, pirinç pilavı, hamur işleri, poğaça, börek, kek, pasta, reçel, bal, pekmez, çikolata, sofra şekeri tüketmemeye gayret gösteriniz. Bunlar yerine kepekli, çavdarlı, bol tahıllı ekmekler, bulgur pilavı, esmer makarna ve esmer pirinçten yapılmış pilav, kuru baklagiller tercih edilebilir. Kola, gazoz ve hazır meyve sularında da şeker oranı yüksektir, tüketimlerinde dikkatli olunması gerekir.

Şeker kullanımı kadar tuz kullanımına da dikkat edilmeli. Gebelikte artan iyot ihtiyacını karşılayabilmek tüketilen tuzun iyotlu olmasına dikkat edilmelidir.

Gebeliğe bağlı progesteron hormonunun etkisiyle nasıl ki bebeğin konforu için rahim gevşiyor ise, diğer kas, eklem ve tendonlarda gevşemeler meydana gelir. Buna bağlı olarak tansiyonda düşme, bağırsak hareketlerinde yavaşlamaya bağlı kabızlık gibi şikâyetler; gebeliğin ilerlemesine bağlı rahmin büyümesiyle birlikte midenin boşalmasında gecikme ve hazımsızlık, mesaneye baskı sonucu sık sık idrara çıkma gözlenebilmektedir. Kabızlık için lif ağırlıklı beslenmeye (kepekli tahıllı gıdalar, posalı sebzeler, meyveyi kabuğuyla yeme gibi) özen gösteriniz.

Kahvenin içindeki kafein ve çayın içindeki teofilin nedeniyle besinlerle aldığınız demirin emilimi azalır, bu yüzden günde 1 kahve ve birkaç fincan açık çaydan fazlası içilmemelidir. Nane limon, ıhlamur, yeşil çay, kuşburnu gibi bitki çayları gebelikte rahatlıkla tüketilebilir.

Sigara ve alkol tüketiminden gebelik boyunca uzak durunuz.

Yürüyüş ve yüzme gebelikte rahatlıkla yapılabilecek sporlardır. Haftada 3-4 kez 30 dakikalık sizi yormayacak yürüyüşler daha fit bir bedene sahip olmanızı sağlayacak ve normal doğuma da hazırlanmanıza katkı sağlayacaktır.

Ay başına ortalama 1-1,5 kg olacak şekilde gebelikteki 12-14 kg alımı normaldir.

Her şey yolunda gittiği sürece gebelikte cinsel aktivite yasak değildir.

Bebeğin beyin ve omurilik gelişimi açısından folik asit önemli bir vitamin olup gebelik öncesi ve erken gebelik dönemlerinde günde 0,4 mg folik asit alınması önerilmektedir.

Çoğunlukla gebeliğin ilk 3 ayında görülen bulantı ve kusma şikayetlerinin olduğu dönemlerde azar azar sık sık yemek, bisküvi gibi kuru gıdalar, haşlanmış soğutulmuş tavuk göğsü, soğuk tüketilen kola soda gibi asitli içecekler, patates cipsi, tatlı-tuzlu, tatlı-ekşi kombinasyonları denenebilir.

Yard. Doç. Dr. Herman İşçi

İstanbul Bilim Üniversitesi

Hamileleler Hangi Besinleri Tüketmemeli?

Hamileler çiğ süt, ton balığı, açıkta satılan dondurma, kabuklu deniz ürünleri, çiğ balıktan yapılmış suşi, tam pişmemiş et ve ciğer tüketmemeliler. Ayrıca içinde retinol maddesi olan kozmetik ürünlerini de kullanmamalılar. Benim doktorum da dışarıda salata yememi yasaklamıştı yıkanmamış olabilir diye. Aklınızda bulunsun.

Hamile Hassas Anneler, hastane çantanız hazır mı? İşte size dünyanın en ayrıntılı hastane çantasında olması gerekenler listesi!

Doğum için hastaneye giderken yanınıza alacağınız çantada neler olmalı? Siz ve bebeğiniz için yanınıza neler almalısınız? Bu liste tabii ki abartılı bir liste, hepsine ihtiyacınız olmaz ama sadece size fikir vermesi için bu kadar ayrıntılı yazdım. Normal doğum yapanlar hastanede 1 veya 2 gün kalacakları için çok az şeyle idare ederler ama sezaryen olup 3-4 gün kalacaklar daha fazla şeye ihtiyaç duyacaklardır. Ben sezaryen olduğum ve kızlarım da erken doğup yoğun bakımda oldukları için 4 gece kalmıştım. Her ihtimali düşünerek bence 34. haftada çantanız hazır olsun. Eğer erken doğum tehlikesi varsa veya çoğul hamilelikse 32. haftada çantanız kapıda olsun.

Lütfen doğum yapacağınız hastaneye size doğumda ve sonrasında neler vereceklerini sorun ve onları boşuna taşımayın.

Sizin için:

İnsan içine çıkabileceğiniz şık bir pijama takımı veya gecelikten 2 adet

Gece herkes gittikten sonra giyeceğiniz önü emzirme için açılabilen rahat gecelik

Emzirme sütyeni ve göğüs pedleri

En kalın regl pedlerinden bir paket (bunu hastane de verebilir)

Deodorant, sevdiğiniz şampuan ve saç kreminden küçük şişelere biraz koyun

Makyaj malzemesi, tarak, saç şekillendiren makineleriniz, makyaj çıkartıcı, lens suyu

Göz bandı (hemşireler sık sık girip ışıkları açıp tansiyonunuza ateşinize baktıklarında uyanmamak için)

Kâğıt ve kalem, ziyaretçi defteri

Doğumu haber vereceğiniz insanların listesi

Kimliğiniz (hastanede işlemler için)

Bozuk para (hastanedeki makinelerden bir şeyler almak için)

Rahat terlikler ve çoraplar

Kırmızı lohusa tacı veya kurdelesi, saçınızı toplamak için toka

Eve dönerken giyeceğiniz havalı bir kıyafet (normal bedeninizden 2 beden büyük)

Sıkılmanızı önleyecek kitap, dergi ve tablet bilgisayar

Şarjı tam dolu fotoğraf makinesi, ekstra şarj ünitesi ve kamera

Fotoğraf makinesinden bilgisayara aktarma kablosu

Dizüstü bilgisayar

Cep telefonunuz ve şarj aleti

Kullanacaksanız göğüs pompası, göğüs ucu kremi

Emzirme yastığı

El, vücut ve dudak kremi (hastane havası cildi çok kurutur)

Islak mendil, 1 rulo kâğıt havlu, kolonya

Alışık olduğunuz yastıklar, güzel bir nevresim takımı
Kuru meyveler, kuruyemişler
Müzik dinlemek için CD veya Mp3 çalar ve sevdiğiniz müzikler

Bebeğiniz için:
Araba koltuğu (mutlaka!)
Bebek battaniyesi
2-3 adet uzun kollu tulum
2-3 adet yaz ayları için kısa kollu tulum
Kış ayları için mont gibi tulumlardan
Yeni doğan bezleri ve ıslak mendilleri
2-3 adet çorap ve şapka
Hastane çıkış kıyafeti
Hastane odasını süsleyecekseniz kapı ve oda süsleri

Oğlunuz doğumdan 1-2 gün sonra sünnet olacaksa minik bir sünnet şapkası ve "Maşallah" yazısı (Bizim Alper için sünnet kıyafetleri satan bir yere yaptırtmıştım. Kafanın çapı 35 santim olacak dersiniz.)

Eğer doğacak bebeğin abileri veya ablaları varsa onlar için abi ve abla olma hediyesi

Abi ve ablaların çerçeveli resimleri (Odaya girip bunu gördüklerinde sevinecekler. Alper 1,5 yaşında olmasına rağmen fark etmişti ve çok mutlu olmuştu.)

Hastanenize neleri verdiklerini sorun ve onları bu listeden çıkarın. Mesela bazı hastaneler bebek bezi ve ıslak mendil veriyor. Lohusa şerbeti getiriyor ve bedava kuaför hizmeti veriyor. Bunları öğrenin.

Evet, hastane "bavulunuz" hazırsa artık heyecanlı bekleyiş daha da zevkli!

Anne Sütünü Nasıl Artırabilirsiniz?

Yeni annelerin en büyük derdi budur. Benim de 3 çocuğumu büyütürken en hassas olduğum konulardan biridir anne sütü.

Ne Yapsam da Daha Çok Anne Sütüm Olsa?

İşte bebeklerimin ilk yılında aklımda devamlı bu soru vardı. Oğlum Alper zamanında doğmuştu ve doğduğu günden başlayarak çok güzel emdi. Çok şükür, hiç sorun yaşamadık ama o da çok süt isteyen ve çok hızlı büyüyen bir bebekti. Devamlı emerdi ama güzel doyduğu için daha 2,5 aylıkken gece kalkmadan 12 saat uyumaya başlamıştı. Zaten aklınızda olsun, gündüz karnı çok iyi doyan bebekler gece de daha iyi uyurlar. Kızlarım ikiz oldukları için ve benim rahim yetmezliği problemim nedeniyle 33 haftalık yani prematüre doğdular ve emme refleksi 34 haftalıkken geliştiği için hiç ememediler. Tabii ki "Neyse, ememiyorsunuz hadi bakalım alın mamaları!" demedim. Her Hassas Anne gibi başladım sütlerimi gündüz 3 saatte bir, gece 4 saatte bir sağmaya ve günde 7 kere sağarak ilk 4,5 ay sadece anne sütüyle besledim ikiz kızlarımı. Hatta ilk 3 ay hem ikisini de anne sütüyle besledim hem de her gün 300 gram anne sütü arttırıp buzluğa attım. Buzluğu ağzına kadar anne sütüyle dolduran bu sütler sütümün azaldığı zamanlarda can kurtarıcı oldu. Sadece anne sütü aldıkları 4,5 aydan sonra da günde sadece 1 öğün mama aldılar 6 aya kadar. 13 aya kadar da günde yaklaşık 1,5-2 kilo süt sağdım ve onlara içirdim.

Günde 1,5-2 kilo süt sağacak ve ikiz bebekleri bile 4,5 ay sadece anne sütüyle besleyecek kadar sütü nasıl ürettim?

- Günde 4 litre su içtim.
- Aldığım kalori miktarını azaltmadım yani diyet yapmadım.
- Sabah 3, öğle 3, akşam 4 olarak günde 10 adet bira mayası tableti aldım. Bunlar alkolsüz ve hem anneye hem süte çok faydalı. Eczaneden bulabilirsiniz. B vitamini deposudur. (Doktorunuza danışıp öyle kullanın.)
- Bol bol bulgur, balık ve yeşillik yedim.
- Tatlı yemenin bir faydası yok, sadece kilo yapar
- Mutlaka 3 saatte bir göğsünüzün boşalması lazım; ya bebeğiniz emecek ya da sağacaksınız. Boşaldıkça süt yapımı artar.
- Bebeğiniz kuvvetli ve tam ememiyorsa çift başlıklı ve elektrikli bir pompa edinin ve 3 saatte bir sağın.
- Moraliniz yüksek olsun. Ağlamak ve üzüntü sütü azaltır.

Bütün annelere bol sütler diliyorum. Anne sütünün faydaları saymakla bitmez. Bebeğiniz mutlu olur, daha iyi uyur ve daha güzel büyür. Gazı ve ishali daha az olur. Yapılan araştırmalara göre anne sütü alan bebeklerin IQ'su bile daha fazla oluyormuş.

Şunu da unutmamak gerekiyor. Herkesin bedeni farklıdır. Bu tavsiyelerin hepsini yapsanız da sütünüz az olabilir, bebeğinize yetmeyebilir. Ben genetiğin de çok önemli olduğuna inanıyorum. Önemli olan elinizden geleni yapmanız. Gerisini düşünmeyin. Kendinizi bu konuda üzerseniz sütünüz daha da azalabilir. Anneliğinizi bununla değerlendirmeyin. Hiç süt veremeseniz de dünyanın en iyi annesi olabilirsiniz. Ayrıca dünyanın en iyi annesi olmanıza da gerek yok. Yine elinizden gelenin en iyisini yapmış olmanız yeterli.

1 Yaşından Küçük Bebeğinize Neler Yasak? Neden Yasak?

- Bal (Alerji yapabilir.)
- Tuz (Böbrekleri kaldıramaz.)
- Şeker (Zararlı.)
- İnek Sütü (Kansızlığa neden olur.)
- Salam, sucuk, sosis (Zararlı.)
- Çilek (Alerji yapabilir.)
- Çikolata (Zararlı.)
- Kakao (Çok ağır gelir.)
- Patlıcan (İçinde nikotin var.)
- Bakla (Favizm diye bir hastalığa neden olabilir.)
- Yumurta akı (Alerji yapabilir.)
- Domates (Alerji yapabilir.)
- Fıstık (Alerji yapabilir, boğazına kaçabilir.)
- Konserve gıdalar (Zararlı.)
- Salça (İçinde tuz var ve ağır gelir.)
- Patlamış mısır (Boğulma riski.)
- Sakız (Boğulma riski.)
- Bütün hâlde kuruyemiş (Boğulma riski.)
- Diyet ürünler (Zararlı.)
- Katkı maddeli gıdalar (Zararlı)

Ağlatmadan Uyku Eğitimi Ne Zaman Uyanmadan Tüm Gece Uyuyacak?

Bebeklerin hiç kalkmadan 9-12 saat uyudukları gece uykusuna geçmeleri tüm evlerde şenliklerle kutlanır. Anneler devamlı bölünen uyku perişanlığından kurtulurlar, bebekler de uykularını kesintisiz aldıkları için hem daha iyi büyürler hem de gündüz daha az huysuzluk yaparlar.

Bebeklerin Gece 9-12 Saat Uyanmadan Uyumasını Nasıl Sağlarız?

Oğlum 2,5 aylıkken, ikiz kızlarım da 4 aylıkken gece kalkmadan 11 saat uyumaya başladılar. Hatta kızlarımın ikisi de kolikti ve 3 ay boyunca gece 20-24 arasında hiç durmadan ağladılar ama sonra yatıp 11 saat uyudukları için "Kolikler ama gece uyuyorlar." diye şükrederdim. Peki, bu nasıl oldu? Tabii ki tesadüf değildi. Gece uykusu konusunda doktora derecesi vermediklerine göre bu konuda uzman olduğumu iddia edebilirim sanırım. Hatta sevgili kayınvalidem bana, "Alper'i uyuttun, kızları da uyutursan madalya vereceğim." derdi ama anneciğim, hâlâ o madalyayı bekliyorum!

Bebeğiniz 3-4 Aylık Olduktan Sonra Uygulanacak Tavsiyelerim (Bazılarını doğumdan itibaren uygulayabilirsiniz.)

1. Bebeğinizin karnı gün içinde ve yatmadan önce iyice doymuş olmalı. Tercihen bu anne sütüyle olmalı. Çünkü anne sütü bebeği rahatlatıyor ve daha az gaz yapıyor. Benimkiler bütün gece uyurlardı ama bütün gün çok fazla anne sütüyle beslenirlerdi. Gece yatmadan önceki sütü memeden verirseniz daha az emiyorlar çünkü emme işlemi rahatlatıcı olduğu için uykuları geliyor ve fazla ememeden uyuyorlar. Sonra da hemen acıkıp sık sık kalkıyorlar. Ben gün içinde ve gece kalkıp sağdığım sütleri gecenin son beslenmesi olarak fazla miktarda veriyordum çocuklara. Uyumasınlar diye de türlü oyunlar yapıyordum ama mutlaka güzelce çok sütle besleyip yatırıyordum. Bebeğiniz uyanmasa bile siz sütünüzün fazla olması ve devamı için 4 saatte bir kalkıp sütünüzü sağmanız lazım. Benimkiler 11-12 saat uyurlardı, ben hem yatmadan önce hem de gece 2 kere kalkıp sütümü sağardım. Mama veriyorsanız normalden biraz fazla içirip yatırmaya çalışın ama aşırı içirmeyin ki kusmasın. Sütü içtikten hemen sonra gazını çıkartın ve biraz dik tutun. Burada anne sütünün fazla olması çok yardımcı oluyor.

2. Doğumdan itibaren bebeğinize gündüz ve gece farkını öğretin. Gündüzleri bol ışık ve normal ses, geceleri de karanlık ve sessiz. Bebekler ve çocuklar mutlaka karanlıkta uyumalılar, bu melatonin hormonunun salgılanması için gerekli. Gece lambası yakıp onları ışıkla uyumaya alıştırmayın. Mutlaka karanlıkta uyusunlar. Gece emzirmeye veya süt vermeye kalktığınızda ışıkları açmayın, yapabiliyorsanız karanlıkta yoksa ufak bir gece lambasıyla halledin. İşiniz bitince hemen kapatın. Bebeğinizle konuşmayın ve onu heyecanlandırmayın. Sadece sütünü içsin, altı gerekiyorsa değişsin ve hemen yatağa geri dönsün. Öpmeler, koklamalar, konuşma ve gezdirme yok. Odasından çıkmayacaksınız. Ağlarsa poposuna hafifçe pışpışlayın veya sırtını sıvazlayın.

3. Mutlaka bir gece rutininiz olsun. Her gece aynı şeyi yapın. Bebeğiniz bu rutinin sonunda uyku olduğunu anlayacaktır. Mesela banyo yaptırın, masaj, sonra sakin şarkılarla giydirme, emzirme veya sütünü verme. Mesela ben her gece hep aynı şarkıyı söyledim son sütünü verirken. Aynı tip pijamayı ve tulumu giydirdim. Şimdi uyku zamanı, bu sütü içeceğiz ve uyuyacağız dedim. Rutini bozmayın. Bebeğinizin ilk yılı çok önemlidir. Siz ona uyacaksınız. Bebeğinizin rutinini bozmayacaksınız. Gece gezmeler tozmalar bence bebeğiniz biraz büyüdükten sonraya kalsın.

4. Bebeğiniz gece uyanabilir, hemen fırlamayın. Gece ağlayan bebeğe koşarak değil, adım adım gidin derler. (Tabii ki haykırarak ağlıyorsa yanına uçun.) Belki de susacak. Bazı anneler vardır bebek yatakta dönse hemen atlarlar "Ne oldu yavrum?" diye. Siz uyurken dönmüyor musunuz? Bazen uyanmıyor musunuz? Birisi hemen gelip tepenize dikilse, "Ne oldu?" dese uykunuz kaçmaz mıydı? Ağlamadıkça bakmayın gece bebeğe. Hatta azıcık mızmızlanırsa da bakmayın. Çok ağlarsa yanına gidin, ışığı açmadan konuşmadan poposunu pışpışlayın. Hemen sütü vermeyin. Hemen alıp emzirmeyin. 6 aydan sonra gelişiminde bir sorun yoksa ve doktorunuz onay verirse, kalkmıyorsa gece süt içmesine gerek yok diyor doktorlar. Merak etmeyin gündüz o arayı kapatır. Gece su içmeye de alıştırmayın. Benim doktorum çok akıllı bir insandı neyse ki ve ben panikle onu arayıp " Alper daha 2,5 aylık ve 12 saat kalkmadan uyuyor ne yapacağım? Aç kalmasın, sütler ne olacak?" dediğimde bana, "Ece Hanım, bebek için en iyi gıda uykudur. Sakın uyandırmayın, sütlerinizi gece 4 saatte bir sağın, sağdığınız sütü gündüz verin dedi. Gerçekten de 3,070 gram 48 santim doğan oğlum, 1 yaşında 82 santim ve 12 kilo bir tosuncuk olmuştu. Kızlarım da 33 haftalık prematüreydiler ama anne sütü ve iyi gece uykusuyla hemen toparladılar, kocaman doğan bebeleri bile geçtiler maşallah. Yani ne olur gece kalkmıyorsa doktorunuza sorun ve onay verirse uyandırmayın. Ama anne sütü veriyorsanız gece kalkıp 4 saatte bir sütünüzü sağın. Yoksa sütünüz azalır. (Lütfen doktor onayı almadan gece beslenmesini bırakmayın.)

5. Alper 2,5 aylıkken gece uyanmadan hemen önce parmağını ve elini emdiğini fark ettim. Sanırım parmağını emdiğinde karnı acıkıyordu. Emmesin diye eline çorap taktım. Çorabın eldivenlerden daha zor çıktığını fark ettim. Çorabı taktığım gece zaten 12 saat uyanmadan uyumaya başladı. Esin ve Sevinç'e de taktım ama mesela Esin 1 tane olunca çıkartıyordu ona 2 tane çorap üst üste takmaya başladım. Hem de yüzünü çizmesini önler. Bunu uyurken yapabilirsiniz ama uyanıkken ellerinin farkında olması ve nesnelere dokunabilmesi için eline bir şey takmayın.

6. Çocuklarımı her zaman ben yatırdım. Alper kızlar doğduğunda 21 aylıktı yani 1,5 yılda 3 çocuk sahibi olmuştuk. Kızlar 33 haftalık prematüreydi ve emme refleksi gelişmediği için bırakın göğsü, biberon bile ememiyorlardı. Sadece pompa ile sütümü sağarak onları 13 ay anne sütüyle besledim ama çok zor günlerdi. Alper de evdeydi, okula gitmiyordu. Eşim üniversitede ders veriyordu, gece gündüz araştırma yapıyordu. Çocuklarımı sadece ben yatırdım, banyolarını sadece ben yaptırdım. Çocukları hep aynı kişi yatırırsa bir düzen oluyor ve bu uykuya olumlu yansıyor. Anlıyorum, çalışan ve çok çocuklu anneler için yardımcısız olmuyor ama yardımcınız da olsa bebeklerinizi hep siz banyo yaptırın ve siz yatırın derim. Bunlar özel zamanlar ve yardımcıya bırakılmamalılar. Üç kuzumu arka arkaya yıkayıp, kitaplarını okuyup, üçünü de tek tek ben yatırdım yıllarca ve gerçekten bu her gece 1,5- 2 saat sürdü. Çok yorulduğum, bittiğim zamanlar oldu ama değdi bence. Huzurla yattılar uykuya. Şimdi büyüdüler ve sağ olsun babaları da yatırıyor çoğu zaman.

7. Ben pille çalışan salıncaklardan çok yararlandım. Kendi kendilerine yavaş yavaş sallıyorlardı kuzuları. Bazen koliğin en zor olduğu gecelerde orada uyuturdum ve uyuyunca alıp yataklarına yatırırdım. Bazıları böyle alışırlarsa sonra bunsuz uyumazlar dediler ama bende öyle olmadı. İkiz kızlarımın ikisi de kolikti ve salıncaklar çok yardımcı oldu. Bence eğer alabiliyorsanız mutlaka alın. Hem sağa sola hem öne arkaya sallanan müzik de çalan modellerden alın. Bunları ikinci el ürün satan internet sitelerinden de alabilirsiniz. Hatta kullandıktan sonra yeniden buralarda satabilir veya ihtiyacı olan bir aileye verebilirsiniz.

8. Tabii ki bu dediklerim çok büyük çocuklarda işe yaramayabilir çünkü 3-4 aylıktan başlamak lazım ama yine de deneyin. Lütfen uyanıyor diye çocuklarınızı yataklarınıza almayın. Bence ve benim takip ettiğim uzmanlara göre (Bu konuda çok farklı fikirler var.) 6 aylıktan sonra eğer varsa kendi odalarına geçmeliler ve ilk günden itibaren kendi yataklarında olmalılar. Herkes yatağını bilecek. Bence bu sizin aile mahremiyetiniz ve mutluluğunuz için de gerekli. Uykunuz var diye ağladığında yatağınıza alırsanız alışırlar ve hep isterler. Bu bence sağlıklı değil ve hatta tehlikeli bile olabilir minicik bebekle yatakta. Bazı insanlar bebekle beraber yatmayı tercih ediyorlar hatta buna Amerika'da co-sleeping deniyor ve yapanlar çok ama bence bu tehlikeli ve çocuğun bireyselliğini öğrenmesini geciktiriyor. Hastaysa da almayın yanınıza. Çok meraktaysanız kapısını açık bırakın veya onun odasında yere yorgan veya yatak koyup orada yatın. O anda işiniz kolaylaşsa da sonra daha çok zorluk çekersiniz, unutmayın. (Bu konuda farklı görüşler var, hepsine saygı duyuyorum ama ben böyle düşünüyorum ve böyle düşünen uzmanları dinledim. Siz de kalbinizin sesini dinleyin.)

9. En önemlisi lütfen bebeklerinizi ayakta sallayarak uyutmaya alıştırmayın ve büyüklerinizin de alıştırmasına izin vermeyin. Bu sallanma abartılırsa küçücük bebeklerin beyinleri için bile zararlı olabilir kanımca. Çocuklar bilinçli bir şekilde uyku saatleri geldiği için uyumalılar, bilinçsiz kalana kadar sallandıkları için değil. Poposunu pışpışlayın, kollarınızda ninni mırıldanarak hafifçe sallayın ama lütfen ayakta sallamayın. Sallamak, çocuğunuzun kendi kendine uyuma becerisini kazanmasını engelleyecektir. Çocuk nasıl uyursa gece uyandığında öyle uykuya dalmak isteyecektir. Çocuğunuzu yatağına koyduğunuzda ne tam olarak uyumuş ne de tam olarak uyanık olmalıdır. Böylece en son uykuya geçmeyi kendi başaracak ve gece uyandığında da bunu becerebilecek.

10. Umarım birazcık olsun yardımcı olabilmişimdir. Ağlatma metodu diye bir şey olduğunu biliyorum ama ben hiç ağlatmadım çocuklarımı. Özellikle uykuya geçmeden önce çocukları ağlatmanın iyi bir fikir olduğunu sanmıyorum. Ben uyumadan önceki saatlerini huzurlu geçirmelerini sağlamaya çalışıyorum. Bu rutinleri yaptığım için doğal olarak gece boyunca uykuya geçtiler ve kalkmadılar. Tesadüf diyebilirsiniz ama üç çocukta da mı? Sanmıyorum. Rutinler ve kurallar çocukların daha huzurlu olmasını ve bir sonraki adımın ne olacağını görmelerini sağlıyor. Tabii ki her çocuk farklıdır ve siz ne yaparsanız yapın yıllarca gece kalkacak çocuklar vardır ama siz yine de doğru davranışları yapın. **Kararlı ve tutarlı olmanız çok önemli. Hepinize kolay gelsin.**

Bebeğinizin Gelişimi için Bugün Ne Yapabilirsiniz?

Öncelikle rahat olun, bunların hepsini bir günde yapmak zorunda değilsiniz.

- Ona sıkı sıkı sarılıp "Seni seviyorum." diyebilirsiniz.
- Ona şarkı söyleyebilirsiniz.
- Markete gidip marketteki meyveleri sebzeleri ona gösterip ne olduklarını söyleyebilirsiniz.
- Bir hayvan barınağına gidip hayvanları gösterip isimlerini söyleyebilirsiniz.
- Hayvanat bahçesine gidip daha çok hayvan tanıtabilirsiniz.
- Ona resimlerinizi gösterip değişik insanları ve yerleri tanıtabilirsiniz.
- Onunla bir doğa yürüyüşüne çıkıp ona değişik ağaçları ve çiçekleri gösterip onlara dokunmasını sağlayabilirsiniz.
- Bir kumaş dükkânına gidip değişik kumaşlara dokunmasını sağlayabilirsiniz.
- Ona kitap okuyabilirsiniz.
- Müziğin sesini açıp beraber dans edebilirsiniz.
- Beraber parmak boyası yapabilirsiniz.
- Hava güzelse dışarıda, değilse salonunuzda bir piknik yapabilirsiniz.
- Onunla bebek diliyle değil açık ve net konuşabilirsiniz.
- Ona bol bol gülümseyebilirsiniz.

- Onunla "cee-e" oynayabilirsiniz.
- Ağlayınca hemen onunla ilgilenebilirsiniz.
- Onu bir aynanın önüne götürüp kendisini görmesini sağlayabilirsiniz.
- Onu mümkün olduğu kadar çok emzirebilirsiniz.
- Onun yanında sigara içmeyebilirsiniz.
- Onunla anne-bebek yogası yapabilirsiniz.
- Onunla bir çiftlik ziyaret edip onu hayvanlarla tanıştırabilirsiniz.
- Ona bebek yağıyla masaj yapabilirsiniz.
- Onun yaşıtı olan bebeklerle bir oyun grubu başlatabilirsiniz.
- Onu bir müzeye götürebilirsiniz.
- Yerde karşılıklı oturup birbirinize doğru top yuvarlayabilirsiniz.
- Tek tek burnunu, ağzını, gözlerini, kulaklarını gösterip ne olduklarını öğretmeye çalışabilirsiniz.
- Küçük kavanozlara mercimek veya nohut koyup ağzını kapatıp sallayarak eğlenmesini sağlayabilirsiniz.

Tuvalet Alışkanlığı Kazandırma Destanı

Çocuklarla ilgili her konuda olduğu gibi tuvalet alışkanlığı kazandırma konusunda da şu gerçeği unutmayın lütfen: **Her çocuk farklıdır!** Bu gerçeği aklımızda tutacağız ama bileceğiz ki tuvalet alışkanlığı kazandırırken değişmez bazı kurallar var. Bence ilk adım, 1,5 yaşından itibaren çocuğunuzu kendinizle beraber tuvalete sokmak ve tek tek yaptıklarınızı anlatmak. Mesela "Tuvaletim geldi, onun için tuvalete gireceğim. Şu anda çişimi yapıyorum. Çişim bitti, şimdi altımı sileceğim. Şimdi ellerimi yıkayacağım." diye her yaptığınızı dillendirin. Çocuklar en güzel görerek öğrenirler. Bu nedenle abisi ve ablası olan çocuklar tek çocuklardan daha önce bezi bırakırlar çünkü onlarla birlikte tuvalete girmişlerdir ve onların ne yaptığını görmüşlerdir.

Önce size 3 çocuğumla olan maceralarımızı anlatacağım ve bu sırada da yapılması gerekenlerden adım adım bahsedeceğim. Tuvalet alışkanlığı kazandırma sürecinde çocuğunuzun konuşma becerisinin ne seviyede olduğu bence çok önemli. Kendini ifade edebilen ve daha çok konuşabilen çocuklar bezi daha erken bırakıyorlar. Alper de çok erken konuştuğu için bezi erken bıraktı. 22 aylıktı ve ilk 3 kelimeli cümlesini kurdu: "Alper kaka yaptı." Bunu duyar duymaz altındaki bezi çıkardım ve başladım.

Çocuğunuzun sinyallerini çok iyi takip etmelisiniz diye düşünüyorum. Çocuğunuz size çişini ve kakasını haber vermeye başladığında tuvalet alışkanlığı kazandırma zamanı da gelmiş demektir. Çoğu çocuk kaka ve çişini yaptıktan sonra söyler ilk başta. Bu dönemde henüz hazır olmuyorlar genellikle ama sizin yapmanız gereken, bu dönemde çocuğunuzun kaka ve çiş zamanlarını takip etmeye ve aklınızda kaydetmeye başlamak. Tuvalet alışkanlığı kazandırmada başarının sırlarından biri çocuğunuzun kaka ve çişini yaklaşık ne zamanlarda yaptığını bilmektir. Sinyali çocuğunuzdan aldığınızda harekete geçmelisiniz ama bazen anneler "Daha erken, şimdi zamanı değil.", "Şimdi hava soğuk, yazı bekleyeyim." diyorlar ve bu önemli zamanı kaçırıyorlar. Çocuklar da sinyali veriyor veriyor alan olmayınca bunu unutuyorlar ve bu çocuklar daha sonra tuvalet alışkanlığı edinirken çok zorlanıyorlar çünkü o fırsat kaçmış oluyor. Alper bana sinyali verdiğinde nasıl bir durumdaydım size anlatmak isterim. Kızlarım daha 1 aylıktılar, emme refleksi olmadan doğdukları için pompa yaparak ikisini sadece anne sütüyle besliyordum. Günde 8 kere pompa yapıyordum, kızlar çok zor besleniyorlardı. 50 gram sütü 45 dakikada içtiklerini bilirim. İkisi de kolikti durmadan ağlıyorlardı. Alper de henüz çok küçüktü. Gece 45 dakikada bir kalkıyordum. Gündüz de uyumak mümkün değildi yani ailecek perişandık. Başkası olsa sinyali alınca "Hadi yavrum, şimdi hiç zamanı değil, tak bezini beni uğraştırma." derdi. Ama ben öyle demedim, Alper'in kardeşleri oldu diye gelişiminin etkilenmesine gönlüm razı olmadı.

"Alper kaka yaptı." dediği o gün Alper'in bezini çıkardım, evdeki bütün halıları kaldırdım ve koltukların üzerine pikeler örttüm. Alper'e ayrıntılı bir şekilde artık bizim gibi çişini ve kakasını tuvalete yapacağını anlattım. Tuvalet alışkanlığı kazandırma sürecimiz böylece başladı. Onu önce 30 dakikada bir lazımlığa oturtmaya başladım. Önce hiçbir şey yapmadı. Hiç kızmadım ona.

Siz de lütfen hiçbir zaman kızmayın tuvalete yapmayan veya altına, yatağına yapan çocuklarınıza. İnanın bu sürece

büyük bir darbe vuruyor ve ilerde de çocukların psikolojilerinde büyük sorunlara yol açıyor. Nazik olmanız gereken bir konu bu. Hazır değilseniz başlamayın. Sadece çocuğunuzun değil, sizin de hazır olmanız gerek.

O muhteşem gün gelip de çocuğunuz çişini veya kakasını tuvalete veya lazımlığa yaptığında bunu doğal karşılayın ama onu tebrik edin ve ona beğeneceği bir yapıştırma verin. Arabaları seviyorsa arabalı veya çiçekleri seviyorsa çiçek desenli olabilir. Sevdiği bir yiyecek de olabilir. Sağlığına zararlı olmasın ama. Ben Alper'e çekirdek verirdim çok sevdiği için. Sonra da elini yıkardık güzelce. Yapmazsa elini de yıkamazdık. Lazımlık olayı çok pis geldiği için kısa zamanda adaptörle tuvalete yapmaya başladı. Kızlarda hiç lazımlık kullanmadım zaten. Direkt adaptörle başladık. Ayaklarını koyabileceği bir tabure veya yükseltici koyun ayaklarının altına, bunların merdiven gibi olanları da var. Ayakları bir yere basınca kendilerini daha güvende hissediyor ve korkmuyorlar.

Tuvalet alışkanlığı kazandırma sürecine başlayan çocuğunuzu dışarı çıkarmak size bir kabus gibi gelebilir. "Ya altına çişini yaparsa? Ne yapacağım dışarlarda rezil olurum, kıyafet mi değiştireceğim devamlı?" gibi düşünceler aklınızdan çıkmayacak biliyorum ama lütfen çocuğunuzun kafasını karıştırmayın. Gündüz bezi çıkarınca bir daha gündüz takmayın. Dışarıda da sık sık götürün tuvalete ilk başlarda. Ben yanımda torbayla adaptör taşırdım çünkü içine düşeceğim diye korkardı. Biz dışarıda pek kaza yaşamadık ama kaza yaşasanız bile lütfen yeniden bezi takmayın. İnanın 2-3 kaza geçirse bile olayı kısa zamanda çözecektir.

Geceleri duruma göre bez takabilirsiniz 1-2 ay daha ama bence çocuğunuz 2,5 yaşından büyükse gece ve gündüzü aynı anda çözebilir. Alper ve kızlar daha küçük olduğu için ben 2 ay kadar gece bezi taktım. Sonra onu da bıraktık. 1-2 kere gece altına yaptı. Hiç kızmadım ama onun yanında değiştirdim çarşafları ve çok yorulmuş gibi yaptım. O da üzüldü biraz ve sonra hiç yapmadı. Kızlar gece bezini çok kolay ve kazasız bıraktılar. Bizim çocuklar 22.00 gibi yatarlar ve biz de onları gece 2'de çişe kaldırırız. Tam uyanmazlar, yaparlar çişlerini yatarlar. Ürolog bir arkadaşım 9 saatten fazla uyuyan çocukların gece çişe kaldırılmalarının sağlıkları için çok iyi olduğunu söylemişti. Zaten 2'de o kadar çok çiş yaparlar ki hiç istemezdim o kadar çişle uyumalarını. Gece yatmadan önce sıvı alımlarını biraz azaltın ve yatmadan önce mutlaka tuvalete girsinler.

Alper tuvalette oturmayı çok severdi, oturur kitaplar okurduk, bütün bildiği kelimeleri tuvalette öğrendi diyebilirim. Küçük bir çocuk kütüphanesi oluşmuştu tuvaletimizde ve her oturduğunda bir sürü kitap incelerdik. Tuvaleti bu kadar eğlenceli hâle getirmeyin çünkü o zaman tuvalette çok oturuyorlar ve anneye çok zorluk oluyor, çok zaman kaybı oluyor.

Alper tuvalette bu kadar zaman geçirdiği için kızların tuvalet zamanı yaklaştıkça benim gözüm korktu biraz. Üstelik bunlar iki taneydi! Tuvalette geçirilen zaman ikiye katlanacak diye düşünüyordum. Yanılmışım. Kızlar "Bitti, bitti!" deyip kalkarlardı tuvaletten ve hiç zaman geçirmek istemezlerdi tuvalette. Yine gördüm ki her çocuk farklıdır!

Kızlardan sinyal biraz daha geç geldi. Belki de prematüre olmalarının etkisiydi bu. Kızlar 2 yaş 4 aylıklardı. Esin, Alper ve ben çok sevdiğimiz Rahmi Koç Müzesi'ne gitmiştik. Alper'in tuvaleti gelince hep beraber tuvalete girdik. Alper tuvaletini yaptı. Tam Esin'in bezini değiştirecektim ki Esin "Ben de tuvalete yapacağım çişimi." dedi. Bundan ala sinyal olmaz herhâlde... Hemen oturttum tuvalete, o da hemen yaptı. Sevinçten delirdim diyebilirim. Bezi çıkardım.

Bir daha da gündüz bezi takmadım. Esin hemen alıştı ve kaza pek yaşamadık. Eve geldim, hemen tüm halıları kaldırdım ve koltukların üzerine pikeleri örttüm. Sevinç'i aldım karşıma olanları anlattım, bezini çıkardım ve tuvalete götürdüm. Sevinç'in ilk gün kazaları oldu. Tabii ona biraz tepeden inmişti bu karar ama ben onda da sinyalleri alıyordum ve ikizleri ayrı ayrı yapmak istemiyordum. Çıldıracağımı zannettim, nereye dönsem evde yavru bir köpek varmış gibi çiş görüyordum hatta üstüne basıyordum! Çok zor tuttum kendimi bezi geri takmamak için ama 2-3 gün daha denemeye olmazsa onun eğitimini ertelemeye karar verdim. Hiç kızmadım kızıma bu arada. Ertesi gün ve daha sonra Sevinç hiç altına yapmadı. İşte kararlı ve tutarlı olmak ve pes etmemek hediyesini vermişti. Onlara da gece bezini 1 ay taktım. Yaz tatilindeydik. Aldım karşıma ikisini "Bakın kızlarım, bu sıcakta şu plastik şeyi poponuza takmak istemiyorum artık takmayalım." diye uzun uzun anlattım ve bezi çıkardık tamamen. Üstelik anneannemin yazlığında misafir olarak kalıyorduk o sırada. 2-3 kere hafif kazalar oldu ama hemen bitti. Pes etmeyin. Su geçirmez alezlerden 2 tane alın ve yayın çarşafın altına. Bir tanesi bazen geçiriyor eğer çok çiş yaparsa.

İşte tuvalet alışkanlığı kazandırma maceralarım böyle. O zamanlar çok okumuştum bu konuda yazılanları. Okuduklarım sonucunda bu süreçte böyle bir yol çizdim. Buradan çıkarılacak dersler var.

1. 1,5 yaşından itibaren çocuklarınızın tuvalette sizi ve abi/ablalarını izlemelerini sağlayın.

2. Çocuğunuzdan gelen sinyalleri kaçırmayın, hazır olduğunda hemen başlayın. Bence en ideal yaş 24-36 ay arasıdır. Ama bu benim kişisel fikrim. Doktorunuza da danışın ve onun dediklerini uygulayın. Çocuğun dil gelişimi ve genel gelişimi ileriyse biraz daha erken olabilir.

3. Ne yapacağınızı çocuğunuza açıkça anlatın.

4. İlk başta 30 dakika arayla tuvalete oturtturun. Bu arayı gittikçe uzatın.

5. Kararlı ve tutarlı olun. Gündüz bezini çıkarınca bir daha takmayın. Zorluklar olabilir, pes etmeyin.

6. Gece bezini çok uzatmayın. İki ayı geçmesin.

7. Tuvalet alışkanlığı kazandırma sürecini tamamlamak çocuğunuz için çok mutlu bir olaydır ve özgüvenini geliştirir. Bir şeyleri başardığı için mutlu olur. Siz de gözünüzde büyütmeyin. Olumlu düşüncelerle başlayın bu sürece. Siz kaygılı ve stresli olursanız bunu hisseder ve kendi de kaygılanır.

8. Altına veya yatağına kaçıran, tuvalete oturup yapmayan çocuğunuza kesinlikle kızmayın. "Aman yavrum boş ver, önemli değil." filan da demeyin. Bir şey olmamış gibi davranın. Tuvalete yaptığında çok fazla abartmadan bir yapıştırma verin ve ellerini yıkamasına izin verin.

9. Çocuğunuzda idrar yolları enfeksiyonu olduğunda veya çocuğunuz hasta olduğunda altına kaçırma olasılığı artar. Uzun zaman hiç altına kaçırmayan bir çocuk birden altına yapmaya başlarsa onu doktora götürüp idrar yolları enfeksiyonu testi yaptırmakta fayda var. Test pozitif çıkarsa mutlaka antibiyotik verir doktorunuz. Lütfen doktorunuzu dinleyin ve o ilacı tamamlayın. Hasta olduğunda da biraz daha sık tuvalete gitmesini sağlayın.

10. Her zor zaman gibi bu da geçecek. Unutacaksınız bile zorlukları. Bunun bile tadını çıkarın.

Hepinize kolay ve kısa bir tuvalet alışkanlığı kazandırma süreci dilerim!

SAĞLIK

Bebeklerinize ve Çocuklarınıza Gereksiz İlaç Vermeyin!

Her ilacın yan etkisi vardır ve vücutta bir etkisi olur. Gereksiz ilaç kullanımı mutlaka zarar verir, özellikle de çocuklarımızın minicik bedenlerine ve hassas böbreklerine. Lütfen doktorunuz özellikle yazmadıkça çocuklarınıza kafanıza göre ilaç vermeyin. Komşunuzdan, annenizden, arkadaşınızdan, internetten duyduğunuz ve kullandığınız ilaçlar hem size hem çocuklarınıza zarar verebilir. Dikkat ederseniz ben bloğumda kesinlikle ilaç tavsiyesi yapmıyorum ve yapılmasına da izin vermiyorum. Çünkü ben doktor değilim siz doktor değilsiniz. Doktor bile olsanız o çocuğu muayene etmeden tavsiye edeceğiniz ilaçlar yine de zarar verebilir.

Ayrıca lütfen eczacınızı veya doktorunuzu çocuğunuza ilaç yazmaları için zorlamayın baskı yapmayın. Bırakın doktorlar kendi işlerini yapsınlar, kafalarını karıştırmayın. Doktorunuza güvenmiyorsanız başka bir doktora gidin.

Bir de ne hastalık ne ağrı varken tedbir olarak ilaç vermek isteyenler var. Aşıya gidecekler "Ya acırsa, ya ateşi çıkarsa?" diye ilaç verenler, "Dişi çıkıyor, aman ağrıyordur." diyenler... Bir de, "Uzun saatler uçakla uçacağız, ilaç verelim mi?" diyenler... Nelerle karşılaşıyorum ben. Doktorunuz ortada ağrı ve ateş yokken tedbir olarak ilaç vermeniz tavsiye ediyorsa benim şahsi fikrim hemen dönün arkanızı ve hızla uzaklaşın! Test yapmadan antibiyotik yazıyorsa da aynı şekilde. Hastasının iyiliğini düşünecek doktorlar sizin gece rahat uyumanızı veya uçakta rahat yolculuk etmenizi değil.

Geçenlerde anneannemi doktora götürdüm, anneannem bazen ağrısı olduğunu ve adını yazmayacağım ama hamilelikte bile kullanılabilen hafif bir ağrı kesiciyi kullanmak istediğini söyledi doktora. Kalp uzmanı doktoru şöyle dedi: "Hayır teyzeciğim kullanma, onsuz idare etmeye çalış. Unutma en hafif ilaç bile böbrekleri etkiler dikkat etmen gerek." Çok beğendim bu doktoru. Ülkemizde de bu anneanneme doktorun içme dediği ilacın çocuklar için olanı en basit ateşte bile verileni çok fazla kullanılıyor. Sanki bir etkisi yokmuş gibi çocuğun ateşi 37,5-38 oluyor, hop hemen veriliyor bir kaşık. Hâlbuki mantıklı doktorlar ateş 38,5 olmadan ilaç vermeyin diyorlar. Ben de öyle yapıyorum. Çocuğu soymak, evin ısısını düşürmek, ılık suyla duş bunları denemek gerekiyor. . Tabii çocuğunuzun havale riski varsa veya daha önce havale geçirdiyse o zaman daha erken verebilirsiniz doktoruyla konuşup.

Çocuğunuz Ateşli Ve Hasta Olduğunda Neler Yapabilirsiniz?

Çocuklar hasta olur ve bu çok normaldir. Özellikle okula giden çocuklar çok daha fazla hasta olur. Hatta okula gitmeyen çocukları olanlar okula giden çocukların annelerine, "Sizin de çocuklar ne çok hasta oluyorlar, neden acaba?" falan der ve sinir ederler ama sonra seneye onların da çocuğu okula başlayıp ayda 2 kere hasta olunca telefonu açıp özür dilerler. Kızmayın onlara, nereden bilsinler okuldan bu kadar hastalık gelebileceğini? Ama inanın bu hastalanmalar size çok acı verse de onların bağışıklık sistemini güçlendiriyor. Özellikle de en ufak ateşte hemen ateş düşürücüyü verip çocuğunuzun vücudunun antikor üretmesini engellemezseniz. Vücudu ateşle ve hastalıkla savaşırken antikor üretir ve bunlar onun bağışıklığını güçlendirir. Bu nedenle lütfen hemen ilaca sarılmayın. Doktorunuza danışmadan panikleyip ilaç vermeyin.

Özellikle ilk çocukta anneler tedavi peşinde koşarken çocuğa gereksiz yere ilaç yüklemesi yapıyor ve bu yarardan fazla zarar veriyor. Ben de aynı yanlışı ilk çocuğumda ilk başlarda yaptım, itiraf ediyorum. Ateşi 38,4 olunca panik oldum hatta Alper'i kapıp acile koşturdum. Şimdi o günleri düşününce "Ne kadar da tecrübesizmişim." diyorum. Tabii ki her çocuk farklıdır ve bağışıklık sistemlerine göre davranmak gerekir. Bazı çocuklar ateşe karşı dayanıksızdır ve havale riski vardır. Onları ayrı tutuyorum ve her zaman çocuğunuzu tanıyan doktorunuzu dinleyin diyorum. Bazı hastalıklarda ilaç hatta antibiyotik kullanmak gereklidir. Ben sadece size şu anda ateş olduğu zaman ne yaptığımı anlatmak istiyorum. Ateşi koltuk altından ölçüyorum. Eskiden kulaktan ölçerdim ama artık ona pek güvenmiyorum çünkü beni birkaç kez yanılttı. Cıvalı termometreleri çocuğun poposuna sokmayı pek tavsiye etmiyor doktorlar. Çok tehlikeli olabilir. Zaten sağlık bakanlığı artık cıvalı ateş ölçerlerin satışını yasakladı ve kalanları toplattı. Kulaktan ölçülen ateş her zaman biraz fazla çıkar unutmayın. Bunu da düşünerek doktorumuzun tavsiyesiyle 38,5'a kadar ben ateş düşürücü vermiyorum. 38'den itibaren çocuğu soyuyorum. Kış da olsa evde fanila ve donla dolaşıyorlar ve ateş devam ediyorsa öyle yatıyorlar. Kesinlikle üstü örtülmeyecek. Yorganları kaldırın yataktan çünkü ateşli çocuk üşür ve sarınmak ister ama bu onun ateşini yükseltir. Merak etmeyin, üşütmez. Ateş 38 olunca kompres yapıyorum serin bezlerle, 38,5 olunca serine yakın ılık duş aldırıyorum. Evin ısısını 20-21 dereceye düşürüyorum. Alnına yapışan jeller var, eczanelerde satılıyor. Serin tutuyor başını. 6 saat boyunca onlardan yapıştırıyorum. Diyelim ki bu tedbirlere rağmen ateş 38,5'i geçti, o zaman doktorun tavsiye ettiği iki ayrı ilacı 4 saatte bir dönüşümlü kullanıyorum. (Dikkat edin ilaçlarda paraben olmasın, olmayanlar var.) Siz doktorunuza danışmadan çocuğunuza ilaç vermeyin. Ateş 39'u geçerse doktorumuzu arıyorum ve gerekli görürse acile götürüyorum.

Not: Havale geçiren çocuklar için onu takip eden nörolog ne diyorsa onu yapın.

Hasta olduklarında burunlarını günde 3 kere tuzlu suyla açıyorum. Burunları tıkalı olunca rahat nefes alamıyorlar ve uyuyamıyorlar. Ayrıca tıkalı burun açılmazsa kulağa vurup kulak enfeksiyonuna yol açabiliyor. Yastıklarına ve kıyafetlerine bitkisel yağlardan oluşan damladan damlatmak da çok faydalı oluyor, rahat uyuyorlar.

Hasta olduklarında vücutlarındaki kızarıklıklara çok dikkat etmek gerekiyor. Döküntü varsa mutlaka doktora götürüp ne olduğuna baktırmalısınız. 5. hastalık, 6. hastalık, kızamık, suçiçeği, kızıl vs. olabilir ve hepsinde ayrı davranmak gerekiyor. Doktor kızarıklıkların nerede olduğuna ve nasıl olduğuna bakarak hangi hastalık olduğunu söyleyecektir.

Çocuğunuz boğazım veya kulağım ağrıyor dediğinde onu mutlaka doktora götürün. Kulak iltihabı olabilir ve bunun mutlaka tedavi edilmesi gerekir. Eğer boğazım ağrıyor diyorsa boğazında Beta mikrobu olabilir. Çocuğunuzun okulunda beta mikrobu çıktıysa, en ufak bir belirti gördüğünüzde boğazdan hem 1 saatte sonuç veren kısa beta testini hem de 3 günde sonuç veren beta boğaz kültür testini yaptırmanızda fayda var. Bazen kısa testte negatif çıkıyor ama uzun testte pozitif çıkıyor. Bu bize 4 kere oldu. Uzun testi yaptırmasak Beta'yı yakalayamayacaktık. 10 gün boyunca alınan antibiyotikle veya kalçadan vurulan penisilin iğnesi ile tedavi edilmeyen Beta ilerde kalp romatizmasına yol açabiliyor. Fazla belirti olmadan da geçirebiliyor çocuklar Beta'yı. Mesela geçen sene Sevinç'te sadece burun tıkanıklığı oldu, ateş ve döküntü olmadı. Alper'de sadece döküntü ve burun tıkanıklığı oldu. Esin'de hem ateş, hem burun tıkanıklığı hem de döküntü oldu. Hepsinin Beta testi pozitifti. Neyse ki yakaladık ve tedavilerini oldular. Lütfen Beta'yı ciddiye alın.

Ben size kendi doktorlarımın bana söylediklerini aktardım. Lütfen siz sadece kendi doktorunuzu dinleyin ve onun dediklerini uygulayın.

Hastayken Çocuğu Okula Gönderme Konusu

Bence hasta olan çocuğun evde dinlenmesi gerekir. Çocuğunu hasta hasta okula gönderen anneleri çalışıyor bile olsalar anlamam ve desteklemem mümkün değil. Çalışsanız bile ona göre bir yöntem ayarlamanız ve hasta olduklarında çocuklarınızı evde tutmanız gerekiyor. Başka çocuklara acımıyorsanız kendi çocuğunuza acıyın. Okulda çok yoruluyorlar. İki gün sürecek hastalıkları 6 gün sürüyor ve bu süreçte tüm sınıfı hasta ediyorlar. Buna kimsenin hakkı yok. Çalışıyorsanız belli bir gelir elde ediyorsunuz ve bu gelirin bir kısmını çocuğunuzun hastayken evde bakımını sağlamak için harcayacaksınız.

Alper kreşteyken hasta hasta okula gelen bir arkadaşı nedeniyle ondan aynı anda hem Rota virüsü hem Beta mikrobu kapmıştı ve 1 hafta hastanede yattık. Yoğun ishal ve kusma vardı ayrıca Beta'dan gelen ateşle savaşmaktan yürüyemiyordu bile oğlum. Unutamadığım bir felaketti. Esin de bebekti ve ondan kapıp Rota olmuştu.

Kimsenin küçücük bir çocuğa ve ailesine bunu yaşatmaya hakkı yok. Bu kadar basit: Çocuğunuz hastaysa onu okula göndermeyin.

Çocuklarda Havale Sorunu

Kızımın havalesi Ekim 2013'te oldu. Sizi bilgilendirmek için bu havaleyi anlatıyorum. O zaman yazdığım gibi aktarıyorum ki o gün hissettiklerimi anlayın.

Dün saat 18:00 gibi canım kızım Sevinç havale geçirdi, Allah kimseye yaşatmasın. 2-3 dakika sürdü ve hastaneye kadar geçen 10 dakikayı kafamdan silmek istiyorum. Ateşi yüksek değildi birden oldu. Boğazında Beta bakterisi varmış, o nedenle böyle olmuş. Büyük ihtimalle okuldan bulaştığını söyledi doktor. Zaten okul dışında bir yere gitmediler bu hafta.

Öğlen ateşi 38,7 gibiydi. Tam ilaç verecektim, ateşi düştü ve yemeğini yedi, iyileşir gibi oldu. Aradan 4 saat geçti birdenbire tam ben ateşini ölçerken ateşi hızla yükseldi ve gözleri sabitlendi, kolları ve bacakları kasıldı istem dışı hareket etti ve ağzından salya aktı. O kadar kötü oldum ki anlatamam. Allah hiçbir anneye bunu yaşatmasın. Neyse ki kucağımdaydı ve panik olmama rağmen hemen müdahale ettim. Allah kuvvet verdi, 20 kiloyu kucakladım. Hemen kıyafetlerimle onunla duşa girip ateşini düşürdüm. Duşta hemen kendine geldi, nöbet bitti. İlaç verdim. Ama ondan sonra hastaneye gidene kadar 10 dakika donuk donuk baktı ve sorularıma kafasıyla cevap verdi ama konuşamadı. Bu tabii ki beni çok endişelendirdi ama havaleden sonra çok normalmiş ve hatta uyurlarmış. Zaten gözleri kapanıyordu ama ben arabayı kullanırken devamlı onunla konuşarak uyanık tuttum. Uyurlarsa da bir zararı yokmuş.

Acilde hemen başka bir ilaç daha verdiler ve soğuk kompres yaptılar. Beta nedeniyle iç ateşi yüksekmiş. Ben elimle ve öperek alnına bakınca ateşi yokmuş gibiydi ama sadece koltuk altından ölçünce ateşi vardı. Hemşire bile çok şaşırdı bu duruma. Benim normalde elle ve öperek ölçümüm hiç yanılmazdı ama bu sefer yanıldı. Altı yıldır ilk defa başıma böyle bir şey geldi. Demek ki mutlaka kol altından ölçmek gerekiyormuş. Ne yazık ki kulaktan ölçtüm ve o az gösterdi, o da beni yanılttı. İnsanın bazen basireti bağlanıyor ve her şey ters gidiyor. Bir daha kesinlikle sadece kendim öperek veya kulaktan ölçerek ateşe bakmam.

Çocuk doktorumuzun dediğine göre havalede ateş çok önemli değil. 37,5 gibi düşük ateşlerde bile havale geçirilebilirmiş ama bazen 40 derecede geçirilmezmiş. Ama tabii özellikle daha önce havale geçirmiş çocuklarda veya ailesel bir yatkınlık varsa ateşi yükseltmemek gerekiyormuş. Esin ve Alper'e yine hemen ateş düşürücü vermememi, beklememi ama Sevinç'te özellikle ateşin ilk günü ateşinin 38'den yukarı çıkmamasını sağlamamı söyledi. Havaleler genellikle ateş ilk çıktıktan sonraki 48 saat içinde olurmuş.

Ben de doğrusunu yaptım bilmeden ama bir tek hata olarak duşa soktum ateşini düşürmek için. İyi geldi açıldı dedim ama zaten açılırdı dedi doktorumuz. Havalenin ne kadar süreceği belliymiş sen ne yaparsan yap. Bir tek bir fitil verdi. Tekrar olursa havale olursa ve uzun sürerse hemen koymamız gerekiyormuş. Havale süresini bir tek o kısaltıyormuş. (Yan etkileri nedeniyle o fitili hiç kullanmadım ama siz doktorunuz ne derse onu yapın lütfen.)

Şu anda iyi, ateşi çıkıp iniyor, bazen 39,3 oluyor. Tedbir olarak dün gece ve bu gece hastanede kaldık. Betayı tedavi etmek için kalçadan penisilin iğnesi oldu. Beta'nın mutlaka tedavi edilmesi lazım yoksa ilerde kalp ve kas romatizmalarına yol açabiliyor. Havaledeki nöbet yani o kasılma süresi çok önemliymiş ve o süreyi mutlaka doktora doğru olarak söylemek gerekiyor. Yani çocuğunuz havale geçirirse hemen saati not alın ki doktoruna havale nöbetinin ne kadar sürdüğünü söyleyebilin. Süre 20 dakikayı bulursa daha ileri tetkikler yapılması gerekiyor çünkü o zaman kalıcı hasar olabiliyormuş ama havalelerin çoğunda hiçbir kalıcı hasar olmuyormuş. Doktor daha çok annelerde kalıcı hasar oluyor dedi ve bu çok doğru. Sevinç'in havalesi çok şükür çok kısa sürdü, onda kalıcı etkisi olmayacak ama benim için aynı şeyi söyleyemeyeceğim.

Havale çok başka bir şeymiş insan "Yavrum gidiyor." diyor ve deliriyor. Kimse yaşamasın. O anları düşündükçe çıldıracak gibi oluyorum. Boğazındaki Beta mikrobu yüzünden aniden ateşi yükseldi. Ama çok yüksek de değildi. Şu Beta'yı yok edene veya aşısını geliştirene kesinlikle çok büyük ödül versinler. Esin de Beta bu arada zaten bulaşmasa olmaz. Ama neyse ki ateşi yok onun. İşte ikizler ama ne kadar farklı atlatıyorlar aynı hastalığı. Bir de Esin'in dili çok acayip olmuş. Kızıl deniyor Beta'dan sonra gelen döküntüye ve dilin öyle olmasına. Hatta Beta ve kızılı bir çocuğun diline bakarak da anlayabilirsiniz. Babası da evde Esin'in başında nöbette ama neyse ki onda ateş yok.

Devamlı ağlamak istiyorum. Eğer yanında olmasaydım, içeride ona çorba yaparken olsaydı ne olurdu diye düşünmekten çıldıracağım. Sebzeleri yıkadım tezgâha koydum sonra bir daha bakacağım ateşine dedim. Zaten o anda oldu. Allah korudu. Hemen çorbayı yapayım deseydim, ben mutfakta çorba yaparken o içeride nöbet geçiriyor olabilirdi. Bunu düşünüp düşünüp ağlıyorum ve Allah›a şükrediyorum. Sevinç dün gece iyiydi, pek ateşi çıkmadı ama bugün ateşi çok dirençliydi. Kalçadan penisilin iğnesi, antibiyotik, ateş düşürücüye rağmen devamlı yükseldi ateşi. 39,1-39,3 oluyor, ilaçlarla 40 dakikada iniyor ama 3 saatte yine çıkıyor. Beta böyle yapabiliyor. Bir kere de serin duşa sokmak zorunda kaldım. Çok kötü bir gün oldu. Kalçadan penisilin iğnesi, serin duş ve üstü örtülmemesi gereken ama devamlı üşüyorum diye ağlayan bir kuzu. Ateşi yine 39,3'e çıkınca yine serin, ıslatılmış havlularla sarılı yatağında ve o kadar bitkin ki uyuyor o hâlde. Allah beterinden korusun. Bu gece de hastanedeyiz, dualarınızda bize de yer verin.

Annelik bazen çok zor. İki gündür perişanım. Bunu nasıl atlatacağım? O görüntüleri ve onu kaybetme korkumu nasıl beynimden sileceğim? Keşke olabilse... 38 saattir de 1 dakika bile uyumadım ve daha bir 24 saat daha uyumam imkânsız. Bakalım, dayanabilmeyi umuyorum.

Hayatımda olan her şeyi sizlerle paylaşmaya devam edeceğim. Zaten bu sitenin kurulma amaçlarından biri de benim 3 kuzumla yaşadıklarımı paylaşmak ve bunlardan sizin işinize yarayacak tavsiyeler çıkarmak. Yani bir nevi 3 çocukla uğraşmanıza gerek kalmadan 3 çocuk tecrübesi ediniyorsunuz burada. Havaleyi keşke hiç yaşamasaydık ama 3 kere yaşadığımıza göre havale sırasında nasıl davranmanız gerektiğini paylaşmanın faydalı olacağını düşünüyorum.

Ben araştıran bir anneyim ama gerçekten havale sırasında ne yapmam gerektiğini bilmiyordum. Sevinç'e bakan çocuk doktorumuz Müjde Arapoğlu'ndan ve çocuk nöroloğumuzdan öğrendim.

Çocuğunuz Havale Geçiriyorsa Neler Yapmalısınız?

Havale geçiren bir çocuğa müdahale olarak sadece onun nefes yolunu açık tutmamız ve boğulmasını engellememiz gerekiyor. Onu rahat bir pozisyona getirip belki de yan yatırıp kusmuğunun boğazına kaçmamasını, dışarı akmasını sağlamamız yeterli. Kesinlikle sırtüstü yatırmayın. Sonra da en kısa zamanda acile götürmeliyiz. Kesinlikle oradan oraya koştururken yalnız bırakmamalıyız. Sakin olmanız çok önemli ama yaşayan biri olarak bunun imkânsıza yakın olduğunu biliyorum. Unutmayın ki çok kısa bir süre sonra havale duracak ve kendi seyrini izleyecek. Havale nöbeti yani kasılmalar durduktan sonra çocuğunuzun ateşi yüksekse kıyafetlerini çıkarın ve vücudunu ılık bezlerle silin. Ateşi yüksekse doktorunuza danışıp ateş düşürücü ilaç verin. Havaleden sonra bir süre çocuğunuzun donuk donuk bakması, konuşmaması ve uyuması normalmiş ve bir zararı yokmuş. Havale nöbetinin yani kol ve bacaklarının kasılmasının ne kadar sürdüğüne mutlaka dikkat edin, doktor ve nörolog bunu özellikle soruyor. Bu süreye göre havalenin basit havale olup olmadığı anlaşılıyor. Süre 20 dakikayı bulursa daha ileri tetkikler yapılması gerekiyor çünkü o zaman kalıcı hasar olabiliyormuş ama havalelerin çoğunda hiçbir kalıcı hasar olmuyormuş. Genellikle yüksek ateş olmadan geçirilen havaleler daha riskliymiş ve epilepsi nedeniyle oluyormuş.

Havale Sırasında Yapılmaması Gereken Şeyler

- Çocuğunuzun üstüne soğuk su dökmeyin.
- Çocuğunuza ağızdan bir şey vermeyin.
- Çocuğunuzu havale sırasında kucağınıza alıp hastaneye götürmeye çalışmayın. Havale çoğu zaman kısa sürer ve siz hastaneye ulaşana kadar havale sonlanmış olur. Çocuğunuzu taşırken kustuklarını ve salyasını akciğerine kaçırma riski vardır.
- Kasılmalar sırasında çene, kol ve bacakları açmaya uğraşmayın.
- Çocuğunuzu tutarak havaleyi durdurmaya çalışmayın.
- Kasılmalarda kol, çene ve bacakları açmaya uğraşmayın.
- Soğan gibi şeyleri koklatmaya çalışmayın.

Sevinç 4,5 yaşında ekim 2013'teki ilk havalesinden 1,5 ay sonra 2. havalesini geçirdi. Bunlardan 1 yıl sonra kasım 2014'te 3. havalesini geçirdi. Hepsi basit ve çok kısa ateşli havalelerdi ve genetik olarak aileden geliyor. 7 yaşına kadar dikkat ettik. Çok şükür, 7 yaşında havale riski bitti. Sevinç›e havale geçirdiği için 2 kere EEG, yani beyin elektrosu çekildi ve neyse ki temiz çıktı. Epilepsi yokmuş ve havale herhangi bir hasar yaratmamış. Kalıcı bir sorun olmadan atlattığımız için çok şükrediyorum. Kimse yaşamasın bu havale olayını özellikle anne için çok yıpratıcı. Özellikle 15 dakikadan kısa süren ateşli havaleler çocuklarda çok büyük ihtimalle hiçbir kalıcı hasar bırakmıyor ama anneler gördüklerini, yaşadıklarını ve o kaybetme korkusunu hiçbir zaman unutmuyor.

Çocuklarda EEG (Elektroensefalografi) Çekiminde Dikkat Edilmesi Gerekenler

EEG, "elektroansefalografi"nin kısaltmasıdır. Beyin elektriksel aktivitesini saçlı deri üzerinden kaydetme esasına dayanır. Halk arasında "Beyin Elektrosu" da denir. Tetkik amacı ile saçlı deri bölgesine çok sayıda elektrot (sıklıkla 22 adet) yapıştırılır. Bu elektrotların EEG cihazı ile bağlantısı sağlanır. Sessiz bir ortamda, çocuklar uyurken kayıt yapılır. EEG, Epilepsi (Sara hastalığı) ve Ansefalit – Menenjit gibi beyin ya da beyin zarlarının iltihabi hastalıklarından teşhis koymak için kullanılır. EEG tanıyı desteklemek, benzer klinik tablolara yol açan durumları birbirinden ayırmak, hastalığın şiddetini belirlemek için kullanılmaktadır.[1]

Çocuklarda EEG genellikle havale geçirdikten sonra isteniyor. Sevinç›e de havale geçiren çoğu çocuk gibi Sara (Epilepsi) hastalığı olup olmadığını görmek için EEG çekildi. EEG havaleden 10-15 gün sonra çekiliyor. Neyse ki basit ateşli havalelerde genellikle bir şey çıkmıyor ve Sevinç›inki de temiz çıktı ve bir sorunu olmadığı anlaşıldı. Sık sık Beta olduğu için bademciklerini aldırdık o günden beri de ateşi çıkmadı çok şükür.

Çocuklarda EEG çekiminde bazı şeylere dikkat etmek gerekiyor onları anlatmak istiyorum.

1 Kaynak: Ege Üniversitesi internet sitesi.

1. EEG çekilirken öncelikle **mutlaka** ilaçsız uyutulmanın denenmesi tavsiye ediliyor. Bunu da çocuğu bir gece önceden saat 2›de uyandırıp sabaha kadar onunla oynayıp uyutmadan yapıyorsunuz. EEG sabah 9-10 gibi çekiliyor. Zaten uykusuz olan çocuk ilaçsız uyuyor. Sevinç ile böyle yaptık. Ben Sevinç›e her gece giydiği pijamasını giydirip götürdüm, yanımıza çarşafını, yastığını, yorganını ve uyku oyuncaklarını da aldım. Belki abartı gibi gelebilir okuyunca ama inanın çocuğun rahatlamasını, kendini yatağında hissetmesini ve uykuya dalmasını kolaylaştırıyor. Kafasına elektrotlar takıldı. Sevinç 4-5 dakikada ilaçsız uykuya daldı. Ben de yanında oturdum. Bir bölümü uyanıkken bir bölümü de uykudayken çekiliyor. İşlem bittikten sonra da bir süre uyumasına izin verdik.

Biliyorsunuz yıllar önce çok tanınmış bir doktorun kliniğinde EFG çekilmeden önce ilaç verilen bir çocuk ölmüştü. İlacın verilmesini önlemek için elimizden geleni yapmalıyız. İlaçsız çekilebilen bir şey varken gereksiz ilaç ve risk almaya gerek yok. Zaten genellikle bilinçli doktorlar da ilaçsız çekiyorlar EEG'yi. İlkinde olmazsa 2-3 kere deneyin ilaçsız EEG'yi. Hiç olmazsa da ilaç mutlaka uzman nörolog tarafından verilsin ve çocuğunuz ayılıp nörolog tarafından muayene edilmeden kesinlikle o hastaneden veya klinikten ayrılmayın. Dediğim gibi gece çocuk 2'de uyandırılırsa ve sabah 9'da EEG çekilirse genellikle ilaçsız yapılabiliyor. Benim tavsiyemle pek çok Hassas Anne böyle yaptı ve ilaçsız çekilebildi. İlaç verilip vefat eden çocuğun randevusunu öğleden sonra vermişler ve uykusuz bırakıp ilaçsız çekmeyi denememişler. Ayrıca çocuk tam olarak ayılmadan klinikten annesinin kucağında baygın olarak gönderilmiş. Böyle yanlışlar olmaması için biz anneler de bilinçli olmalıyız. Doktor ne kadar tanınmış olsa da televizyona çıksa da biz de çocuğumuz için kendi araştırmamızı yapmalıyız.

2. EEG uzman teknisyen tarafından çekilse de çocuğunuzun nöroloğu başında olmalı ve devamlı gelip kontrol etmeli. Bizim EEG'miz sırasında nöroloğumuz devamlı gelip kontrol etti.

3. Nöroloğunuzla EEG sonuçlarını konuşun ve onun ilaç önerilerini dinleyin. Çok havale geçiren ve EEG'si kötü çıkan çocuklar bazen 7 yaşına kadar yan etkileri olan bir ilaç kullanmak zorunda kalıyorlar. Bu ilacı kullanmadan önce etkilerini doktorunuzla konuşun. Birkaç nörologdan görüş almanızı tavsiye ederim. Bu ilacı kullanmaya başlamak büyük bir karar.

4. EEG çekimi acı veya rahatsızlık vermeyen ve çocuk için (ilaçsız olduğu sürece) hiçbir zararı olmayacak bir şey. Çok önemli bir tetkik. Siz de çocuğunuzu götürürken rahat olun, mutlu olun, panik olmayın. Sizin hislerinizi ve ruh hâlinizi çocuğunuz hisseder ve etkilenir.

Neyse ki basit ateşli havalelerin yüzde 90'ında kalıcı hasar olmuyor ve EEG temiz çıkıyor. Sonuç olumsuz çıksa da tedavisi oluyor.

Not: Lütfen doktorunuzu dinleyin. Benim tavsiyelerim, sadece benim tecrübelerim ve kişisel araştırmalarımdır. Teşhis ve tedavi niteliği taşımaz ve doktorunuzun tavsiyesinin yerini tutmaz.

Güncel Anne Dr. Elif Çakır'ın Kolikli Bebekler için Verdiği İpuçları

Anne babaların korkulu *rüyalarından biri olan kolik, di*ğer açılardan sağlıklı bebeklerde 2 hafta ile 4 aylık arasında görülen, en az 3 haftadır devam eden, haftada 3 gün ve günde 3 saatten uzun süreli huzursuzluk ve ağlama nöbetleri olarak tanımlanır.

Yeni doğum yapmış, uykusuzluktan bitap düşmüş yorgun anne için kolik nöbetleri ile *mücadele etmek zorlu bir sınav hâ*lini alır.

Maalesef tıp dünyası günümüzde henüz koliğin neden kaynaklandığını ve nasıl kesin tedavi edilebileceğini bulabilmiş değildir.

Kolik, genellikle 2. haftadan sonra başlar, 4-6. haftalarda tavan yapar ve çoğunlukla 100 gün civarında geçer.

Kolikli Bebekler İçin İpuçları

Öncelikle koliğin bir çaresi olmadığını, her bebeğin eşsiz ve özel olduğunu ve bir bebekte işe yarayan bir metodun diğerinde yaramayacağını unutmayın.

1. Uzman görüşü alın: Sebepsiz ağlamaları olan bir bebeğiniz varsa eğer, kolik veya gaz sancısı diye geçiştirmeden önce mutlaka bir çocuk doktoruna başvurun. Kolik için çözümler aramaya başlamadan önce bebeğinizde ağlamaya yol açacak bir hastalık (idrar yolu enfeksiyonu, mide reflüsü, süt alerjisi, parmak veya penise saç, iplik dolanması, bağırsak tıkanıklığı, kabızlık vb.) olmadığından emin olun.

2. Emzirin: Anne sütünde bulunan enzimler bebeğin bağırsaklarında gaz oluşumuna daha az neden olur. Emzirirken, bebeğinizin tüm memeyi boşaltmasına izin verin. Bir memeniz boşalmadan diğer memeyi emzirmeyin. Bebeğinizin bir memeyi iyice boşalttığına ve doyduğuna emin olana kadar emzirin.

3. Rutin her şeydir: Bebeğinize uygun bir gece rutini oluşturun. Biraz sessizlik ve karanlık her ikinize de iyi gelecektir. Hep aynı odada ve yatakta uyutun. Uyku odası sakin ve sessiz olmalı.

Ani Bebek Ölümü Sendromu

Hiçbir sağlık problemi olmayan bebeğinizi beşiğine yatırıyorsunuz ve sabah uyandırmaya gittiğinizde bebeğinizin öldüğünü anlıyorsunuz. Bundan büyük bir kâbus olamaz sanırım. Ne yazık ki binlerce anne için her sene bu kâbus gerçeğe dönüşüyor. Sadece ABD'de 4,500 bebek her yıl bu nedenle ölüyor. Türkiye'deki bu nedenle ölüm istatistiklerine ulaşamadım, tam bir sayı olmadan da vermek istemiyorum.

Genellikle 0-1 yaş arası gerçekleşen bebek ölümlerinde belirgin bir neden bulunamadığında buna ani bebek ölümü sendromu (Sudden Infant Death Sendrome) veya beşik ölümü deniyor. Beşik ölümü sigara içilen ve bebeklerin yüzüstü yatırıldığı evlerde daha çok görülüyor. Beşik ölümü hakkında birçok belirsizlik var. Hiçbir sağlık sorunu olmayan bebekler birdenbire uykularında ölüyorlar. Uzmanlar buna neyin neden olduğunu tam olarak bilmiyorlar. Bu da aileleri bir belirsizliğe ve umutsuzluğa itiyor. Gözümüzden bile sakındığımız tamamen sağlıklı bebeğimizi 0-1 yaş arasında kaybetme ihtimali anneleri çok korkutuyor ama tamamen çaresiz değiliz, bunu önlemek için alabileceğimiz pek çok önlem var.

Yapılan araştırmalara göre anne sütü alan bebeklerin ani bebek ölümünden ölme ihtimali hiç anne sütü almamış bebeklere göre yüzde 60 daha azmış. Bu da bebeğinizi anne sütüyle beslemeniz için bir diğer neden.

Şu gerçekler biliniyor:

- Bebekler sırtüstü yatırıldığında daha güvende oluyorlar. Yüzüstü yatırılan bebeklerin ani bebek ölümünden ölme olasılığı sırtüstü yatırılan bebeklerden çok daha fazla.

- Yumuşak yüzeyler üzerine yatırılan bebeklerin ani bebek ölümü sendromundan ölme riski sert yüzeylere yatırılan bebeklerden daha fazla
- 0-1 yaş bebekleri her uykuda sırtüstü yatırmak çok önemli. Normalde sırtüstü yatırılan bebekler bu gerçeği bilmeyenler tarafından bazen yüzüstü yatırılıyorlarsa ani bebek ölümü sendromundan ölme ihtimalleri artıyor.

Bebeğinizin ani bebek ölümü sendromundan ölme olasılığını nasıl azaltabilirsiniz?

- Her zaman bebeğinizi uykuya sırtüstü yatırın. Bunu her uykuda yapın.
- Bebeğinizi her zaman sert bir yatakta ve yüzeyde yatırın ve lastikli çarşaf kullanın. Bebeğinizin yatağında puf puf battaniyeler, yorganlar ve içine gömüldüğü yumuşaklıkta yüzeyler olmasın.
- Bebeğinizin yatağı boş olsun, oyuncaklar, yastıklar, kenarlıklar ve yumuşak nesnelerle doldurmayın.
- Bebeğinizin yanında sigara içilmesine kesinlikle izin vermeyin. Hamilelikte ve sonrasında sigara içmeyin.
- Bebeğiniz kendi yatağında tek başına uyusun. Aynı odada veya yakında uyutmanız iyi olacaktır.
- Bebeğinizi uyuturken emzik kullanabilirsiniz ama almıyorsa alması için zorlamayın. (Bebeğinizi emziriyorsanız emzirmeye alışması için 1 aylık olmasını bekleyebilirsiniz.)
- Bebeğinizin uyurken çok sıcaklamamasına özen gösterin, onu çok fazla giydirmeyin ve odasının ısısı çok fazla olmasın.
- Bu sendrom için geliştirildiği öne sürülen cihazlara ihtiyacınız yok çünkü bu cihazların gereklilikleri kanıtlanmamıştır.

- Uyumadığı zamanlarda ve gözünüz üstündeyken bebeğinizi karnının üstünde oynatın ve arabada olmadığı zaman onu araba koltuğunda fazla oturtmayın. Böylece kafasının düzleşmesini önlersiniz.
- Bu kuralları bebeğinize bakan herkesle paylaşın ve kuralları bozmamaları gerektiğini kararlı bir şekilde anlatın. Bakıcılar ve aile büyükleri bu riski ve kuralları bilmeliler.
- Lütfen bu bilgiyi paylaşalım ki bebekler güvenli bir şekilde uyusunlar.[2]

---

2 Kaynak: http://my.clevelandclinic.org/childrens-hospital/health-info/diseases-conditions/common-childhood-illnesses/hic-Safe-Sleep-for-Your-Baby-Ten-Ways-to-Reduce-the-Risk-of-Sudden-Infant-Death-Syndrome.aspx

Bu konu çok önemli olduğu ve bu hastanenin internet sitesinde çok iyi anlatıldığı için bu yazının ikinci kısmını direkt çevirdim.

Çocuğunuzun Dilinden Hastalığını Anlayabilir misiniz? Beta Mikrobu Ve Peşinden Gelen Kızıl Hastalığı

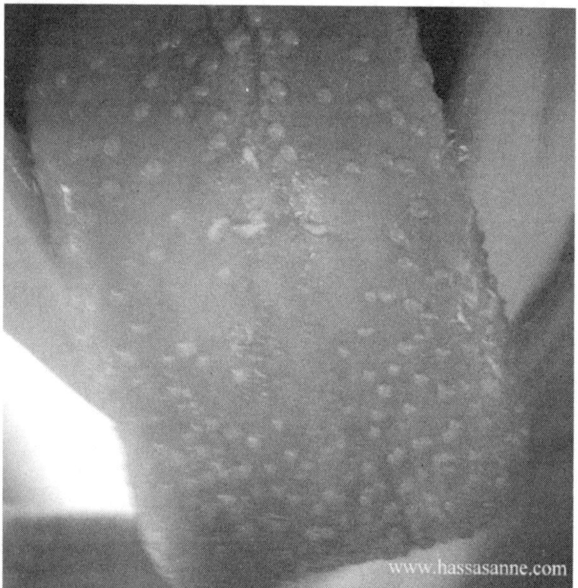

Nedir bu Esin'in dilinin hâli?

Kızların anaokulundan aradılar ve Esin'in çok durgun olduğunu, yemeklerini yemediğini ve dudaklarının şişmeye başladığını söylediler. Babaları hemen ikisini de aldı ve eve getirdi. Esin 'in dudakları şişmiş ve yara gibi olmuştu. Hastalıkta ilk yaptığım şeyi yaptım ve Esin'e "Dilini çıkar bakalım kızım."

dedim. Çocukların dili bize çok şey anlatıyor. Beta veya boğaz enfeksiyonlarında genellikle çilek gibi görünüyor dilleri. Ama bu sefer Esin dilini çıkardığında gördüğüm görüntü beni bile şok etti. Resme baktığınızda neden bahsettiğimi anladınız sanırım. Ben de Esin'i alıp doktora götürdüm. Doktor da şaşırdı. Doktorumuza bu Beta dedim. Okula başladığımızdan beri o kadar çok Beta boğaz enfeksiyonu olduk ki artık bir doktor gibi anlıyorum.

Çok okuyan mı yoksa 3 çocuğu okula giden mi çok bilirmiş?

Doktorumuz ısrarla "Yok, Beta olsa ateş olurdu ve daha hasta görünürdü." dedi. Esin hop hop oynarken "Bu mu hasta?" diye şaşırdı. Ben de "Benim çocuklarımın bağışıklıkları iyi, hastalıkları hafif atlatıyorlar ve pek ateşleri çıkmaz." dedim. Neyse ki ısrarımla Beta testi yaptırdık. Beta testi yaptırırken mutlaka hem 30 dakikada sonuçlanan kısa testi hem de 2 günde sonuçlanan uzun kültür testini yaptırmak gerekiyor. Bu sefer de dâhil olmak üzere bizde 4 defa kısa testte negatif çıktı ama uzun testte Beta'nın pozitif olduğu anlaşıldı. Esin Beta pozitif ve tabii bu dil de Beta'dan sonra gelen kızıl hastalığının döküntüleri! Doktor önce el-ayak-ağız hastalığı diye ağızda yaralara ve el ve ayaklarda döküntülere yol açan bulaşıcı bir hastalık zannetti ama meğerse kızılmış.

Betayı mutlaka 1 defa vurulan depo penisilin iğnesi veya 10 gün kullanılan antibiyotikle tedavi etmek gerekiyor yoksa ilerde kalp romatizmasına ve önemli komplikasyonlara neden olabiliyor. Allah'ım çocuklar hasta olmasın. Geçici neyse ki ama çocuk sayısı 3 olunca tek tek hepsi hastalanıyor ve evin hastalık hâli çok uzun sürüyor.

Beta Mikrobu ve Kızıl Hastalığı Nedir?

Geç teşhis edildiği ve tedavi edilmediği durumlarda önemli sağlık sorunlarına yol açtığı bilinen kızıl hastalığı, bazı aylarda ciddi artış gösteriyor.

Hastalık, kreş ve okul çocuklarında mevsimsel salgınlar yapıyor. Öksürük, aksırık ve damlacık enfeksiyonu şeklinde görülen hastalık çok bulaşıcı. Toplu olarak yaşanan alanlar ve okullar kızıl hastalığının sık görüldüğü, riskli yerler kategorisine giriyor. Havaların ani olarak soğuması da kızıl hastalığının görülme sıklığını artıran faktörler olarak dikkat çekiyor.

Beta streptokok mikrobu bulaştıktan sonra, ateş, boğaz ağrısı, bulantı ve kusma ortaya çıkıyor. Bu durumu izleyen 1-2 gün içinde, deride kırmızı leke ve çizgiler oluşuyor. Kızıl döküntüsü olarak isimlendirilen cilt bulguları, el ve parmaklarda soyulmaya neden oluyor. Dilin çilek görünümünü almasının, hastalığa teşhis konulmasını sağlayan en önemli belirtilerden olduğu vurgulanıyor. Bademciklerin üzerinin beyaz leke ve iltihapla kaplanması da kızıl hastalığının sık görülen belirtileri arasında bulunuyor. İyi ve tam tedavi edilmeyen hastaların bazılarında nefrit ve kalp romatizması gelişebiliyor. Hastalığın teşhisinde boğaz kültürü ve hızlı sonuç veren Strep-A testleri, bakterinin varlığının anlaşılması açısından gerekli. Lütfen Beta'yı ciddiye alın.

Şimdi Tıkalı Burun Sezonu, Nasıl Açacaksınız O Minik Burunları?

Ben yıllardır eczaneden 5 liraya 1 kilo cam serum fizyolojik alıp iğnesiz enjektörle 3 yavrumun burunlarını açıyorum. Küçücük serum fizyolojikleri sadece bebek çantası için alıyordum. İğneli enjektörü şişenin tepesindeki plastik tıpaya batırın şişeyi ters çevirip enjektöre serum fizyolojiği doldurun. İğnesini çıkartın ve çocuğunuzun burnuna iğnesiz enjektörle sıkın ve burnunu açın. Uzun süre gidiyor. İsterseniz kendiniz ılık suya tuzu karıştırıp yapabilirsiniz ama doğru oranı tutturmak gerekiyor. Bunu almak bana daha cazip geliyor.

Bir de burundan sümükleri çeken ürünler var eczanelerde, onu da ne kadar tavsiye etsem az. Bebeğinizin burnuna tuzlu suyu veya serum fizyolojiği sıktıktan sonra aletin bir ucunu bebeğinizin burnuna azıcık sokuyorsunuz, diğer ucunu da ağzınıza alıyorsunuz. Çok kuvvetli olmamak kaydıyla çekiyorsunuz. Merak etmeyin sümükler ağzınıza gelmez, arada filtre var, onlar orada kalıyor. Setin içinde bu boru ve yedek ağızlar var. Açıkçası ben her kullanımdan sonra atmadım uçları. Çok iyi yıkadım ve sterilize ettim, yeniden kullandım. İki burnu da böyle açın.

Tabii çocuklar 2-3 yaşına gelip kendileri sümkürmeye başlayınca buna gerek kalmıyor.

Unutmayın özellikle hastalık döneminde burnu açık olan çocuk daha rahat uyur ve beslenir. Burnunu iyi açamazsanız bu orta kulak enfeksiyonuna neden olabilir. Hasta bir çocuğa bir günde 3-4 kere bu burun açma işlemini yapmanız gerekebilir.

Doktorumuz hastalık zamanı burun açıklığı ve rahat uyku için "cold mix" denilen okaliptüs ve ladin yağından oluşan damlalardan yastığına ve kıyafetlerinin önüne damlatmamızı söyledi. Gerçekten çok faydasını gördük ama sadece 2-3 damla damlattık, fazlası dokunabilir.

Hastalık zamanlarında burnumuzu açmaya yarayan ve daha iyi nefes almalarını sağlayan bir ürün de burun bantları. Burun bantları da çocuklarım hastayken imdadıma yetişen bir ürün. Çocukların burunlarını ilaçsız açan ve daha iyi nefes almalarını sağlayan harika ürünler. En son hastalığımızda çocuklar 3 gün boyunca devamlı taktılar, burun bantlarıyla daha rahat uyuduklarını ve gerçekten iyi geldiğini söylediler.

Çocuğunuzun Alerjileri Varsa Nelere Dikkat Etmelisiniz?

Benim kızım Esin'de hafif bir alerji problemi var. Hafif olduğu için çevresini ona göre ayarlayarak genellikle ilaçsız idare ediyoruz. Bazı geceler çok öksürürse doktorumuzun onayıyla alerji şurubundan veriyorum. Ama daha az ilaç vermek için uyguladığımız bazı kurallar var. Doktorumuzdan öğrendiğim bu kuralları sizinle paylaşacağım. Mesela kesinlikle tüylü oyuncaklarla yatamıyor ve odasında yün halı yok. Oyuncakla yatarsa zaten öksürmekten uyuyamıyor. Halı olarak da oyun matı kullanıyoruz. Oyun matı, halılar gibi tüy, toz barındırmadığı için kullanımı çok daha hijyenik. Temizliği ve bakımı da çok kolay. Yüzeye dökülen sıvıyı içine almaz. Çocuğu alerjik ve alerjik astımlı olan Hassas Anneler lütfen çocuklarınızın yatak odasına yünlü halı, pelüş oyuncaklar ve yün battaniye koymayın. Odada çok fazla fırfırlı ve süslü ayrıntılar olmasın. Kitaplar kapaklı dolaplarda olsun. Perdeler de sade olmalı ve kadife kullanılmamalıdır ve sık sık yıkanmalıdır. Duvardan duvara halı kesinlikle yasak. Bunlar hep toz tutan ve alerjileri arttıran şeylerdir. Nevresim takımları da yüzde 100 pamuklu olmalı ve sık değiştirilmelidir.

Çocuklar dışarıdayken odalarını bol bol havalandırın. Kış hiye havalandırmayı ihmal etmeyin. Güneş gördünüz mü hemen açın camları, perdeleri. Ama çok dikkat edin, çocuklar gözetiminizde olsun ve camlara yaklaşmasınlar. Yatak odalarında kesinlikle çamaşır kurutmayın ve odanın nemini takip edin. Alabiliyorsanız kış için kurutma makinelerinden alın. Nem sorunu varsa bu da alerjiyi tetikler. Nemölçer aletlerden alabilirsiniz. Bende var mesela odanın nemi yükselince hemen camı açıyorum, nem hemen düşüyor. Nem sorunu havalandırmakla geçmiyorsa nem alan kutulardan kullanabilirsiniz. Bunları yapı marketlerden ve internetten bulabilirsiniz. Tozlardan kurtulmak için de alerjik yapıya uygun filtreli kuvvetli elektrikli süpürgelerden de edinmeniz gerekecek. En önemlisi de çocuklar kesinlikle sigaralı ortama sokulmamalıdır. Üstünüze sinen sigaradan bile kötü etkilenebilirler. Hamileler unutmayın, siz hamileyken sigara içerseniz çocuğunuzun hayat boyu astım hastası olma ihtimali çok yüksek. Sonra çocuklarınızı doktor doktor dolaştırırken "Neden içtim o sigaraları hamileyken?" diye pişman olmayın. Hemen sigarayı bırakın. Çocuklarınızı havasız ve kalabalık ortamlara sokmayın. Dikkat edilmezse alerjik bronşit kronik astıma dönebiliyor ve bunun da tedavisi daha zor. Doktorunuzu çok iyi dinleyin. Doktorunuzun dediklerini uygulayın.

Prof. Dr. Ahmet Aydın Semineri: Antibiyotiksiz Çocuk Yetiştirmek

Bir seminerde Cerrahpaşa Tıp Fakültesi Çocuk Metabolizma ve Beslenme Bilim Dalı Başkanı Rahmetli Prof. Ahmet Aydın'ın konuşacağını öğrendiğimde Taksim'e nasıl koşarak gittim anlatamam. Yıllardır kitaplarını okuduğum, televizyonda izlediğim ve sitesinden takip ettiğim hocamızı canlı dinleme imkânı bulacaktım. Seminer beklediğimden bile güzel geçti, evet bilgiler zaten bildiğim bilgilerdi ama kendisinden dinlemek ve sorular sorabilmek harikaydı.

Şimdi sizlere seminer notlarımı aktaracağım. Bunlar rahmetli Prof. Ahmet Aydın'ın söyledikleri, ben sadece sizlere iletmiş bulunuyorum. Madde madde aktaracağım ki sanki kendisinden dinliyor gibi olacaksınız. Lütfen kendi doktorunuzdan onay almadan bunların hiçbirini uygulamayın.

Gıdalarda eskiden olduğu gibi vitamin ve mineraller yok. Her şeyi mahvettiler. Tavuklar korkunç. 25-30 dakikada nasıl tavuk pişer? Cinsi öyle diyorlar. Köylüler bulamıyor bu cinsi de bunlar buluyor. Tavuklar diyabetli ve romatizmalı yaşam koşullarından ve verilenlerden.

Günümüzde Neler Kötüye Gitti?

- Omega 3, sızma yağ, hayvani yağ, sebze ve meyve tüketimi azaldı.

- Omega 6, margarin, trans yağ, rafine şeker ve beyaz un tüketimi arttı.
- Probiyotiklerden zengin gıda tüketimi azaldı.
- Yetersiz güneşlenme, az hareket etme, az su içme.
- Fiziksel ve kimyasal zararlılar, katkı maddeleri, tarım ilaçları, kimyasal toksinler, hava kirliliği, radyasyon, elektromanyetik dalgalar arttı.

Neler Yapabiliriz?

- Ne yediğimiz çok önemli. Çok ekmek tüketilmesin. Ekşi hamurdan yapılmış köy ekmeği en sağlıklısı. Türkiye'de çok fazla ekmek tüketiliyor.
- Unlu ve şekerli gıdaları fazla yemeyin.
- Fermente şeyler çok faydalı. Mesela lahana turşusu lahanadan daha faydalıdır. Ev yapımı yoğurt, boza, şıra, turşu çok faydalı.
- Çelik ve cam kullanmak sağlıklıdır.
- Eviniz nemli olsun. Klimalar zararlı.

Neler Yiyelim?

- Küçük balıkları tercih edelim, büyük balıklar toksinli olabilir. Hamsi, sardalye, lakerda, Norveç somonu faydalıdır. Karadeniz ve Marmara pis ama yine de balık yemek çok faydalı.
- Kefir çok faydalıdır. Evde yapmaya çalışın ama hazırlar da fena değil ancak meyveli olmasın. Kefir yoğurttan azıcık daha üstün.
- Ev yapımı yoğurt çok faydalı. Mutlaka yenmeli.

Hangi Takviyeleri Alalım?

Her gün D vitamini ve balık yağı takviyesi alınmalı. İçinde EPA, DHA olmalı.

Prof. Ahmet Aydın bağırsakların, vücuttaki en önemli organ olduğunu ve pek çok hastalığın buradaki sorunlardan kaynaklandığını düşünüyor. Alzheimer, otizm bunların arasında. Erişkin bir insanın bağırsağında 100 trilyon yani 1,5 kilo faydalı bakteri ve mantar bulunur. Bu rakam insan hücre sayısının 10 katı kadardır.

Bağırsak Florasının Normale Döndürülmesi

- Un ve şekerden fakir, sebze, meyve, et ve yumurta gibi doğal gıdalardan zengin bir diyet.
- Fermantasyon ürünleri (turşu, yoğurt, kefir, peynir, şarap, boza, sirke) bağırsak florasında bulunan probiyotikleri artırırlar. Bunlar yeterli olmuyorsa probiyotikler preparatlar kullanabilirsiniz.
- Sezaryen doğumdan mümkün oldukça kaçınılması.
- Pastörizasyon ve diğer ışıl işlemler gıdalardaki probiyotikleri büyük ölçüde tahrip eder.

Bebeğin bağırsak sağlığı normal bir doğumla doğarak başlar. Böylelikle doğum kanalından geçerken annesinin faydalı florasını da alarak doğar. Sezaryen ile doğan bebek bundan faydalanamıyor ve hayata sıfır flora ile başlıyor. Tabii biz anneler hemen "Ama hocam zorunlu sezaryen olanlar ne yapacak?" diye atıldık.

Prof. Ahmet Aydın burada çok radikal bir çözüm önerdi.

"Eğer sezaryen olmak zorunda kaldıysanız doğumdan hemen sonra bir gazlı bezi alın ve vajinanızdan içeri sokun, çıkarın ve yeni doğmuş bebeğinizin ağzına koyun!" Evet, yanlış okumadınız. Düşününce bebek normal doğmuş olsaydı oradan çıkacaktı ve çıkarken ağzı her yere dokunacaktı. Bilemiyorum ama bunu yapacak bir Türk annesi ve doktoru zor bulunur. Açıkçası eğer ben bunu daha önce Prof. Aydın'dan duymuş olsaydım iki zorunlu sezaryenimde de bunu yapardım.

Çocuklarımızın Sağlığı için Başka Neler Yapabiliriz?

İki yaşa kadar bebeğinizi emzirin, ek gıdalara zamanında geçin ama sadece evde yaptığınız yemekleri ezerek verin. Hazır bir şey almayın. Yoğurdunuzu evde mayalayın. Mayalarken eczaneden toz probiyotik alıp koyabilirsiniz. Koymasanız da olur. Sütü bir taşım kaynatın.

Türk kadınlarında D vitamini eksikliği var. Bunu önlemek için D vitamini takviyesi almalılar. Her kilo için günde 100 Unite (1 damla) D vitamini takviyesi alınmalı. D vitaminini sadece öğlen güneşinden alabilirsiniz. Güneşe çıkarken akıllı olun. Birden çok çıkmayın. İlk gün 10 dakika, ardından yavaş yavaş arttırın ve güneş kremi sürmeyin. D vitamini takviyesini tatile gitmeden alın. Kadınlar hem hamilelikten önce hem de hamilelik boyunca hem de emzirirken D vitamini almalı.

Çocuklarınıza demir ve D vitamini damlalarını verin. İçinde evet zararlı paraben olsa da risk fayda analizinde verilmesi daha faydalı.

Baharatlar ve bitkisel destekler faydalı ama mucize beklemeyin. Zerdeçal çok faydalı ve mutlaka kullanılmalı. Toz zencefil de faydalı. Çocuklara az az baharat verebilirsiniz.

Antibiyotik Sadece Ne Zaman Kullanılacak?

1. Zatürre

2. Menenjit

3. Beta

Antibiyotikler zararlı çünkü bağırsak florasını bozuyor, enfeksiyon uzuyor hastalık kötüleşiyor. Hasta dinlenecek. Burnunu tuzlu suyla açın. Ateş düşürücü vermeyin.

Not: Tekrar hatırlatıyorum, bunlar Prof. Ahmet Aydın'ın seminerde söyledikleri. Kendi doktorunuzdan onay almadan bunları uygulamayın.

Geçmeyen Öksürüğü Nasıl Geçirebiliriz?

Geçmeyen öksürük, anneleri en mutsuz eden şeylerden biridir. Hastalık biter, yükselen ateş düşer, yemeyen çocuk yemeye başlar, neşesi yerine gelir ama o öksürük bir türlü geçmez. Aynı dert bende de var ve bu, bana en çok sorulan sorulardan biri.

"Bu öksürük nasıl geçecek?"

Benim uyguladığım ve duyduğum birkaç yöntem var. Öncelikle belirtmeliyim ben doktor veya uzman değilim. Doktorunuzu dinleyin. Çoğu doktor da öksürüğün ilaç içeren şurupla geçirilmemesi gerektiğine ve çocuğun öksürmesinin faydalı olduğuna inanıyor. Bitkisel içerikli öksürük şuruplarını içinde faydalı bitkiler olduğu için arada veriyorum.

Prof. Ahmet Rasim Küçükusta bir televizyon programında şöyle demişti:

"Öksürüğün karşılığı şurup gibi bir imaj vardır. Hap verildiği zaman niye şurup değil denilmektedir. Şuruplara bir takım aromalar da ilave ediliyor. Bu da başka bir problem. Doğal değil, kimyasal madde. Renk, tat olarak içilebilir hâle getirmek için konulan kimyasal maddeler. 30-35 senedir göğüs hastalıklarıyla uğraşıyorum. İnanın ki ilk yıllardan beri öksürüp şurubu veya hapının bir faydası tespit edilmemiş. Balgam söktürücü diye bilinen bazı ilaçlar var. Bunların da tamamı çocuğu daha çok öksürtmekten başka bir işe yaramıyor. 200'den fazla virüs türü var. Bu virüsler, nezle, farenjit, ses telleri iltihabı, bronşit yapıyor. Özellikle küçük çocuklar topluma girdiği yıllardan itibaren hastalanıyor. Her geçirdikleri enfeksiyondan sonra kalan bağışıklık sayesinde, giderek hasta olmaz hâle geliyor. Çocuk kreşe başladığı ilk sene 3 gün okula gider, 1 hafta gidemez. İlk yıl böyle geçer. İkinci yıl azalır. 4-5. senede yılda 1-2'ye iner. Bu durumlarda öksürük çocuğu rahatsız ediyorsa, gece uykudan uyandırıyorsa, kusuyorsa o zaman öksürüğü giderici bir takım uygulamalar yapmak gerekir. İlaç vererek olmaz."

Ama tabii öksürük uzun sürünce ve çocuğun hayat kalitesi etkilenince artık bir şeyler yapmak gerekiyor ve doğal yöntemler bence en güzeli. Öksürüğün baş nedenlerinden biri geniz akıntısı ve burun tıkanıklığı. Bunu engellemenin yolu da çocuğunuzun burnunu sık sık tuzlu suyla açmak. Hasta olduklarında doktor burunlarını günde 3-4 kere açmanın faydalı olacağını söylüyor. Burnunu açık tutmak kulakta enfeksiyon olmasını da bir nebze engelleyebiliyor.

Akşam yatmadan önce ve okuldan gelince de adaçayı gargarası yaptırmak çok faydalı diyorlar. Gribe ve salgın hastalıklara karşı iyi bir yöntemmiş. Her gün taze hazırlanmalı. 24 saat boyunca dolapta durabiliyormuş. Erkek çocuklarına pek adaçayı vermemek gerekiyormuş çünkü adaçayı doğal östrojen içeriyor. Ben ıhlamuru da çok seviyorum ve çocuklara ballı ıhlamur içiriyorum. Alıştıkları için çok seviyorlar. Tabii ki çok fazla vermeyin, her şeyin fazlası zarar. Bir bardak yeterli oluyor bizimkilere. Bitkisel çayları bile çocuk doktorunuza danışıp kullanmak en iyisi.

Öksürük bazen de boğazdaki bir tahrişten oluyor. Bunun için de ben 4 kaşık iyi kalite bala 1 silme tatlı kaşığı toz zencefil ve bazen 3-4 damla limon ekliyorum ve macun kıvamına gelene kadar karıştırıyorum. Boğazında tutarak yemesini söylüyorum. Bunun çok faydasını gördüm. Tabii ki 1 yaşından küçük çocuklara içinde bal olduğu için yasak.

Öksürük için bir de karaturpun suyuyla karışmış balı öneriyorlar. Karaturpun içini biraz oyun, altını toplu iğneyle delin. Bir bardağın içine oturtun. İçine iyi kalite bal koyun. Üstüne kestiğiniz kapağını kapatın. Geceden yapın. Altına akan suyunu sabah içirin. Sabah yine koyup akşam içirebilirsiniz.

Hırıltı geliyorsa mutlaka doktora götürmek gerek. Bronşit olabilir ve bronşit bakteri kaynaklıysa antibiyotik tedavisi gerektirebilir. Bu saydıklarım hep basit öksürükler için. Bitkisel çözümler her zaman yeterli olmuyor. Her zaman doktorunuza danışın ve onu dinleyin.

BESLENME

Siz Onların Sağlığını Düşünmezseniz Kim Düşünecek?

Geçtiğimiz yıllarda kızlarımın harika anaokulundaki sınıfının veli toplantısına gittim. Yiyecek paylaşım gününde paketlenmiş ürünler getirilmesini yasaklatarak "kıl anne" imajımı çizdim. Artık sadece kuru meyve, fındık, ceviz, badem, meyve, sebze veya evde yapılmış ürünleri paylaşacak çocuklar. Kızlarım şeker, gofret, cips, jelibon gibi zararlı şeyleri tüketmesinler önemli olan o. Diğer annelerin bana fazla hassas veya kıl anne demesi umurumda değil zaten alışığım ben. Çocuklarımızın sağlığı için buna değer, tavsiye ederim. Lütfen gerektiği zamanlarda doğrularınız için savaşın.

Çocuklarınıza lütfen ara öğün olarak sağlıklı şeyler yedirin. Mesela salatalık, havuç, meyve, kuru meyve, ceviz, fındık, organik patlamış mısır, çok az yüzde 70 bitter çikolata, kendi yaptığınız sağlıklı, az şekerli ve kepek unlu kekler olabilir. Ne kadar az paketlenmiş ürün yerlerse o kadar iyi. Şekeri de çok az verin. Seçmeniz gerekirse yüzde 100 meyve sularını seçin. Jelibon, lolipop, gofretin içinde çok zararlı glikoz şurubu var ve çocuklara uygun olmayan şeyler bunlar. Tabii ki doğum günlerinde veya özel günlerde olabilir ama her zaman değil. Siz de böyle şeyleri eve almayarak ve onların yanında yemeyerek onlara örnek olun. Çocuklar ne dediğinize değil ne yaptığınıza bakarlar, unutmayın. Siz önlerinde abur cubur yerseniz onlar da yerler. Tuzlu ürünlerin içinde bile glikoz şurubu var. Alacağınız ürünün arkasını çevirin ve içindekiler bölümünü okuyun. 20-30 şey var içinde. Bunların hangisi sağlıklı? Hangisi vücuduna zarar verecek? Risk almayın çok küçük çocuklara paketli ürün yedirmeyin. Siz onların sağlığından sorumlusunuz. Evde de bulunmasın böyle ürünler. Gelişme çağında ne yedikleri çok önemli. Çocuklar büyüdükçe tabii ki hayatlarına paketli ürünler giriyor. İşte o zamanlar geldiğinde de iyi markaları seçmek ve içeriğini okumak çok önem kazanıyor.

"Sezaryenle Doğuran Mama Vermek Zorundadır" Yanılgısı

Bir yanlış söylentiyi daha düzeltmek isterim. Sezaryenle doğan bebekleri anne sütüyle beslemek daha zordur, diye bir yaygın kanı var, bu da kesinlikle yanlış ve zararlı. Anne istedikten sonra doğum şekli ne olursa olsun emekle ve uğraşarak bebeğini sadece anne sütüyle besleyebilir. Örnek olarak ben 3 kuzumu tıbbi zorunluluktan sezaryenle doğurdum ama üçünü de sadece anne sütüyle besleyebildim. Üstelik kızlarım ikiz ve prematüreydiler. Zaten sezaryende de eğer epiduralli sezaryen ise bebeğinizi 1 saat içinde emzirmeye başlayabiliyorsunuz. Genel anestezi ise de 2 saat içinde emzirebilirsiniz. Normal doğum yapanların da hemen 2 saatte sütleri göğüslerine dolup taşmıyor zaten. Herkesin sütünün gelmesi biraz sürüyor. Bebeğin emmesi demek hemen sütler doldu demek değil. Bebek zaten emme refleksi ile doğuyor ve boş memeyi de emiyor ve o emmeyle de sütler gelmeye başlıyor 1-2 gün içinde.

Bunu kesinlikle sezaryen taraftarı olduğum için söylemiyorum çünkü olabiliyorsa kesinlikle normal doğum taraftarıyım. Ama sezaryen zorunluluksa, anneler bilsinler ki aynı normal doğum yapmış gibi bebeklerini emzirebilirler ve sütleri de aynı şekilde gelir. Bol bol bebeklerini emzirmek için göğüslerine koyacaklar ve "Aman sezaryen oldum diye sütüm gelmedi." düşüncesini kafalarından atıp mamaya sarılmayacaklar o kadar. Tabii ki sütü az olan veya hiç olmayan da olabilir ama bu çok nadir görülen bir şeydir. Önemli olan elimizden gelenin en iyisini yapmaktır. Bu çabayı gösterdikten sonra da sütünüz artmazsa üzülmemeli ve bunu kendinize dert etmemelisiniz. Annelik sadece emzirmekten ibaret değil.

Çocuğunuza Otları Sevdirin

Çocuklarınıza bebeklikten itibaren sebzeleri, salataları ve otları sevdirmeye çalışın. Bunun en güzel yolu onlara zorla yedirmeye çalışmak yerine merak etmelerini sağlamaktır. Mesela alın bir demet maydanozu, dereotunu, taze naneyi güzelce sirkeli suda bekletip yıkayın ve renkli bir kâseye koyun çocuğunuzun sizi görebileceği bir yerde ayıklamaya başlayın. Gel ye filan demeyin sakın. Arada bir kopardıklarınızı ağzınıza atın ve "Ne kadar güzelmiş tadı." falan deyin. Naneyi koklayın "Harika kokuyor." deyin. Bu manzarayı görüp de yanınıza gelmeyecek ve yemek istemeyecek bebek veya çocuk yoktur bence. Ama tabii buna erken yaşta başlamanız lazım. Ben bunu maydanoz, dereotu, taze nane ve semizotu ile çok yapıyorum ve inanın bir oturuşta çeyrek demet yerler. İlk başta bu otlar boğazlarına takılabilir. Lütfen hemen çocuğun üstüne atlayıp boğuluyormuş gibi davranmayın. Normal karşılayın bana da oluyor filan deyin. (Tabii ki boğulmasına izin vermeyin.)

Yedikçe bu otlara alışıyorlar ve boğazlarına takılmıyor. Otları böyle yemeleri pişip vitaminlerini kaybetmiş hâlini yemelerinden daha da sağlıklıdır. Tabii ben çorbalara da ekliyorum ve yoğurtlu semizotu salatasını çok seviyorlar. Ama en önemlisi sizi bu otları yerken görmeleridir. Kendiniz yemiyorsanız çocuklarınızı bak bunu yemen lazım diye zorlamanız çok anlamsız.

Bebeklerde Emzik Kullanımı

Emzik bazen biz annelerin imdadına yetişiyor ve bebeklerimizi sakinleştiriyor ve daha rahat uyutmamızı sağlıyor. Benim 3 çocuğumdan sadece Sevinç emzik kullandı. 2. yaş günü yaklaştıkça beni bir telaş sardı çünkü artık kesinlikle emziği bırakması gerekiyordu. Çünkü emzik emmeye 2 yaşından sonra devam ederse dişlerinin yer değiştirip, üst dişlerinin öne, alt dişlerinin arkaya çekilerek aralarda açıklıklar meydana gelebileceğini biliyordum. Hatta 3,5 yaşından sonra meydana gelen açıklıklar kalıcı hâle bile gelebiliyormuş ve yüz ve çene yapısında bozulmaya yol açıyormuş. 2 yaşına gelmeden 2 ay önce artık sadece yatağında emzik emebileceğini söyledim ve bunu kararlı bir şekilde uyguladım. 2 yaşını 3 gün geçtiğinde çöp kutusunun kapağını açtım ve "Kızım sen artık çok büyüdün, abla oldun. At şu pis şeyi çöpe, kurtul ondan." dedim. Ama fazla umudum yoktu. Beklentimin aksine, Sevinç eliyle emziği ağzından çıkardı "Tamam." dedi ve çöpe attı. Bütün emzikleri yok ettim anında. Bir kaç kere uyurken mızmızlandı emzik diye ama duymamazlıktan geldim, poposuna pışpış yaptım, idare ettik. Bazen çocukların geçiş dönemleri beklediğinizden çok daha kolay oluyor. İnsan kafasında çok büyütüyor. Aslında her zaman kolay olacağını düşünmek en iyisidir. Çocuğunuz 2 yaşında veya daha büyükse lütfen artık emziği bıraktırın. Bu onun çene ve diş sağlığı için çok önemli. Çocuğunuzun büyüdüğüne ve oturup konuşarak her şeyi halledebileceğinize inanın.

Canı Çekmez!

Geçen gün 4 yaşındaki çocuğa enerji içeceği, bugün de 9 aylık bebeğe pasta verildiğini gördüm. Hep aynı laf: "Canı çeker." ÇEKMEZ! Tadını bilmediği, görmediği şeyi hiçbir bebeğin çocuğun canı çekmez. Siz onu yerken görmek istediğiniz için o zararlı ve yaşına uygun olmayan şeyi yediriyorsunuz. Bunu kabul edin ve bu zararlı huyunuzdan vazgeçin. Canı çekse bile vermeyin. Küçücük yaştan damak tadını bu ağır tatlara, şekere, tuza alıştırmayın. Hem zararlı, hem yasak, hem de sonra verdiğiniz sebzeleri, meyveleri yememesine şaşırmayın. Onlar ona tatsız tuzsuz gelecektir. Eğer canının çekmesini istemiyorsanız onun yanında bunları yemeyin ve içmeyin. En değerli varlığınızın sağlığı için bu kadarcık fedakârlık yaparsınız, değil mi?

Ek Gıdalara Geçerken Aceleci Davranmayın ve 3 Gün Kuralını Unutmayın!

Ek gıdaya geçmekte bazen çok hevesli oluyorsunuz, biliyorum. Unutmayın ilk 6 ay sadece anne sütü almak bebeğiniz için çok önemli. Öncelikle bebeğinizi tanıyan doktorunuza danışın ve onu dinleyin ama eğer çoğunlukla anne sütüyle besleniyorsa ve gelişimi iyiyse bebeğinizi 6 aylıktan önce ek gıdaya geçirmemeniz onun için daha iyi. Bazen bebeklerin sindirim sistemleri ek gıdayı kaldıramıyor ve çok zorlanıyor. İshal, gaz veya kabızlık gibi sorunlar ek gıdaya 6 aydan önce geçen bebeklerde daha çok görülüyormuş. Ayrıca bazı bebekler ek gıdaya geçtikten sonra anne sütünü daha az istemeye başlıyorlar. Lütfen ek gıdaya geçmekte acele etmeyin. Zaten hayatı boyunca yiyecek o gıdaları ama anne sütünü bir daha alamayacak. Ek gıdaya geçerken doktorunuzun verdiği listeyi uygulayın ve acele etmeyin. Bir yaşına kadar bebeğinizin ana beslenmesi hâlâ anne sütü veya mama olacaktır. Ek gıdaları bir öğünde 3-4 kaşık yese onun minik midesine fazla bile. Ek gıdaları özellikle başlarda az az verin ve **3 gün kuralını** kesinlikle unutmayın. Bebeğinize yeni bir gıda verdiğinizde çok az verin ve 3 gün boyunca başka bir yeni gıda vermeyin. Böylece verdiğiniz yeni gıdanın onda alerji yapıp yapmadığını anlayabilirsiniz. Üç gün sonra başka bir yeni gıda verirsiniz. Mesela pazartesi günü ilk defa biraz kabak verdiyseniz, çarşamba gününden önce yeni bir gıda olan kerevizi vermeyin gibi.

Bebeklerde Demir ve D Vitamini Damlası Kullanımı

Hassas Anneler bazı şeylere açıklık getirmek gerekiyor. Bu konuda Türkiye'nin en iyi hastanelerinde çalışan 3 farklı çocuk doktoruyla konuştum ve bana söylediklerini iletiyorum. İlk 1 yıl mutlaka doktorunuzun dediği kadar D vitamini damlası kullanmak gerekiyormuş. İsterseniz güneşe çıkın. Doktorunuz gerek yok ise onu da söyler zaten. Bazen yazın kullanma diyebiliyorlar. Doktorunuzu dinlersiniz. Bu verilen doz, "idame ettirme dozu" denilen minimum bir doz. Yani sadece D vitamini eksikliğinden çocukların hasta olmasını engelliyor. **Bu dozla kesinlikle fazla D vitamini almanıza, yani D vitamini aşırı yüklemesi olmasına imkân yokmuş.** D vitamininde öyle bir iki dakikada depoların dolup aylarca gitmesi gibi bir durum yok. Güneş ışınlarının dik gelmediği saatlerde kol, bacak ve yüzün günde yaklaşık 15 dakika güneş görmesi günlük D vitaminini sağlamaktadır. Ancak camın UV ışınlarını geçirmediği unutulmamalıdır. Mutlaka dışarıda olmanız lazım yani kışın cam kapalıyken size vuran güneş size D vitamini sağlamaz. Kışın soğuk havada günde 15 dakika, 1 yaşından küçük bebeğinizi kolları, bacakları ve yüzü açık 15 dakika güneşte tutmanız zor.

Çocuğunuzun D vitaminini yeterli almadığı durumlarda raşitizm denilen D vitamini eksikliği bulguları ortaya çıkabilir. Raşitizm büyüyen kemiğin yetersiz mineralizasyonu nedeniyle gelişen kemik hastalığıdır. Diğer tarafta doktorunuzun verdiği azıcık damladan da aşırı D vitamini yüklemesi gibi bir sorun olması neredeyse imkânsızdır. Aynı şey demir için de geçerli. Mesela verilen demir damlası idame ettirici bir dozdur yani çok azdır, demir fazlalığına yol açamaz. Eğer doktor demir eksikliğinden şüphelenip test yapıp demir eksikliği bulursa o dozun tam **5 katını** veriyor. Düşünün yani o herkese verilen ilk doz ne kadar minimum. Tabii ki bazen doktorlar bebeği her ay görüyorsa ve çok iyi kontrol altındaysa annenin ve bebeğin çok iyi beslendiğinden bebeğin gelişiminden eminse vermeyebiliyor demiri. Bu hastaya 5 dakika ayrılan ve bırakın anneyle bebeği nasıl beslemesi gerektiğini anlatmak, doktorun kim olduklarından bile haberi olmadığı hastanelere gitmek zorunda kalan annelerin bebeklerinde demir eksikliği gözden kaçabilir ve bebekte demir eksikliği nedeniyle az bir ihtimal de olsa zekâ geriliği gibi birçok problem gelişebilir ve bunların geri dönüşü yoktur. Benim doktorlarımdan edindiğim bilgiler böyle. Ben doktorlarla konuştum ama doktor değilim. Siz özellikle doktorunuzu dinleyin ve kararınızı verin. Benim tavsiyelerim doktorunuzun tavsiyelerinin yerini tutmaz.

GÜVENLİĞİNİZ VE SAĞLIĞINIZ İÇİN UYARILAR

Aldığınız Hiçbir Kıyafeti Yıkamadan Giymeyin, Giydirmeyin

Lütfen aldığınız bütün kıyafetleri yıkayıp giyin ve çocuklarınıza giydirin. Ayrıca aldığınız oyuncakları da çocuklarınıza vermeden yıkayın veya silin.

Hassas Anne Şükran Hanım yazmış:

55 yaşındayım. 29 yaşında bir kızım var, kızım da sizin sayfanızı beğenenlerden. Kızım şu an hamile. Geçen gün birkaç ay sonrayı konuşuyoruz. Bebeğin bütün giyeceklerinin yıkanıp ütülenip giydirilmesi konumuz. Komşusunun 4 aylık bebeği var yıkamadan giydiriyorum demiş. Kızım ailemizde de bu konuda hassaslığımızı bilir. Ben bile aldığım giysileri giymeden asla giymem. Değil ki neden bebeğe böyle bir şeyi uygulayayım? Lütfen sayfanızdan bu konuda bir uyarıda bulunur musunuz? Yakınımın triko atölyesi var ve o giysileri yerlerde nasıl sürüklendiğini gözlerimle gördüm. Lekelendiyse leke ilaçlarıyla ve ütüyle görüntüyü değiştirse de özünde ürünler maalesef kirli ve hatta ilaçlı.

Çocuğunuz Düştüğünde, Bir Yerini Çarptığında veya Kestiğinde Faydalı Olabilecek Kantaron Yağı

Düşmelerde veya çarpıp morarmalarda mutlaka araya bir bez yerleştirerek 30 dakika buz koyun. Buzu bir tülbent veya kâğıt havlu ile arada uzaklaştırarak koyun ki cildine zarar vermesin. Sonra düşmelerde kullanılan bir krem sürün, morarmayı önler. 2 saat sonra kantaron yağı sürün, acısını alır ve iz kalmasını önler. Kantaron yağı sızma zeytinyağına sarı kantaron çiçekleri katıp güneşte pişirerek yapılıyor. Rengi kırmızı olmalı açınca sızma zeytinyağı kokmalı. Kantaron yağı özellikle yanıklarda ve kesiklerde çok etkilidir. Acıyı alıyor ve iz kalmasını önlüyor. Yarayı bir antiseptikle temizledikten sonra direkt açık yaraya sürebiliyorsunuz. Hücre yenileyici özelliği ile iyileşmeyi hızlandırıyor. Tabii ki bu tavsiye sadece benim tecrübelerimi içeriyor, önce doktorunuza sorun ve onu dinleyin.

Çocuklarınızın Sağlığı için Siz Harekete Geçin!

Çocuklarının aşırı kilolu olduğunu düşünen Hassas Anne ve Babaların dikkatine! Sağlıksız beslenme yanında aktivite düzeyinin düşük olması da çocuklarda aşırı kilo problemine yol açabiliyor. *Journal of Physical Activity and Health* dergisinin 2012 Temmuz ayı sayısında yayınlanan deneysel bir araştırmaya göre, aktivite düzeylerini arttıran anne babaların çocukları da aktivite düzeylerini artıyormuş. 7-14 yaş arası çocuk sahibi anne ve babaların katıldığı bu çalışmada anne ve babalara günde 2,000 adım daha fazla yürümeleri tavsiye edilmiş. Sonuçlara göre, özellikle annelerin bu hedefi gerçekleştirdikleri günlerde, çocukları da ortalama 2,117 fazladan adım atıyormuş. Araştırmadan çıkan sonuç: Çocuklarımıza iyi örnek olup fırsat buldukça daha fazla hareket etmeliyiz. Yavrularımızın iyi örneklere ihtiyacı var sevgili Hassas Anne Babalar.

Amerikan Milli Sağlık Enstitüsü araştırmacılarına göre günde en az 1 saatlik düzenli egzersiz çocukların streslerini yenmelerine, kendilerini daha iyi hissetmelerine, okulda daha iyi öğrenmelerine, sağlıklı vücuda sahip olmalarına ve de geceleri daha iyi uyumalarına yardımcı oluyormuş.[3]

---

3 **Kaynak:** Kristen Holm, Holly Wyatt, James Murphy, James Hill, and Lorraine Odgen. Parental Influence on Child Change in Physical Activity During a Family-Based Intervention for Child Weight Gain Prevention. *Journal of Physical Activity and Health*, 2012, 9, 661-669.

Çocuklarınızı Sanatsal Etkinliklere Küçük Yaştan İtibaren Götürün

Benim için çocuklarımın sosyal olması çok önemli. Değişik ortamlara girmeleri ve her kesimden insanlarla karşılaşmaları da gereklidir. Bazen tek başıma 3 kuzuyu arabaya atarım, tıngır mıngır gideriz ve en önden dans gösterisi veya keman dinletisi izleriz yakınımızdaki üniversitede. Üç buçuk yaşından itibaren onları böyle sanatsal faaliyetlere hep götürdüğüm için genellikle etkinliklerde saygılı ve uslu olurlar. Alper, hatta bir gösteride gösteriyi yapacak grup 30 dakika geç kalınca kendi kendine sahneye çıktı ve 200 kişinin önünde kendince bir dans gösterisi yaptı. Perde kapalıydı perdenin önünde yaptı. Önce "Aman oğlum…" falan dedim ama baktım onun kendini rahat hissetmesi ve oraya çıkabilmesi harika bir şey. Saygısızlık yapmadı. Perde açılmaya başlayınca hemen geldi yanıma oturdu. Herkes alkışladı. Gösteri bitince de Alper sahneye çıktı ve ilginç Afrika çalgısının yanına gidip "Ben de çalmak istiyorum." dedi. Hemen izin verdiler çalmasına. Çok güzel bir deneyimdi.

Bunlar bir günde olmuyor tabii yıllardır benim onu konserlere, tiyatrolara, keman dinletilerine, piyano resitallerine zaman ayırıp götürmemle oluyor. Bunun yerine sıcak evimde oturup dizileri seyredebilirdim. Üç çocukla bir yere gitmek bile bir cesaret hele de gittiğin yer tamamen sessiz olmaları gereken bir salon ise. Her an o sanatsal etkinliklerde bir saygısızlık yapmasınlar diye dua ede ede oturuyorum ama genellikle diğer insanlardan bile daha sessiz ve saygılı oluyorlar ve dikkatle izliyorlar. Bunlar için çok paraya gerek yok. Büyük şehirlerde birçok bedava etkinlik oluyor. İnternetten araştıracaksınız. Belediyelerin ve alışveriş merkezlerinin devamlı ücretsiz sanat etkinlikleri var. Yakınınızdaki alışveriş merkezlerinin ve belediyenizin etkinlik programını dönem başında almayı unutmayın. Ayrıca bu etkinlikler paralı bile olsa hamburgere, kolaya, sigaranıza veya bir oyuncağa vereceğiniz parayı sanatsal bir faaliyete verebilirsiniz. Tavsiye ediyorum ağaç yaşken eğilir.

Çocuğunuzun Seviyesini Bilin ve Ona Göre Oyuncak ve Kitaplar Alın

Çocuğunuza aktivite seçerken çocuğunuzun hem yaşına hem de seviyesine göre karar vermek lazım. Zamanı gelmedi diye aktiviteleri denememezlik etmeyin. İleri giden çocuklar bazı aktiviteleri daha erken yapabilirler. Çocuklara cevabını bilmedikleri soruları çok sorarsak veya devamlı yapamayacakları şeyleri yapmaları için zorlarsak bu özgüvenlerini zedeler. Sizin yapmanız gereken çocuğunuzu iyi gözlemlemek ve onun gerçek becerisini ve seviyesini anlamak olmalıdır. Çocuğunuz yaşıtlarına göre biraz ileri bir çocuk olabilir. Siz ona sadece yaşına uygun aktiviteleri yaptırırsanız onun gelişimini sekteye uğratırsınız. Ona kitap alırken hep 1-2 yaş büyük kitaplar almanız gerek. Oyuncaklarda da aynı kural geçerlidir. Burada bir uyarı yapmak istiyorum. Çocuklarımızı çok sevdiğimiz için bazen onları olduğundan daha zeki ve ileri görebiliyoruz. Hatta pek çok ebeveyn çocuğunun üstün yetenekli olduğunu düşünür ama toplumda üstün yetenekli ve dahi insanların yüzdesi çok çok azdır. Çocuğunuzdan böyle gereksiz bir beklentiniz olmasın. Eğer çocuğunuz gerçekten üstün yetenekliyse bunu size öğretmenleri ve etrafınızdaki pek çok insan söyleyecektir. Çocuğunuz yaşıtlarıyla bir aradayken diğer çocuklardan çok daha üstün yetenekli duruyorsa bir çocuk psikiyatristinden veya çocuk gelişimi uzmanından değerlendirme almanız yerinde olacaktır.

Siz her zaman çocuğunuzun gelişimini takip edip onun becerisine göre aktiviteler seçmelisiniz, sadece yaşına göre değil, aklınızda olsun. Bu geriden gelen çocuklar için de geçerli. Ona yaşı geldi diye yapamayacağı aktiviteler yaptırmaya çalışmayın. Bu onu saldırgan ve içine dönük yapar. Özgüveni de zedelenir.

Burada ailelere çok büyük iş düşüyor. Hem her yaşta çocukların yapması gerekenleri öğreneceksiniz hem de kendi çocuğunuzun seviyesini bileceksiniz.

Çocuklarla Rahat Yolculukların Püf Noktaları

Bir buçuk yıl önce 2,5 yaşındaki kızlarımla yaz tatilimizi bitirmiş, uçakla Bodrum'dan dönüyorduk. Ben onlarla tek başımaydım ve hâliyle biraz tedirgindim. Esin genellikle çok usludur ve pek ağlamaz ama güzel kızım Sevinç küçükken bazen yersiz ağlardı ve ağladı mı kolay susmazdı. Büyüdükçe neyse ki daha kolay bir çocuk oldu. Ben ağlayan çocukları normal karşılarım ve beni rahatsız etmezler. Çocukların put gibi oturmalarını beklemeyecek kadar tecrübeliyim sanırım.

Bazı insanlar ağlayan çocuklardan çok rahatsız olurlar ve bunu çok belli ederler.

Uçakta 2,5 yaşındaki iki çocuğu tek başıma idare etmeye çalışıyordum. Sevinç birden ağlamaya başladı. Yanımda onları oyalamak için getirdiğim bir sürü şeyle hiç ilgilenmedi. Sanırım uçağın motorunun çıkardığı gürültüden korkmuştu. Çapraz koltukta oturan adam çok rahatsız olduğunu ve bebeğimi susturmam gerektiğini belirten bir bakış fırlattı. Ben de dayanamayıp "Amca, rahatsız oldunuz galiba. İsterseniz kızımı pencereden atayım da rahat edin." dedim. Ne deseydim? Bu anlayışsız insana çok sinir olmuştum. Neyse olaydan tam 1 sene sonra yine kızlarımla Bodrum-İstanbul uçağındaki yolculuğumuz çok daha sakin ve güzel geçti. Sanırım 3,5 yaşına gelmiş ve büyümüşlerdi. Çocuklarla seyahat zor olabiliyor.

Çocuklarla seyahat ederken nelere dikkat edelim?

- Disiplin kurallarınızı yolculuk için biraz gevşetebilirsiniz. Mesela normalde fazla çizgi film izletmiyor olabilirsiniz ama 11 saatlik Amerika uçuşunda biraz daha fazla seyredebilirler.
- Uçağa binecekseniz havaalanına biraz daha erken gelin ve koşuşturmak zorunda kalmayın. Çok erken de gitmeyin çocuklar sıkılabilirler.
- Yanınızda mutlaka çocuklarınızın ve sizin kimlik kartınız olsun.
- Yanınızda çocuklarınız ve sizin için çok az miktarda ateş düşürücü ve ağrı kesici olsun. Doktorunuzdan onay almadan ilaç vermeyin tabii ki. Tüm şişeyi yanınıza almayın, uçağa fazla miktarda sıvı almıyorlar.
- Çocuklarınızın uykularını aldıklarından emin olun. Uçuş veya yola çıkış saatinizi onların uyku saatlerine göre ayarlayın. Eğer uykusuz ve yorgun olurlarsa size daha fazla zorluk çıkaracaklardır.
- Yanınızda onları oyalayacak şeyler getirin. Kitaplar, boyama defterleri, boyalar, portatif DVD oynatıcısı, oyuncaklar onları oyalamaya yeter. Bunlar daha önce görmedikleri şeyler olsun ki ilgilerini çeksin.
- Yanınızda ıslak mendil ve ekstra kıyafet getirin, her an üstlerine bir şey dökülebilir veya ufak bir "kaza" yaşayabilirsiniz. Eğer bebeğiniz küçükse kendiniz için de ekstra üst getirin çünkü üstünüze kusabilir!
- Telefonunuza veya tabletinize daha önce görmedikleri yeni oyunlar ve çizgi filmler yükleyin ve yolculukta kötü durumda kalırsanız son çare olarak kullanın.
- Yanınızda sağlıklı atıştırmalıklar olsun. Kendi yaptığınız poğaçalar, salatalık, havuç, muz, kuru meyveler yolda iyi gider.

- Yolda onlarla oyunlar oynayabilirsiniz. Mesela bildikleri hayvanları saymalarını söyleyin. İngilizce öğretiyorsanız yeni kelimeleri çalışın.
- Ellerine bir harita verin ve gittiğiniz yolları takip etmelerini sağlayın.
- Elinizden geleni yaptığınız sürece etraftan gelen tepkilere kulağınızı tıkayın.
- En önemlisi siz sakin olun ve seyahatinizin tadını çıkarmaya bakın!

GÜVENLİK

Evde Çocuğunuzun Güvenliğini Nasıl Sağlarsınız?

Güvenlik kesinlikle benim en hassas olduğum konu. Özellikle evi bir çocuk için en güvenli yer olmalı. O nedenle şimdi benim görevim felaket tellalı olmak. Sizi korkutmak istemem demeyeceğim. Korkup harekete geçmenizi istiyorum.

Çocuklarınızı siz korumazsanız kim koruyacak?

Özellikle düşmelerden çok korkuyorum ve bazı insanların nasıl korkmadıklarına çok şaşırıyorum. Evimize taşınırken daha yerleşmeden bütün camlara ikişer tane cam kilidi taktırmıştım. Bu kilitler çocukların pencereleri açmasını neredeyse imkânsız hâle getiriyor. Bir tane yukarıya, bir tane de yana. Bunların tanesi 3-5 TL. Eğer demir yoksa hatta varsa bile bunlar bence mutlaka küçük çocuklu evlere takılmalı. Bir arkadaşımın çocuğu 1,5 yaşındayken minderi çekmiş pencerenin yanına, üstüne çıkmış, pencereyi açmış ve 2. kattan aşağıya düşmüştü. Neyse ki Allah korumuş ve 1. kattaki balkona düşmüş ve pek bir şey olmamıştı. Ama ölebilirdi de tabii. Anneciği bir ay sonra bana anlatırken hâlâ şoktaydı ve dillendiremiyordu bile olayı. Ama benim için en şaşırtıcı olan şey 1 ay geçmişti ve hâlâ o pencerelere bu kilitlerden takılmamıştı. Ne olması gerekiyor?

Bu kilitlerin büyük yapı marketlerde tahta ve plastik her çeşit pencere için olanı var. Plastik pencereleri satan yerler gelip takıyorlar hemen. Bu yazı lütfen bu kilitlerden taktırmanızı sağlasın, kötü bir olay değil... Ben devamlı başındayım demeyin. Çocuk bu, arkanızı dönüyorsunuz ortadan kayboluyor. Hem bunlar hırsız girmesini de biraz engeller. Evi havalandırırken pencereleri açacaksınız, bu sırada mutlaka gözünüz çocuğunuzun üstünde olsun. Çocuğunuzu evde yalnız bırakmayın. Her şey olabilir.

Bunun dışında tabii çok şey var dikkat edilecek. Mesela ilaçları ve vitaminleri ortada bırakmamak, onları çok yüksekteki dolaplarda kilitlemek çok önemli. Geçen sene Amerika'da bir çocuk, annesinin multivitaminlerinden çok sayıda yutmuş ve demir zehirlenmesinden ölmüştü. Çocuklar hastayken ilaçlarını buzdolabına koyuyoruz. En iyisi, onları alamayacakları şekilde gerilere ve mümkünse tepedeki kapalı rafın içine koymak. Bir arkadaşımın 3 yaşındaki kızı hastaymış ve buzdolabını açıp bir şişe en bilindik çocuk ateş düşürücüsünden içmiş. Çocuğu, hemen acile kaldırmışlar ve midesini yıkamak zorunda kalmışlar. Evet, bunlar çok ender olan şeyler ama olduğunda da aileyi perişan ediyor.

Çocuklarınız 4 yaşın altındaysa prizleri de priz emniyeti ile kapatmalısınız. Bunların artık Türk malı olanları da var ve 1-2 TL'ye alabilirsiniz. Temizlik malzemeleri çocuk kilidi takılmış dolapta olacak ve bu kilitleri çocuklarınızın gözünün önünde açmayacaksınız. Hemen öğreniyorlar nasıl açılacağını. Temizlik malzemelerini kendi şişelerinden başka su şişesine filan koymayın. İçecek sanıp içebilirler.

Mutfakta bıçakları tezgâh kenarına koymayın. Kaynayan tencereler arka gözde olsun. Merdivenlerin başında ve yukarısında korkuluklar olsun. Çekmecelere ve dolaplara çocuk kilidi takılsın. Onlara açıp oynayabilecekleri bir iki dolap ve çekmece bırakın en altta ve buralara plastik kap kacakları zararsız mutfak malzemelerini koyun. Piller de çocuklar için çok zararlı, ellemesinler. Çakmaklar ve kibritler çocukların ulaşamayacağı yerlere konulmalı. Evinizde mutlaka yangın söndürücü olmalı. Eviniz iki katlı ya da daha fazlaysa, her katta olmalı. Son günlerde doğalgazdan ve kömürden zehirlenmeler arttı. Bunun en önemli çözümü öncelikle kurulum aşamasında işin ehline yaptırmak ve işin ucuzuna ve yasal olmayanına kaçmamak. Karbon monoksit detektörleri de çok faydalı. Doğalgaz için olan o küçük pencereyi de soğuk geliyor diye kapatmayın. Ortalıkta torba da bırakmayın başlarına geçirebilirler. Uzun ipler, kordonlar ve şerit perde ipleri de çok tehlikeli. Bunlar ortalıkta olmamalı. Deprem için eşyaları duvara sabitleyin. Yerlerdeki halıların ve kilimlerin altına kaymayı önleyen şeritlerden koyun. Fırın için de kilitler var.

Çocuklar bir karış suda bile boğulabilirler. Lütfen ortada su dolu kovalar bırakmayın. Bebekler ve çocuklar 1 dakikalığına bile banyoda yalnız kalmamalıdırlar. Hem boğulabilirler hem de ayakları kayıp düşüp bir yerlerini incitebilirler. Tabii şampuanı da içebilirler! Olmuştur eminim, gülmeyin bakayım. Çocukları tezgâh üzerinde veya mama sandalyesinde denetimsiz bırakmayın. Mama sandalyesinde mutlaka kemerlerini bağlayın. Çocuklar masa örtülerini çekip üstündeki her şeyi kafalarına düşürebilirler. Buna çay ve kahveler de dâhil.

En önemlisi çocuklu evde kesinlikle silah olmamalı. Hiçbir kilit açılmayacak bir kilit değildir. Evinizde silah yok diye rahatlamayın hemen! Çocuğunuz arkadaşına kalmaya veya oynamaya mı gitti? Ya o evde silah varsa? Mutlaka sormak lazım. Çekinmeyin sorun. Dedikodunuzu yaparlar, "Ne kıl bir kadın." diye ama çocuğunuz hayatta kalır. Bence ufak bir bedel. Ben alışığım.

Atladığım çok şey var eminim. En büyük güvenlik tabii ki gözünüzün önünde olması ama bu her zaman mümkün değil. Çok fazla dikkat edilmesi gereken şey var ama ne yapalım, ebeveyn olarak birinci görevimiz onların güvenliğini ve sağlığını sağlamak. Bu yazıyı mutlaka çocuklu arkadaşlarınızla paylaşın. Bir çocuk bile faydalansa değer. Allah korur demeyin siz önleminizi alacaksınız sonra tabii ki Allah korur. Tüm çocuklara güvenli bir yuva diliyorum.

Çocuklar Röntgen Çekilirken Kurşun Yelek Giymeliler

Sevinç ayağını dolaba çarptı ve bir süredir üstüne basamıyordu. Gittiğimiz doktorun tavsiyesiyle röntgen çektirmemiz gerekliydi. Neyse ki kırık yoktu sadece içeride kanama ve şişme olmuş. Üç gün krem sürdük ve sargılı dolaştı.

Röntgen çekilirken mutlaka röntgen çekilmeyen yerleri özellikle de vücudun orta kısmını korumak için çocuklara kurşun yelek giydirmeleri gerekiyor. Hastane personeli yeleği giydirmeyi unuturlarsa siz hatırlatın lütfen. Röntgen çekimlerinde çocuklara kurşun önlük giydirilmesi gerekmektedir. Çocuklar gelişen ve hormonsal yapıları sebebiyle daha çabuk etkilenebilirler. Uzmanlar röntgen çekilirken kurşun yelek giydirilmemesi çocukların gelişmelerinde ileride sıkıntılara sebebiyet verebilir diyor. Çoğu röntgen teknisyeni buna önem verse de bazıları önemsemeyebilir, lütfen bu konuda ısrarcı olun. Eğer hastanede kurşun yelek yoksa 184›ü arayıp Sağlık Bakanlığı'ndan kurşun yelek talebinde bulunabilirsiniz. Bu sizin hakkınız. Bu kurşun yelekler zaten tüm röntgen odalarında olmalı. Siz röntgen çektirecekseniz veya çocuğunuzun yanında durmanız gerekiyorsa kendiniz için de kurşun yelek isteyin. Girişimsel radyoloji uygulamalarında ve x-ışınlı diş tedavilerinde tiroit koruyucu da kullanılmalıdır.

Türkiye Atom Enerjisi Kurumu şöyle diyor:

Özellikle çocuk hastaların gonad bölgesi (yumurtalık ve testis bölgesi) birincil ışına maruz kalacak ise çekilecek bölgeyi kapatmayacak şekilde gonad koruyucu önlük veya uygun boyutta kesilmiş kurşun levhalar ile hastanın korunması sağlanmalıdır. Koruyucu giysinin cinsi ve giysinin kurşun kalınlığı yapılan radyoloji uygulamasına uygun şekilde seçilmelidir. Röntgen cihazları ile çalışılıyor ise kullanılan koruyucu giysi kalınlığı en az 0,25 mm, girişimsel radyoloji çalışmalarında ise en az 0,5 mm kurşun kalınlığında olmalıdır. Girişimsel radyoloji uygulamalarında, tiroidin ayrıca korunması gerekir. Kurşun önlükler kullanılan enerjiye bağlı olarak radyasyonu ortalama yüzde 90-95 oranında durdurmaktadır.

Çocuğunuz Beklemediğiniz Hareketleri Yapabilir, Kazalara Dikkat!

Böyle kazalara dikkat edelim. Bebekleriniz ve çocuklarınız hiç yapamadıkları hareketleri birden yapmaya başlayabilirler. Mesela dönemeyen bir çocuk dönmeye başlayabilir ve koltuktan, yataktan veya alt değiştirme masasından düşebilir. Minderi çekemeyeceğini düşündüğünüz 1,5 yaşındaki oğlunuz minderi pencerenin yanına çekip camı açıp 2. kattan düşebilir. (Arkadaşımın başına geldi, neyse ki Allah korudu bir şey olmadı.) Buzdolabını açamayacağını düşündüğünüz çocuğunuz buzdolabını açıp kenarda duran ateş düşürücünün yarısını içebilir. (Bu da bir arkadaşımın kızının başına geldi, midesi yıkandı şimdi çok şükür iyi.) Her zaman mümkün olmasa da çocuğunuzdan bir adım önde olmaya çalışın. Hep kötüyü düşünmek olarak almayın bunu, tedbirli olmak olarak düşünün. Bana böyle mesajlar çok geldiği için ben bu internet sitemi kurduktan sonra iyice tedbirli olmaya başladım, o ayrı konu...

Dolabınızda son kullanma tarihi geçmiş ilaç olmasın! Haydi, ecza dolabını teftişe...

Zamanı geçmiş ilaçları bir torbaya koyun ve en yakınızdaki sağlık ocağına veya hastaneye götürün, tıbbi atık olarak özel çöplerine atsınlar! Lütfen 2-3 ayda bir ecza dolabınızdaki ilaçların son kullanma tarihlerine bakın. Uzun zamandır bakmamıştım 15'e yakın son kullanma tarihi geçmiş ilaç çıktı. Hastalık anındaki telaşla yanlışlıkla tarihine bakmadan alabilir ya da çocuğuna verebilir insan.

Güvenlikleri için Çocuklarınıza Şifre Yöntemini Öğretin

Amerika'da, bir yabancı adam, 8 yaşındaki erkek çocuğun yanına geldi ve bazı aksilikler olduğunu, annesinin kendisini yolladığını, çocuğun kendisi ile gelmesi gerektiğini söyledi.

Bunun üzerine çocuk adama sordu:

"Pekala, o zaman şifreyi söyle, nedir?"

Adam bunu duyunca, hızlıca çocuğun yanından kaçtı çünkü annesi daha önce çocuğu ile konuşmuş ve aralarında bir şifre oluşturmuşlardı. Şifreyi söylemeyen hiç kimse ile gitmemesi gerektiğini tembihlemişti.

Ve bu küçük ayrıntı, belki de küçük çocuğun hayatını kurtarmıştı.

Çocuklarınızla konuşun. Aranızda bir şifre oluşturun. O şifreyi söylemeyen kimse ile gitmemesini söyleyin. Belki de bu şekilde çocuklarımızı biraz daha koruyabilir, hiç olmazsa kendi dünyamızı biraz daha emniyetli hâle getirebiliriz.

Rahmetli annem çok ileri görüşlü bir anneydi ve 35 sene önce bizim aile şifremiz vardı. Şifreyi söylemeden hayatta kapıyı açmazdım. Haydi, bugün aile şifrenizi belirleyin.

Dudaktan Öpmek

Lütfen bebekleri dudaklarından öpmeyelim ve mümkünse yabancı insanlara hiç öptürmeyelim. Dudakta yeni başlamış ve farkında olunmayan bir uçuk olabilir ve herpes simplex virüsü (uçuğa yol açan virüs) bebeğe bulaşabilir ve bebeğin vücudu bu virüsle savaşamayabilir. Benim duyduğum bu nedenle yakın zamanda ölen iki bebek var. İki ölüm de İngiltere'de olmuş. Bir baba farkında değilmiş dudağında uçuk çıktığının, 2 aylık çocuğunu öpmüş ve herpes simplex virüsü bebeğe geçmiş ve bebek ölmüş. Bir başka haberde annesi bebeğini öpmüş ve bebek yine annesinin dudağındaki uçuk nedeniyle ölmüş.

Siz bilemezsiniz bir yabancıda bir virüs veya ağzında uçuk olup olmadığını. Ne gerek var bebekleri özellikle de dudaktan öpmeye? Lütfen yapmayın ve izin de vermeyin.

Çocukların Televizyonda Ne İzledikleri Önemli!

Çocukların televizyonda ne seyrettiklerine çok dikkat etmeliyiz. Ben çocuklarımın büyükler için hazırlanan televizyon programlarını seyretmelerine izin vermiyorum. Çoğu zaman bu benim de onlar uyuyana kadar bir şey seyretmemem veya onlarla çocuk programı seyretmem anlamına geliyor ama olsun. Çocukların çocuk kanallarını seyretmelerini daha doğru buluyorum. Çocukların izleyecekleri programlara karar verirken bu programların içerdiği mesajlara dikkat etmemiz gerekiyor. Çocuklar bu programları seyrederken genellikle mutlu olurlar ve mutluyken de öğrenme ve ikna olma daha fazladır.

Lütfen Tanımadığınız Çocuklara Yiyecek ve İçecek İkram Etmeyin

Çocuklarıma sahip olmadan önce nasıl bir anne olacağıma karar vermiştim. Onları benim ve eşimin doğrularımıza ve prensiplerimize göre büyütecektik. Bizim için önemli bazı konular vardı. Öncelikle mutlu çocuklar olmalarını istedik. Bunun yanında sağlıkları da çok önemliydi. Bu nedenle hamileliğimden itibaren beslenmeye önem verdim. Sanırım üç hamileliğim hayatımın en sağlıklı beslendiğim dönemleriydi. Hamileliğimden itibaren beslenmeye önem vererek onların sağlığı için güzel bir temel oluşturduğumuza inanıyorum.

Çocuk gelişimi konularını araştırırken beslenme konusunda çok bilgi sahibi oldum ve çocuklarım için faydalı olabilecek şeyleri yapmaya, onlara zarar verebilecek şeylerden de uzak tutmaya çalıştım. Bilinçli olarak abur cubur ve şeker ile tanışmalarını erteledim. Bunları yaparken beni en çok yoran şeylerden biri de çevremdeki insanların tepkileriydi. Bu tepkiler genellikle "Azıcık yesin bir şey olmaz, canı çeker, biz yedik de ne oldu?" şeklindeydi. Hatta bu tepkiler Hassasanne.com bloğumu ve Hassas Anne Facebook sayfamı açmama bile neden oldu. O kadar çok "Bu kadar hassas olma." cümlesini duydum ki anlatamam. Biliyordum bir yerlerde benim kadar Hassas Anneler vardı ve ben onları bulmalıydım. Şimdi görüyorum ki benim gibi Hassas Anneler her yerdeler ve hassas bir anne olmaktan gurur duyuyorlar. Günümüzde anneler ne istediklerini çok iyi biliyorlar ve bunu yüksek sesle söylemekten çekinmiyorlar. Bu beni çok mutlu ediyor.

Beslenme konusu anneler için çok önemli bir konu, tabii benim için de öyle. Çocuklarımın abur cubur ve paketli ürün yemesini istemiyorum. Organik olmayan tavuk, mevsiminde olmayan meyve sebze ve hazır yoğurt da yedirmemeye çalışıyorum. Tabii ki her zaman bu mümkün değil. Çocuklarım küçüklüklerinden beri bunları yemedikleri ve bunlar evimize girmediği için bu besinlere alışık değiller ve yemek istemiyorlar, bu konuda rahatım. Tabii ki çok nadir zamanlarda ve canları isterse yiyebilirler. Başkaları ikram etse de genellikle kabul etmiyorlar. Herkes benim kadar şanslı değil bu konuda. Çocuktur sonuçta canı da çekebilir merak da edebilir. En önemlisi de o besine karşı alerjisi olabilir. Yani o besini yerse çocuk şoka girebilir hatta evet, belki de ölebilir. Başkalarının çocuklarına bir şey ikram ederken bunu hatırlamakta yarar var.

Yürüyen Merdivenleri Bebek Arabasıyla Kullanmayın ve Asansörü Tercih Edin

Hassas Anne Deniz çok önemli bir konuya değinmiş. Lütfen bu konuya çok dikkat edelim ve yürüyen merdivenleri bebek arabasıyla kullanmayalım. Asansörleri tercih edelim.

Merhaba Hassas Anne,

Sizin yazılarınızı çoğunlukla takip ediyorum. Faydalı ve dikkat etmemiz gereken konuları çok iyi hatırlatıyorsunuz. Ben de sizin bir konuya dikkat çekmenizi ve asla ihmal edilmemesi gereken, bizzat kısa zaman önce yaşadığım ve hani derler ya "Ömrümden ömür gitti." dedirten üzücü olayı, değerli anneleri uyarmanız için yazıyorum ve rica ediyorum. Bir kişi dahi okuyup dikkat etse o bile iyidir

Olay ise şöyle: Benim 3 kızım var. Büyük kızım hafta sonu anneannesindeydi. Ben de 9 aylık kızım ve diğer kızımı alıp evime yakın olan İstanbul'da bir alışveriş merkezine gittim. Ve ne yazık ki yürüyen merdivene bebek arabasıyla uyarılara ve ikaz işaretlerine gözüm iliştiği hâlde, dikkate almadan bebek arabasıyla hem de aşağıya iniş yönünde bindim ve biner binmez bebek arabası ellerimden kaydı. Bağlı olan bebeğim maalesef ki tepetaklak yüzünün üstüne merdivenlere kafa üstü çarptı. O merdivenleri bilirsiniz köşeleri tırtıklıdır. Bir anda nasıl feryat ettiğimi, evladımı kimin kucaklayıp aldığımı dahi hatırlamıyorum. Tek gördüğüm oluk gibi akan kandı. Neyse ki diye konuyu bağlayamayacağım olayı ama evladımı Allah bağışladı diyeyim. Üç dikiş alnına yüzünde de biraz sıyrıklarla olayı henüz atlatıyoruz. Benim bir anlık dalgınlığım, ki zaten binilmemesi gerekiyor, işaretler de var. Çoğu anne bunu yapıyor ama. Belki bu olay insanların gözünde canlandığında caydırıp biz anneleri bu hataya düşmekten kurtarır. Size de teşekkür ederim hassas bir anne olduğunuz için.

İlkokula ve Kreşe Sorunsuz Başlamanın Temelleri Bebeklikte Atılır

Lütfen çocuğunuzun kendi başına olmayı ve oynamayı öğrenmesine izin verin. Annelerine yapışık çocuklar anneleri tarafından "Beni çok seviyor." diye değerlendiriliyor bazen ama bu çok da sağlıklı ve özenilecek bir şey değil. Ben her zaman çocukların bireyselliğini desteklemek gerektiğini düşünüyorum. Öncelikle kendilerini sevmelerini sağlarsanız emin olun sizi de çok seveceklerdir. Bunu da koşulsuz sevginizi devamlı vererek, onlara her zaman destek olarak ve bireysel yaptıkları başarıları destekleyerek yapabilirsiniz. Evdeki huzur ve mutluluk da çok önemli. Çocuklar evdeki ortamdan etkileniyorlar.

Kendini güvende hissetmeyen çocuklar daha sonra hem kreşe hem de ilkokula başlarken çok büyük sorunlar yaşıyorlar. Okula gitmek istemiyorlar ve gittiklerinde mutsuz oluyorlar. Annelerinden ayrı bir etkinlik düşünemiyorlar ve endişe duyuyorlar. Haftalarca kreşin kapısında oturan anneler görüyorum ve üzülüyorum. 3 çocuğum da ilk günden itibaren güle oynaya kreşe gittiler ve ben 1 saat bile kreşin kapısında beklemedim. Alper de ilkokul 1. sınıfa başladığında bir kere bile ağlamadı ve endişe duymadı. Tabii ki ben de diğer anneler gibi uyum haftasında her gün okuldaydım ama zaten bunu yapmamız isteniyordu ve okulumuz her gün anneler için yararlı bilgiler içeren veli eğitimleri hazırlamıştı. Çocuklar derse girince biz veli eğitimine giriyorduk. Aynı anda sınıftan çıkıp çocuklarla buluşuyorduk. Okulu böyle sevmeleri tesadüf değil tabii ki. Kalpsiz bir anne de değilim. Ben onları aylar öncesinden yavaş yavaş hazırlamaya başlamıştım. Okulun ne kadar güzel bir yer olduğundan bahsettim. Hikâyeler anlattım, orada yapacakları aktivitelerden bahsettim. En önemlisi de ben kendim endişe duymadım ve gözümde büyütmedim. Çocuklar sizin ne hissettiğinizi hemen anlarlar ve empati yetenekleri çok iyi olduğu için bundan etkilenirler. Siz rahat ve mutlu olacaksınız. Okula başlamanın kutlanacak ve çok mutlu bir olay olduğunu yansıtacaksınız çocuğa. Yoksa siz "Aman Allah'ım, okul başlıyor, nasıl olacak? Bu çocuk nasıl gidecek tek başına?" paniğinde olursanız ne kadar saklamaya çalışsanız da bu çocuğa yansır. Önce siz kendinizi hazırlayın okula. Ayrıca tabii ki iyi bir okul seçin. Çocuk mutsuz olduğu ve güzel bir eğitim görmediği bir yere tabii ki gitmek istemeyecektir. Benimkiler okullarını o kadar çok seviyorlar ki bayram tatillerinde ve bazı hafta sonları "Neden okul yok?" deyip kızdıklarını ve hatta ağladıklarını bilirim. Çocuğunuzu okula hazırlanma sürecine dâhil edin. Kırtasiye listesindekileri ve okul çantasını beraber seçin ve alın. Çocuğunuzu güzelce okula bırakın ve aklınızı orada bırakmadan çıkın gidin. O çocuk sizin dışarıda olduğunuzu bilirse tabii ki kendini yeni arkadaşlarına ve okuluna veremez. "Annem acaba neden gitmiyor? Demek ki ben güvende değilim." diye düşünmez mi? Vedalaşmaları kısa kesin. İyi dersler deseniz yeter. Üzülmeyin. Artık okulun hayatının bir parçası olduğunu bilsin. Mızmızlanınca hemen okula götürmemezlik etmeyin. Okula gitmek istemeyince gezmeye götürülen bir çocuk tabii ki okula gitmek istemez.

Çocuklarımın okul sevgisini ve kendi kendine oynamayı sevmelerinin temellerini oturmaya başladıkları 6 aylıktan itibaren atmaya başladım. Ben çocuklarıma çok küçüklükten itibaren günün bir kısmında kendi kendilerine oynama alışkanlığını verdim. Küçüklükten başlayarak çocuğunuzu oyuncaklarıyla birlikte yere oyun halısının üstüne oturtun ve kendi kendine oynamaya teşvik edip gözünüzle onu görebileceğiniz ama onun sizi göremeyeceği bir yere gidin. Bu arada çocuğunuzun etrafında yutabileceği küçük nesneler olmasın. Kafasını vurabileceği sehpalar olmasın. Güvende olsun yani ve gözünüz üstünde olsun. Ben plastik çitlerden güvenli bir alan oluşturmuştum salonda ve orada rahatça bırakabiliyordum. Böyle böyle kendi kendine yetebilmeyi ve kendiyle de mutlu olmayı bilsin. Tabii ki uzun süre olmayacak bu, kısa süreler olacak. Onun gelişimi için bu önemli. Bu zamanı çok uzatmayın ilgisiz bırakmayın onu. Bazen anneler görüyorum, bebek kendi kendine güzel güzel oynarken "Hadi yavrum, şunu yapalım." diye yanlarına alıyorlar. Bunu yapmaya gerek yok. Zaten bir süre sonra sıkılıp yanınıza gelecek. O zaman yaparsınız o aktiviteyi. Kardeşlerin de beraber oynamasını teşvik edin ama tabii yine gözünüz üzerlerinde olsun ve her zaman güvende olsunlar.

1,5 yaşından itibaren de kendi yaşıtlarıyla oyun grupları oluşturarak sosyalleşmelerini sağladım. Oyun grubunun nimetlerinden yararlanmak için pahalı kreşlere veya oyun merkezlerine ihtiyacınız yok. Kendi çevrenizden ve semtinizden de çocuğunuzun yaşıtlarını bulabilirsiniz. Parklarda karşılaşabilirsiniz bu çocukların anneleriyle. Ben de Alper 1,5 yaşındayken oturduğumuz yerdeki annelerle 6-7 kişilik bir oyun grubu kurmuştum ve her perşembe toplanıyorduk. Hem yaşıt çocuklarımız sosyalleşiyordu hem de biz anneler bir araya geliyorduk. Değişik oyunlar oynatıyorduk, kitaplar okuyorduk. Her hafta başka birinin evinde toplandığımız için çocuklar değişik oyuncaklar ve aktivitelerle mutlu oluyorlardı. Oyun grubumuz Alper ve diğer çocuklar 3,5 yaşında kreşe başlayana kadar devam etti. Aynı semtte olduğumuz için bütün oyun grubu aynı anda aynı kreşe başlayınca okula alışmaları da çok rahat oldu. 2,5 yaşına kadar çocuklar pek birlikte oynamazlar ama yan yana oynarlar. Bu paralel oyun da onlar için güzel bir şeydir. 2,5 yaşından sonra beraber oynamayı ve paylaşmayı öğrenirler oyun gruplarında. Annelerin iyi anlaşması da önemli ki sonra anlaşmazlıklar çıkmasın. Oyun grupları kurmanızı tavsiye ederim.

Tabii ki şunu unutmayın bütün çocuklar ve bebekler farklıdır.

Siz doğru davranışları yapsanız bile çocuğunuz okula gitmemek için deliler gibi ağlayabilir. Ama bu doğru davranışları yapmanızı engellememeli. Kardeşler bile birbirinden farklı yetişiyor. Siz elinizden geleni yapın ama her çocuğun kendine özgü olduğunu unutmayın. Siz doğru davranışları yapın, içiniz rahat olsun ama buna rağmen sorunlar çıkarsa kendinizi suçlamayın.

Çöp Ev Olduysak Bir Nedeni Var! Geri Dönüşüm Zamanı

Hassas Anne Babalar sadece çocukları konusunda değil, çevre konusunda da hassas olmalı. Sonuçta çocuklarımıza ve torunlarımıza daha güzel bir dünya bırakmalıyız. Bunu da ancak geri dönüşüm yaparak başarabiliriz. Lütfen geri dönüşebilecek çöplerinizi ayrıştırarak geri dönüşüm çöp bidonlarına atınız. Bunları biriktirirken ev biraz çöp eve dönüyor ama ben bu görüntüyü gördüğümde nedense rahatsız olmuyorum hatta kendimle hafiften gurur bile duyuyorum.

Lütfen siz de üstünüze düşen görevi yapın ve enerjiye dönüşebilecek değerli ambalajları, metalleri, camları ve kâğıtları çöpe atmayın. Kullanılmış yağlarınızı lütfen lavaboya dökmeyin. Belediyenizi ararsanız bu yağları gelip sizden toplayıp biodizele dönüştürüyorlar. Böylece hem çevreyi kirletmiyorsunuz hem de lavabolarınızın tıkanmasını önlüyorsunuz. Harika bir hizmet. Lavaboya dökülen 1 litre sıvı yağ, 1 milyon litre suyu kirletmektedir. Ayrıca bu yağlar borularınız tıkayıp size masraf da çıkarabilir. Çocuklarımıza çevre bilincini ve bencil olmamayı çok küçük yaşlardan öğretmeliyiz. Geri dönüşüm yapmak, elektrik ve su tasarrufuna önem vermek, israf etmemek bunlar öncelikle evde görerek ve uygulayarak öğrenilir.

Sevdiğinizi Gösterin

Ben: Oğlum seni çok sevdiğimi söylemiş miydim?

Alper (5,5 yaşında): Evet.

Ben: Ne zaman söyledim?

Alper: Her zaman söylüyorsun anneciğim!

Aferin bana! Her zaman söylerim 3 kuzuma da onları çok sevdiğimi, hep sarılırım, öperim. Babaları da aynı şekilde sevgisini hep belli eder. Siz de çocuklarınıza hep söyleyin onları çok sevdiğinizi ve onlara sarılın, öpün. "Zaten yapıyorum." diyorsunuz biliyorum ama inanın ne kadar yapsak az. Bu hem onları sevgi dolu insanlar yapıyor hem de özgüvenlerinin gelişmesini sağlıyor.

İlkokul 1'e giden oğlumun ilk şikâyeti neydi biliyor musunuz? Sınıftaki diğer çocuklara çok sarılması ve onları öpmesi!

Tabii ki artık fazla yapmamasını söyledim ve kardeşlerini öpmeye sarılmaya devam etmesini tavsiye ettim. Ne yapsın çocuk bizlerden bunu gördü ve sevgisini böyle ifade ediyor. Vuran, kıran, saldırgan çocuklardan olmasına tercih ederim. Çocuklar bizden gördüklerini ve bizim yaptıklarımızı benimsiyorlar ve mutlaka uyguluyorlar. Onlarla konuşurken bu nedenle dikkatli olun çünkü kendi söylediklerinizi gün gelecek onlardan duyacaksınız. Yani çocuklarınızdan ne duymak istiyorsanız onlara onu söyleyin, onların size nasıl davranmasını istiyorsanız onlara öyle davranın.

Çocuklarınızın sevgiye aç çocuklar olarak büyüyüp sevgiye aç yetişkinler olmasını istemezsiniz değil mi? Sevgiye aç insanlar ailelerinden göremedikleri sevle kanatlanıp uçsun.

Benim 3 Kuzumdan İnciler

Biraz da gülelim, benim 3 kuzumdan küçükkenki inciler:

Sevinç: Anneciğim, yemeğimi kendim yiyeceğim, üstüme dökmeyeceğim, sana zorluk çıkartmayacağım.

Anne: Aferin kızıma.

Sevinç: Zorluk çıkartırsam sen yedirirsin!

* * *

Esin (3 yaşındayken) sabah kalkmış ninesine: Nineciğim, annem bize omlet yapıyor, sen yaşlı olduğun için mi yapamıyorsun? Bak çok kolay, 4 tane yumurta alacaksın kıracaksın, içine peynir koyacaksın karıştıracaksın.

* * *

Erden Teyze, yanlışlıkla Esin'e Sevinç demiş.

Esin: Sen karıştırdın Erden Teyze, kıvırcık olan Sevinç!

* * *

Bir gün Esin çok az ateşli (37,4) olduğu için onu okula göndermedim. Sevinç gitti. Okuldan çıkarken öğretmeni ona, "Eve gidince Esin'i benim için öp." demiş.

Sevinç: Hayır öpemem çünkü hastalık bulaşır sonra ben de okula gelemem.

* * *

Anaokulu gerçekten çok faydalı! 3,5 yaşındaki Sevinç tuvalette otururken "poop" dedi. Ben önce anlamadım, "Ne dedin kızım?" diye sordum. O da " Anne, "pat pat"ın İngilizcesi "poop", Bayan Gila söyledi." dedi!

* * *

Alper kızlara şöyle dedi: Kızlar ben hastayım, bugün size spor yaptıramayacağım.

Kıyamam oğluşuma, hasta hasta bile kardeşlerini düşünür. Abilerin kralıdır.

* * *

Üç yaşındaki Sevinç'e yatmadan önce kitap okuyorum, kitaptaki hayvanları soruyorum.

"Kızım bu ne?" diye soruyorum her hayvan resminde.

Sevinç tek tek söylüyor: Vatoz, yunus, balık, yengeç, yılan balığı, kaplumbağa, denizatı...

Sıra kocaman bir balinaya geldi. "Kızım bu ne?"

Sevinç: O beni yer.

* * *

33 aylık Esin ve Sevinç güzel güzel oynuyorlardı. Esin pencereye tırmanınca biraz kızdım.

Sevinç: Sen Esin'e kızamazsın, o benim canım!

* * *

4,5 yaşındaki Alper'e banyo yaptırdım. Sonra tam kıyafetlerini giydireceğim, bana "Bir dahaki sefere ben giyeyim bari kıyafetlerimi." dedi. Hoşuma gitti kendi giymek istemesi. Ben de "O zaman sen giy şimdi." dedim. "Tamam." dedi önce külotunu giydi. "Aferin oğluma, şimdi de pijamanı giy." dedim. Giydi ama giyerken de "Sen de her şeyi bana yaptırıyorsun, bari gidip kızları da ben uyutayım." dedi. Öldüm gülmekten!

* * *

34 aylık Esin'in resmini çekiyorum.

Esin: Pozzz!

Babaannesi de şaka olarak, "İşkembe çorbası de." dedi.

Esin: Onu söyleyemem ben daha küçüğüm.

* * *

4,5 yaşındaki Alper: Anneciğim sen cumhuriyet kadar güzelsin!

* * *

Babaannesini ziyarete giden Alper'e "En çok Esin'i mi Sevinç'i mi seviyorsun?" diye sormuşlar.

Alper: Ayırmak istemiyorum, ikisinin de abisiyim.

Ben bu çocuğu ne yapayım? Maşallah oğluşuma, abilerin gerçekten kralısın sen…

* * *

4 yaşındaki Alper'i okuldan aldım, eve gireceğiz. Kızlar cama çıktılar, bize bakıyorlar.

Alper: Bir abi de bu kadar sevilmez ki!

Bu çocuğun lafları ve kendine güveni beni bitiriyor.

Tutarlı Rol Model Olmak Çok Önemli

Çocuklarımız hep bizi rol model alıyorlar. Onlara ne söylerseniz, iyi veya kötü, bunu bir gün gelecek, onlardan kesinlikle duyacaksınız. Bir bakacaksınız, onun konuşmalarında ve tavırlarında kendinizi göreceksiniz. Çocuklarımıza verebileceğimiz en iyi eğitim onlarla her zaman doğru konuşmak ve onlara güzel örnek olmak. Her zaman sorularına ayrıntılı cevap verin ve hiçbir zaman geçiştirmeyin ne kadar saçma olsalar da. Onları geçiştirmeye başlarsanız onlar da size soru sormamaya ve sizin fikrinizi önemsememeye başlarlar. Emin olun siz onlara doğru yolu göstermezseniz onlara kötü yolu gösterecek birileri çıkacaktır. Sizin cevabını bilmediğiniz soruları sorarlarsa beraber araştırın, bu sizi yakınlaştıracaktır ve çocuğunuza araştırma yapmanın zevkini öğretecektir.

Doktor Defteriniz Var mı?

Çocuğunuzu aydan aya doktora götürüyorsunuz, sonra bu aralar açılıyor ve büyüyünce 6 ayda veya yılda bir doktoru görüyorsunuz. Bir defter alın ve bunu doktor defteriniz yapın. Doktora her götürdüğünüzde neden götürdüğünüzü, hangi hastalıkları geçirdiğini ve ne ilaç aldığını yazın. Bazı hastaneler bir kitapçık veriyor ama ona her şey sığmıyor. Bu deftere aynı zamanda acil olmayan kafanıza takılan soruları yazın. Doktora gittiğinizde bu soruları sorarsınız. Siz de benim gibiyseniz doktoru görünce aklınızdaki soruları unutabilirsiniz. Doktorun ofisinde zamanınız da çok kısıtlı oluyor. Sadece çocuğunuzu muayene edebiliyor. Mutlaka doktorunuzun cep telefonunu ve gittiğiniz hastanenin acilinin ve pediatri bölümünün de telefonunu bu deftere kaydedin. İlerde çok işinize yarar. İnsan zaman geçtikçe özellikle birden fazla çocuğu varsa onların hangi hastalıkları ne zaman geçirdiğini unutabiliyor. Mesela çocuğunuz 5. hastalık geçirdi mi? Ne zaman geçirdi? Hangisi geçirdi? Açıp bakarsınız.

Çocuklarınıza Kitap Okuyun

Mutlaka her gün çocuklarınıza kitap okuyun. Bu gelişimleri için çok önemli. Amerika'da yapılan bir araştırmada çocuklara mutlaka günde en az 15 dakika kitap okumak gerektiği ortaya çıkmış ve bunu sağlamak için yurt çapında bir kampanya yapmışlar. Dikkatlerini toplayıp uzun süre oturamasalar bile okumaya devam edin. Okurken hep aynı tonda sıkıcı bir sesle okumayın. Sesleri çıkarın, sesinizi yerine göre değiştirin ve tiyatro gibi okuyun. Bu ilgilerini çekecektir. Kitabı bitirdikten sonra hikâye hakkında sorular sorun. Bunlar çok karmaşık sorular olmasın. Basit ve çocuğunuzun cevaplayabileceği sorular olsun. Yatmadan önceki rutininize kitabı mutlaka ekleyin. Okuduğunuz kitaplara dikkat edin. Ucuz diye kötü mesajlar içeren kalitesiz kitaplar almayın. Çocuğunuza okuyacağınız veya onun kendi okuyacağı kitapları öncesinden siz okuyun. Öyle bir zamanda yaşıyoruz ki çocuk kitaplarında bile sapıkça ve korkutucu içerikler olabiliyor. Bütçeniz kısıtlıysa az kitap alın ama güzel kitaplar alın. TÜBİTAK'ın kitapları hem çok uygun hem de çok eğitici. Beş liraya harika kitaplar alabilirsiniz. Olimpos Yayınevimizin de çok uygun fiyatlara harika çocuk kitapları var. Alışveriş merkezlerindeki büyük kitap dükkânlarında ve internette bulabilirsiniz. Bütçeniz az ise arkadaşlarınızla kitap değişimi yapın. Böylelikle değişik kitaplar okuyabilirsiniz. Ama mutlaka kitaplara zarar vermeme kuralı koyun. Bebeklikten itibaren çocuklarına kitapları yırtmamayı ve karalamamayı öğretmeye çalışın. Okumak, çocuklarınızın hayal gücünü ve kelime haznesini geliştirir.

Çocukların Dil Gelişimi için Ne Yapabiliriz?

Çocuklarınızın dil gelişimi için yapabileceğiniz en iyi şey onlarla açık ve net bir şekilde bol bol konuşmak ve yaptığınız her şeyi anlatmak. Mesela markete gittiniz çocuğunuzla. Onu oturtun market arabasındaki oturma yerine, emniyet kemerini bağlayın ve çok dikkat edin, düşmesin. Meyve reyonuna geldiniz, elma alıyorsunuz. Elmayı gösterin "Elma." deyin, armudu gösterin "Armut." deyin. Anladınız işte. Aynı şeyi sebzelere de yapın. Dışarıda yürüyorsunuz, beraber çiçekleri gösterin, adlarını söyleyin. "Şuraya gidiyoruz, burası belediye binası." deyin. Her şeyi anlatın ve gösterin. Gözlerinin içine bakın, onun seviyesine eğilin ve öyle konuşun onunla. Ağzınızın nasıl oynadığını görsün. Taklit edecektir. Bazı yabancılar ve akrabalarınız size deli diyecektir ve saçma bulacaktır, boş verin onları. Sizin çocuğunuz büyüdüğünde onların çocuklarından daha net ve güzel konuşacaklar ve kelime hazneleri daha geniş olacak. Belki daha mutlu, zeki ve sosyal olacaklar.

Çocuklarımıza Bir Şeyler Öğretirken Onlardan Neler Öğreniyoruz?

Biz anneler devamlı çocuğumuza bir şeyler öğretme telaşındayız. Aman doğru konuşmayı öğrensin, kibarlığı öğrensin, yalan söylememeyi öğrensin, kardeşine vurmamayı öğrensin, İngilizceyi öğrensin, masadan kalkmadan yemek yemeyi öğrensin...

Unutmayın çocuklar dinleyerek değil, görerek öğrenirler. İstediğiniz kadar konuşun, konuştuklarınızı kendiniz hayata geçirmiyorsanız etkisi çok az olacaktır. Çocuğunuza, "Abur cubur yemek senin için zararlı." dedikten sonra kendiniz çocuğunuzun önünde abur cubur yiyorsanız ona çok karışık mesajlar veriyorsunuz. Kardeşine vuran çocuğunuza "Kardeşine vurma." deyip siz vuruyorsanız o çocuk ne yapsın?

Biz, çocuklarımıza devamlı kemerlerini bağlamalarını söylemiyoruz ama her arabaya bindiğimizde onların gözü önünde ilk iş emniyet kemerimizi takıyoruz. Bizi hiçbir zaman kemersiz görmediler. Nineleri, büyük dayıları arabaya binip de kemerlerini bağlamazlarsa bizim çocuklar hemen onları uyarıyorlar ve kemerlerini takmalarını söylüyorlar. En etkili eğitim budur.

Çocuklarımızın hayata bakış açısı bizden çok farklı. Biz hayatın koşuşturmacası içinde küçük mutlulukları ıskalarken, onlar her anın tadını doyasıya çıkarıyorlar. Bundan öğreneceğimiz çok şeyler var.

Peki siz çocuklarınızdan neler öğrendiniz?

İki Yaş Sendromu

İki yaş sendromu biz, annelerin kâbusu. Sizinle pıtır pıtır her yere gelen, mutlu mesut sizinle zaman geçiren, bakımı da biraz olsun kolaylaşmış tatlı bebeğiniz bir anda gözünüzün önünde minik bir ergene dönüşür ve elinizden hiçbir şey gelmez. Amerika'da buna "terrible twos" derler, yani "korkunç ikiler". O kadar da kötü bir isim takmaya gerek yok bence, sonuçta geçip giden bir dönem. 2 yaş civarı çocuklar yersiz öfke nöbetleri yaşamaya başlarlar ve belirgin bir huysuzluk ve aksilik olur tavırlarında. Buna iki yaş sendromu diyoruz. Amerika'da erken çocuk gelişimi derslerinde en çok bahsedilen konulardan biriydi bu. Hem o derslerde hem de üç çocuğumun 2 yaş dönemlerinde bu konuda çok şey öğrendim.

Alper oğlum, maşallah diyeyim, olabilecek en uslu çocuktu. 2,5 aylıkken 12 saat kalkmadan gece uykusuna geçti. Hiç sorunsuz kilolarla anne sütünü severek içti. Ek gıdaya sorunsuz geçti. 22 aylıkken bir gün "Alper kaka yaptı." dedi ve bezi bıraktık. Neredeyse ilk 2,5 ayda gece acıktığı zaman dışında ağladığını duymadık diyebilirim. Hep yaşıtlarının çok ilerisinde oldu, hep yüzü güldü. Hatta o 21 aylıkken ikiz kız kardeşleri doğduğunda biz bebeklerin ağladığını anlayıp şaşırdık diyebilirim. Bu arada ikiz kızlarımın ikisi de 3 ay boyunca kolikti yani bebeklerin ağladığını öğrenmekle kalmadık, çıldırmaya ramak kaldı.

Bir günde bu melek çocuk 2 yaş civarında istediği olmayınca kendini yerlere atan minik bir ergene dönüştü. Eşimle yaşadığımız şoku anlayabilirsiniz. Elindeki ayıyı duvara dayar ve "Bu burada dursun." diye ağlardı, hem de yarım saat boyunca. Ne yapabilirsiniz ki bu durumda? Elimize çekiç ve çivi alıp ayıyı duvara çakacak hâlimiz yoktu. İlk şoku atlatınca neler yapabileceğimizi düşünmeye başladık psikolog olan eşimle. Öncelikle bunun aynı kolik gibi 2-3 ay sürecek bir dönem olduğunu ve aynı kolik gibi bir günde biteceğini anımsayıp kendimizi teselli etmeye çalıştık. Sonra da bu dönemi nasıl daha rahat atlatabileceğimizi düşünmeye başladık. En zorda kaldığımız zamanlar Alper'in istediği bir şey olmadığında alışveriş merkezlerinde kendini yere atıp tepinmeye başladığı zamanlardı. Hassas bir anne olarak tertemiz baktığım kuzumun leş gibi yerlerde süründüğüne mi yanayım, beceriksiz bir anne gibi mi göründüğüme mi? Yoksa bu tepinmeler yüzünden hiçbir işimi yetiştiremediğime mi yanayım? Bir de şöyle ekstra bir problem vardı bizde. Alper 2 yaşındayken 4 yaşında gibi görünen 103 santim boyunda yaşıtlarından çok uzun bir çocuktu, eşim ve ben çok uzun boylu olduğumuz için. Yani yabancılar yerde tepinen 3-4 yaşında bir çocuk görüyorlardı oğlumu gördüklerinde. Devamlı açıklama yapıyordum "Teyzeciğim yok o 4 değil, daha yeni 2 oldu." diye.

Çocuğunuzun 2 yaş sendromunu nasıl en az zararla atlatabilirsiniz?

1. Öncelikle çocuğunuzun davranışlarında mantık aramayı bırakın çünkü ne kadar ararsanız arayın, bulamayacaksınız! Şu anda çocuğunuz duygularıyla davranıyor, mantığıyla değil. Sakin olun ve her bir öfke nöbetinin nasıl patlak verdiğini anlamaya çalışın. Bu bir sonrakini önlemenize yardım edecektir.

2. Dışarı çıkmadan önce ona neler yaşayacağınızı ayrıntılarıyla anlatın ve beraber nasıl davranacağınıza karar verin. Mesela, "Bugün alışveriş merkezine gideceğiz. Biraz dolaşacağız. Sana da oyuncakçıdan ufak bir araba alırız, sen onunla oynarken ben işlerimi halledeceğim. Eğer başka bir şey için

kendini yerlere atıp beni üzersen hemen oradan ayrılacağız ve uzun bir süre oraya tekrar gitmeyeceğiz." gibi. Çocuklar neler olacağını bildikleri zaman kendilerini güvende hissediyorlar.

3. Onun uykusuz ve aç olmamasına dikkat edin. Bu çocuklarda ve bebeklerde her zaman dikkat etmeniz gereken bir şey zaten ama özellikle 2 yaş sendromunda aç ve uykusuz olduklarında davranışları çok değişiyor. Yanınıza onu oyalayabilecek sağlıklı atıştırmalıklar alın. Kesilmiş havuç, meyve veya salatalık, evde yapılmış poğaça veya minik kavanozlarda ev yapımı çorba. Ben 3-4 yaşına kadar çocuklarıma dışarıda pek yemek yedirmedim. Her zaman yanımda sağlıklı kıymalı sebze yemeğim olurdu. Minik kavanozunu çıkarır verirdim onlara. Sonra da bir kavanoz ev yapımı yoğurtla tamamlardık öğünü. Şimdi de dışarıda sadece güvenilir bulduğumuz yerlerden iyi pişmiş köfte ve pilav yediririz onlara. Yanında da ayran. Hiçbir zaman fastfood yemediler. Dışarı çıkma saatlerimizi de uykularına göre ayarlardım. Alper, bebek arabasında güzel uyurdu. Uyurken de ben gezerdim rahat rahat. Hayatınızı onların düzenine uydurunca sizi daha az üzerek büyüyorlar, inanın. Alper uykusunu alsın diye eve az kala uyuyakalan Alper ile arabada onun uyanmasını beklediğim çok olmuştur.
4. Şekerli ve paketlenmiş ürünler pek yemediler küçükken. Şekerin, özellikle de paketlenmiş ürünlerin içindeki katkı maddelerinin çocukları çok kötü etkilediğini düşünüyorum. Onlara ağır geliyor bence o maddeler ve vücutları kaldıramıyor. Şeker, abur cubur yiyen ve sonra yerinde duramayan çocuklara çok rastlıyorum. Siz de vermeyin bu ürünleri. Şekeri sadece meyveden ve sizin evde yaptığınız sütlü tatlılardan alsınlar.
5. Çocukların aşırı tepkilerini ve öfke nöbetlerini biraz görmezden gelin. Salonda nedensiz yere deli gibi ağlıyorsa bırakın

onu, orada mutfağa geçin, çıkarken de "Sakinleşince yanıma gelirsin canım." deyin. Bazen sadece ilgi çekmek için yapıyorlar ve sizi deniyorlar. Oyuncak dükkânında istediği oyuncağı almadığımda kendini yerlere atmaya hazırlanan oğluma, "Ben gidiyorum. Sen istersen gel, istersen kal." derdim ve dışarı yürümeye başlardım ama tabii gözüm ondaydı. Genellikle biraz sonra gelirdi. Tabii hiçbir zaman yalnız bırakmayın ve güvende olduğundan emin olun.

6. Çocuklarla ilgili her sorunda olduğu gibi bunda da kararlı olmanız ve geri adım atmamanız anahtar nokta. Çocuğunuza "Oyuncakçıda olay çıkartırsan hemen eve gideceğiz." deyip olay çıkarttığında ona istediği oyuncağı alıp gezmeye devam ederseniz çocuk şunu öğrenir: Yeterince ağlarsam ve annemi rahatsız edersem, istediğimi elde ederim. Bu dersi öğrenirse unutması çok zor olur. Bu nedenle hata yapmayın. Bir tehdit savurduysanız onu yerine getirin ki bir sonraki tehdidinizin hükmü olsun.

7. Çocuğunuza iyi davrandığı zamanlarda ona çok sevgi göstererek ve istediklerini yaparak onu ödüllendirin. Kötü davrandığı zamanlarda ise istediklerini yapmayın. Ağlayınca istediği olmasın, davranması gerektiği gibi davranınca istediği olsun. Mesela ağlıyor bir şey için, o şeyi kesinlikle yapmayın. Biraz sonra sıkılıp sustuğu zaman "Sakinleştin mi? Tamam, hadi o zaman şimdi yapalım." deyin. Çocuklar ne yapınca ne olduğunu hemen öğrenirler merak etmeyin.

8. Ağlamaya ve bağırmaya başladığında duymuyormuş gibi yapın. Dikkatini başka tarafa çekmeye çalışın. Mesela "Aaa, bak şu binayı görmüş müydün? Yoksa o balkonda renkli bir kuş mu var?" veya "Sanki şu tarafta bir palyaço gördüm. Hadi oraya doğru gidip bakalım." Gerisi sizin yaratıcılığınıza kalmış. Komik duruma düştüğünüzü düşünebilirsiniz ama inanın, yerde debelenen bir çocuğun tepesinde dur-

maktan daha iyidir. Dikkatini başka yöne çekmeyi ilerleyen yaşlarda da başarıyla kullanabilirsiniz.

9. Çocuğunuzla her konuda kavga etmeyin. Sadece önemli konularda kızın, mesela vurmak, kötü laf söylemek, kendini tehlikeye atmak gibi durumlara saklayın öfkenizi. Her şeye hayır demeyin. O zaman hayır kelimesi onlar için önemini yitiriyor. Negatif değil, pozitif olsun konuşmalarınız. Eleştirileriniz davranışa olsun, çocuklarınızın kişiliğine değil. Mesela "Aptalsın sen, nasıl olur da kardeşine vurursun?" yerine, "Kardeşine vurmak güzel bir davranış değildi ve kabul edilemez" deyin. Sakin olun ve çocuğunuzla iktidar savaşına girmeyin. Ona karşı saldırgan davranışlarınız olursa bu sadece çocuğunuzu daha da kızdıracak ve olayın boyutunu arttıracaktır.
10. En önemlisi de bu dönem geçici, unutmayın. Genellikle 2-3 ay içinde o tatlı kuzunuz geri gelecek ve bu öfke nöbetleri bitecek. Böyle dönemler değişik yaşlarda olacak, önemli olan sizin burada saydığım doğru davranışları kararlı ve sakin bir şekilde uygulamanız.

Çocuklar Paylaşmayı Ne Zaman Öğrenir?

Anneler, her zaman çocuklarının hiçbir şeyi paylaşmak istemediğinden şikâyet ederler. Peki, küçücük bir çocuktan sevdiği bir oyuncağını paylaşmasını beklemek ne kadar doğru? 4 yaşından önce çocuktan sevdiği bir şeyi paylaşmasını beklemek gerçekçi olmaz. Lütfen çocuklarınıza 4 yaşından önce paylaşımcı olmadığı için kızmayınız ve onları özellikle de başkalarının yanında eleştirmeyiniz. Paylaşmayı öğrenme 4 ila 6 yaşları arasında başlar. Çocuklarınıza paylaşmayı zorla öğretemezsiniz. Hatta bazı şeylerin ona ait olduğunu kabul etmeniz ve buna saygı duymanız gerekecektir. Bu çocuğun kendine olan saygısı için iyidir. Onu zorlamadan yavaş yavaş paylaşmaya alıştırmanız gerekir. Bunun için de yapabileceğiniz en güzel şey her zaman olduğu gibi ona güzel bir model olmaktır. Çocuğunuz anne ve babasının ve sevdiklerinin onlar için değerli eşyaları paylaştıklarını görürse bunu taklit etmeye başlar ve zamanla öğrenir. Çocuğunuzu sert bir şekilde paylaşması için uyarmak yerine onunla paylaşmakla ilgili oyunlar oynayın. Mesela bebekleriyle veya arabalarıyla oynarken onlarla yiyecek veya oyuncak paylaştırın. Kutu oyunlarıyla da çocuklarınıza paylaşmayı, sırasını beklemeyi ve sabretmeyi öğretebilirsiniz. Ailecek kutu oyunları oynamak çocukların gelişimi için çok faydalıdır. Eğer çocuğunuz eskiden paylaşmayı seven bir çocuksa ama şimdi paylaşmamaya başladıysa bunun nedenlerini bulup çözüme ulaştırmanız gerekir.

İlkokula Giden Çocuğunuza Ödev Defteri Yapın

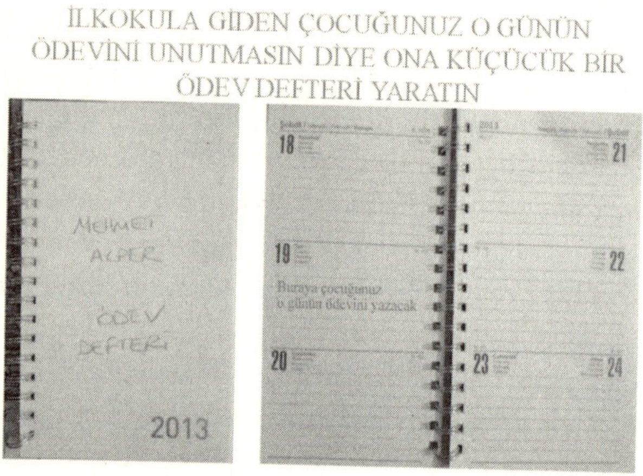

İlkokula giden çocuğunuz eve geldiğinde ona ilk sorduğunuz "Günün nasıl geçti?» sorusudur. İkinci sorduğunuz da "Ödev ne?" olur. Çok iyi biliyorum. Özellikle 1. sınıfa gidenler, günün ödevini hatırlamakta zorlanabiliyorlar. Ona küçücük ajandalardan alın ve onu ödev defteri yapın. O günün tarihinin bölümüne, o günün ödevini yazmasını söyleyin. Bu ona ilginç gelecektir ve belki de yazmayı unutmayacaktır. Hem de o günün ayın kaçı olduğunu öğrenir ve yavaş yavaş ay ve gün kavramları yerleşir.

Kardeşi Olan Çocuklar da Tek Çocuklar gibi İlgi Görmeyi Hak Ediyorlar

Birden fazla çocuğu olan ailelerin dikkat etmesi gereken bir husus var. Tabii ki kardeş sevgisi ve kardeşlerin birlikte zaman geçirmesi de çok önemli ama her bir çocuğu tek bir birey olarak da kabul etmek gerekiyor. Her çocuğun anne ve babayla baş başa zaman geçirmesi lazım. Bunu uyguladığınızda kardeş kavgalarının ve çekişmelerinin de azaldığını göreceksiniz. Bildiğiniz gibi benim bir oğlum ve ikiz kızlarım var. Tabii ki 3 çocukla yaptığımız aktiviteler çoğunlukta ama ben her çocuğa teker teker de zaman ayırmaya çalışıyorum. Bunu doğduklarından beri uyguladığım için bunu doğal karşılıyorlar. Tabii ki sizden başka çocukları bırakabileceğiniz kimse yoksa bu anlatacaklarımı kolaylıkla yapamazsınız.

Dışarı çıkarken bazen çocuklardan birini bir aile büyüğüne veya bakıcıya bırakıp birini yanınızda götürürseniz onunla baş başa zaman geçirebilirsiniz. Evde bıraktığınız çocuğunuz ertesi gün de onu götüreceğinizi bilirse ilk başta sorun çıkarsa da sistemi anlayınca hoşuna bile gidecektir. Bunun için anneanneleri, babaanneleri, dedeleri ayarlarsanız süper olur. Hatta çocuğunuzu yaşıtı olan bir arkadaşının evine de bırakabilirsiniz. Onlar beraber oynar siz de diğer çocukla zaman geçirirsiniz. Başka zaman da o arkadaşınız çocuğunu size bırakır. Kendi diğer çocuğuyla zaman geçirir. Böyle sistemler kurmak aslında çok kolay sadece konuşup ayarlamak gerekiyor. Birden fazla çocukla dışarı çıkmak bazen annelerin gözünde büyüyor ve bütün zamanlarını evde geçirmeye başlıyorlar. Çocuklar da evde sıkılıyor, enerjilerini harcayamıyorlar ve hırçınlıklar yapmaya başlıyorlar. Böyle tek tek çıktıklarında hem anneleriyle veya babalarıyla baş başa zaman geçireceklerdir hem de tüm aile gezdikleri zaman gidemedikleri yerlere gideceklerdir. Onları müzelere, saraylara, tiyatrolara veya başka etkinliklere götürün. Tabii ki bütün çocuklarınızı hep beraber gezmeye götürdüğünüz zamanlar daha çok olacaktır ama bazen de böyle tek tek gezdirin. Onlara böyle tek başına yoğun ilgi gösterdiğinizde ve size doyduklarında evde çok sorun çıkarmadıklarını ve kardeşleriyle de daha iyi geçindiklerini fark edeceksiniz.

Doktora da mutlaka ayrı günlerde götürün. İki çocuk aynı anda doktorun odasına girdiğinde tek tek girdiklerinden daha az ilgi görüyorlar ve doktor onlarla daha az zaman geçirmiş oluyor. Size biraz daha fazla iş çıkmış oluyor ama bence sonuç buna değer. Esin'i 4 yaş kontrolü için tek başına çocuk doktorumuza götürdüğümde doktorum ikizleri her zaman ayrı ayrı getirdiğimi fark ettiğini ve bunun gerçekten çok iyi bir fikir olduğunu söyledi. Bu çocuklara tek tek zaman ayırma sistemimi de çok beğendiğini söyledi ve hatta kendisinin de 3,5 ve 2 yaşındaki iki çocuğuna aynı şeyi yapmaya çalışacağını ekledi.

Evde de bazen tek çocuğunuzu ayırın ve ona özel ilgi gösterin. Beraber kitap okuyun, aktivite kitapları yapın veya sadece sohbet edin. Bunu yaparken çok dikkatli olup öbürünü kıskandırmamanız gerekiyor. Belki babası da onunla zaman geçirebilir veya üç çocuğunuz varsa ikisiyle bir aktivite yapabilir siz bir tanesiyle ilgilenirken. "Nasıl zaman bulacağım bunları yapmaya?" dediğinizi duyar gibiyim ama ben buluyorsam siz de bulabilirsiniz. Buna değecek, inanın. Kardeşlik çok güzel ama her çocuk bazen annesinin bölünmemiş ilgisine ve sevgisine ihtiyaç duyuyor.

Eğitimim ve Tecrübelerim

Hassas Anne Sevil şöyle yazmış:

Merhaba, öncelikle başarınızı tebrik ederim. Size sormak istediğim şeylere vereceğiniz cevaplar için şimdiden teşekkürler. Herhangi bir pedagoji eğitiminiz veya herhangi bir tıp eğitiminiz var mı? Yaptığınız tavsiyeler ve açıklamalar resmî kaynaklara dayanılarak mı yapılıyor yoksa sadece sizin kendi deneyim ve tecrübeniz midir? Teşekkürler.

Cevabım:

Çok teşekkürler. Doktor değilim, zaten bunu sitenin başında ve sonunda hatta bazen her yazımın altında yazıyorum. Ama bildiğim ve paylaştığım bilgilere ulaşmak için doktor olmak gerekmiyor. Tabii ki her zaman dediğim gibi öncelikle sizin çocuğunuzu tanıyan doktorunuzu dinleyin. Ben Koç Üniversitesi, uluslararası ilişkiler bölümü mezunuyum ama aynı üniversitede eşim de psikoloji okuduğu için onunla çok sayıda psikoloji dersi aldım. Sonra Amerika'da Florida Üniversitesi'nde tam burslu tezsiz sosyal psikoloji lisansüstü (post-baccalaurate) programını tamamladım. Ayrıca erken çocuk gelişimi konusunda sertifika programına katıldım. (Henüz tamamlamadım çünkü ilk oğlum programa devam ederken erken doğup vefat edince ara verdim.) Amerika'da 3,5 sene oranın çok iyi üniversiteleri olan Florida Üniversitesi ve Duke Üniversitesi araştırma koordinatörü ve psikoloji laboratuvarı müdürü olarak araştırmaları yönlendirdim. Amerikan Sağlık Bakanlığı projelerinde çalıştım. Yani araştırma konusunda deneyimliyim. İki tane iyi hakemli bilimsel dergilerde yayınlanmış sosyal psikoloji konusunda makalem var. Araştırma yapmayı biliyorum ve seviyorum. Bilgiye nasıl ulaşacağımı ve hangi araştırmanın bilimsel bir araştırma olduğunu hangisinin sansasyon için yapıldığını ama bilimsel hiçbir değeri olmadığını anlayabiliyorum. 6,5 sene Amerika'da yaşadığım ve çalıştığım için de İngilizceyi anadilim gibi konuşup okuyabiliyorum. Bu sayede dünya çapında çocuk gelişimi alanında yürütülen araştırmaları ve dünyada bütün annelerin önem verip konuştuğu konuları takip edebiliyorum. Yapılan en son araştırmalardan anında haberim oluyor. Bir de tabii biraz hassas bir anneyim her şeye dikkat ediyorum. Üç çocuğumu yetiştirirken de inanılmaz deneyimler edindim. Yaşanabilecek birçok şeyi yaşadım; ilk bebeğimi erken doğurdum kaybettim, hem kız hem oğlan çocuğum var. Prematüre bebeklerimi büyüttüm, kızlarım tüp bebek onu da yaşadım, tek çocuk da büyüttüm, ikiz çocuk da büyütüyorum. En değerlisi bence 3 çocuğumu büyütürken öğrendiklerim. Bu sayede tecrübelerimle çocuk gelişiminde yürütülen araştırmaların sonuçlarını harmanlayıp size yardımcı olabilecek yazıları yazabiliyorum. Eşim psikolog olduğu için onun da fikirlerinden yararlanıyorum. Umarım kitabım ve yazılarım işinize yarar. En önemlisi de bu. Sizlerin çocuk büyütürken hayatınızı biraz olsun kolaylaştırmak ve çocuklarınıza faydalı olabilmek benim için büyük bir mutluluk.

Sağlıklı Bir Büyüme için Çocuklarınız Gece 11'den Önce ve Karanlıkta Uyumalı

Gece çocuklarımızı kaçta yatırmalıyız?

Hassas Anneler bu konuya çok önem veriyorlar. Her evin düzeni farklı, her çocuğun uyku düzeni de farklı ama bilmemiz gereken sağlıkları için nelerin önemli olduğu. Çocuklarımızın sağlıklı büyümeleri için gerekli olan büyüme hormonu saat 23.00-05.00 arasında salgılanıyor ve çocuklarımızın güzel büyümesi ve sağlıklı olmaları için bu saatlerde uyuyor olmaları lazım. Ayrıca büyüme hormonunu artırıcı özelliği olan melatonin hormonunun salgılanması da çok önemli. Sağlıklı bir melatonin salgılanması için tamamen karanlık bir odada uyumamız gerekiyor. Melatonin hücreleri yeniliyor, vücudun biyolojik ritmini ayarlıyor, bağışıklık sistemini geliştiriyor ve yaşlanmayı geciktiriyor. Bu çocuklarımız için olduğu kadar bizim için de çok önemli. Bizim sağlığımız iyi olacak ki çocuklarımızın her zaman yanında olalım.

Pediatrik Endokrinoloji Merkezi Başkanı Doç. Dr. Ergun Çetinkaya şöyle diyor:

"Işığı sevmeyen, ışıkla karşılaştığında engellenen melatonin için yatak odalarımızdan, özellikle çocuklarımızın uyuduğu odalardan gece lambalarını kaldırmamız gerekiyor. Melatonin sağlıklı yaşam için çok önemlidir. Bu hormonun üretimi ve salınımı karanlık ile başlar, aydınlık ile sona erer. 23.00- 05.00

saatleri arasında salgılanan melatonin 02.00-04.00 arasında en yüksek değerlerine ulaşır. Aydınlık döneminin uzaması veya aniden ışığa çıkılması melatonin üretimini durdurur. Melatonin hormonu yeterince salgılanmadığında uykusuzluk, yorgunluk hissi, iştahsızlık, hazımsızlık, zihinsel ve fiziksel performans kaybı, reaksiyon zamanında uzama, hafızada azalma gibi sorunlar ortaya çıkıyor. Düzenli ve yeterli uyumalıyız. Mümkünse gece çalışmalarını gündüze kaydırmalıyız. Stres, üzüntü ve öfkeden uzak durmalıyız. Alkol, sigara, kahve ve çayı fazla tüketmemeli; uykudan önce egzersiz yapmamalıyız. Melatonin için vişne, lahana, badem, fındık, yer fıstığı, kızılcık, papatya çayı, anason ve rezene çayı, soya fasulyesi, ton balığı yememiz gerekir ve bu gıdaların akşam saatlerinde alınması daha faydalıdır."

Gece ışık açık uyumanın kansere bile yol açtığını gösteriyor araştırmalar.

İşte bu nedenle çocuklarınızı doğdukları günden itibaren karanlıkta uyumaya alıştırın. Işığı açma gibi bir seçeneğin olmadığını bilirlerse karanlıktan da korkmazlar. Kendi korkularınızı veya "Çocuk ışık ister şimdi." gibi inançlarınızı çocuklarınıza aşılamayın. Üç çocuğum da doğdukları günden beri karanlıkta uyurlar. Bir gece bile gece ışığıyla veya ışık açık uyumadılar. Böyle bir seçenekten haberleri bile yok. Çocuklarınızın sağlıklı büyümesi ve kanserden korunması için onları gece 11'den önce yatırmalısınız ve kesinlikle karanlıkta uyumalılar.[4]

4 Kaynak: http://lokman-hekim.net/haberler/uyku.asp

Kanserden Nasıl Korunabiliriz?

Prof. Erkan Topuz'un çıktığı televizyon programlarından aldığım notlar:

- Kimyasal koruyuculu hazır yiyecekler yerine doğal besinlerle beslenin. Sucuk, salam gibi katkı maddeli gıdaların tüketimini oldukça azaltın.

- Az işlenmiş ve doğal ürünleri satın alın.

- Organik ürünleri tercih edin.

- Yiyecekleriniz margarin içermesin.

- Kızartma yağını saklamayın, 1 kere kullandıktan sonra atın. Haftada 1 defadan fazla kızartma tüketmeyin.

- Sebzeleri buharda pişirin. Sebzeleri yağda kızartmayın ve yüksek ısıda uzun sure kaynatmayın. Sebze ve meyveleri kaynar suya atın ve az su kullanın. Pişirme suyunu dökmeyin.

-Eti yarım saatten fazla ızgara yapmayın. Eti yarım saatten fazla ızgara yaparsanız ya da 5 dakikadan fazla yağda kızartırsanız kanserojen maddeler oluşabilir.

- Makarnayı suyunu çektirerek pişirin.

- Yumurtayı yıkamayın, buzdolabında kuru şekilde muhafaza edin. Yumurtayı 10 dakikadan uzun süre pişirmeyin.

- Çiğ sütten yapılmış peynir ve çiğ yumurta tüketmeyin.

- Tahılları ve kuru baklagilleri kuru yerlerde saklayın, küfler kansere neden olabilecek toksik maddeler üretir.

- Makarna ve erişteyi suyunu çektirerek pişirin. Pirinç, un, şehriye gibi tahılları yağda kavurmayın.

- Günlük tuz tüketiminiz 5-6 gramı geçmesin. Turşu ve salamura gibi fazla tuzlu yiyecekleri az tüketin.

- Meyve ve sebzeleri mevsiminde satın alın. Turfanda sebze ve meyveleri çok fazla tercih etmeyin.

- Çok sıcak, koyu kahve ve çaydan uzak durun.

- Filizlenmiş patates ve soğandan uzak durun. Bütün gıdaları az alıp çabuk tüketin. Çünkü bayatlayan meyve ve sebzelerin içinde kansere yol açan toksik maddeler oluşabilir.
- Mutfağınızdaki halıyı zeytinyağlı sabun ve sirkeyle silin. Yemek yediğiniz masayı deterjanla temizlemeyin. Mutfağınızı havalandırın.

- Vitamin kaybını önlemek için sebzeleri suda bekletmeden önce yıkayıp sirkeli suda beklettikten sonra kurulayıp doğrayın. Taze meyveleri kestikten sonra bekletmeden tüketin.

- Kuru fasulye, nohut, mercimek gibi besinleri bir gece önceden suda ıslatın. Islatma suyunu dökün ancak vitamin kaybı olmasın diye haşlama suyunu dökmeyin.

- Ispanak, semizotu gibi sebzelerin önce kök kısmını pişirin daha sonra yapraklarını ekleyin.

- Yemeklere koyduğunuz yağı yakmayın.

- Sebzelerle yemek hazırlarken domates ve salçayı pişmeye yakın ekleyin. Çünkü asit içeren salça ve domates yemeğin pişme süresini uzatır.

- A ve C vitaminleri ve renk kaybını önlemek için salataya sirke, limon soslarını servisten hemen önce ekleyin.

- C vitamini değerinin kaybolmaması için sıkılmış meyve sularını hemen tüketin.

- Çiğ et, tavuk veya balık sularının diğer besinlerle temas etmesini önleyin. Etlerde kullandığınız kesme tahtası, bıçak gibi gereçleri ayrı tutun.

- Deniz ürünlerini güvenilir yerlerden alın. Uygun şekilde dondurulmuş, iyi soğutulmuş ve temiz kasalara konulmuş olmasına dikkat edin.

- Yumurtayı yıkamayın, buzdolabında kuru şekilde muhafaza edin. Yumurtayı 10 dakikadan uzun sure pişirmeyin.

- Derin dondurucudan çıkartıp çözdürdüğünüz yiyecekleri bir daha dondurmayın.

- Çok sıcak, koyu kahve ve çaydan uzak durun.

- Çizilmiş ve eskimiş teflon tavaları çöpe atin. Buradaki zararlı metalik madde özellikle salça, domates gibi asidik besinlere geçerek vücutta birikebilir. Uzun vadede bu madde kansere yol açabilir. Alüminyum, plastik kaplar yerine cam ve çelik olanları tercih edin. Kalaylanmamış bakır kullanmayın.

- Yemeklerinizi mikrodalga fırında 1 defadan fazla ısıtmayın.

- Tarım ilaçlarının kalıntıları pişirilerek yok edilmez. Bu nedenle 3 litre suya 9 çorba kaşığı sirke koyun. Meyve ve sebzelerinizi bu suda bekletin. Lahana, kıvırcık salata gibi yapraklı sebzelerin dışındaki 2-3 yaprağı çöpe atın.

- Tütsülenmiş gıdaları mutfağınızdan çıkarın.

- Salça, turşu, yoğurt gibi besinleri boyalı plastiklerde, deterjan kaplarında saklamayın.

- Cips, bisküvi, çikolata veya şeker yerine domates, salatalık, kuru erik, badem, elma veya ceviz, yoğurt yemeye ve yedirmeye çalışın.

Atın Evinizdeki Sağlığa Zararlı Plastik Süzgeçleri, Çocuklarınıza Plastik Yedirmeyin! Çelik Süzgeç Kullanın!

Lütfen artık plastik süzgeç kullanmayın, özellikle de sıcak gıdalarla. Sıcak sıcak makarnayı döküp süzdüğünüzde o makarnaya plastiğin karışma ihtimali var ve bu alınabilecek bir risk değil. Gayet uygun fiyata paslanmaz çelik süzgeçler artık her yerde satılıyor. Ama siz elinizde olan plastik süzgeçleri atmadığınız zaman mutlaka ihtiyaç olup kullanırsınız. En iyisi evinizdeki plastik süzgeçleri atıp hemen çelik süzgeç almanız.

İlk 3 Ay Bebeğiniz Her Ağladığında Onu Kucağınıza Alıp İlgilenmeli ve Emzirmelisiniz

Bu gelişimi için çok önemli. İlk 3 ay evin hâkimi kesinlikle bebeğiniz. Eğitim filan yok sadece her ağladığında ilgilenmek, sarılmak ve emzirmek var! Bebeğiniz çok ağlıyorsa belki kolik olmuş olabilir ama idare edin. Gazı olabilir, masaj yapın karnına. Kucağınızda dolaştırın. Bol bol cildinize temas etsin. Tişörtünüzün içine sokun onu göğsünüze yatırın. Bebeğiniz de çıplak olsun. Üşür derseniz örtü ile sarın dışarıdan. İkinizin çıplak teninin teması onu rahatlatır. Kendini güvende hissetmesi çok önemli. Ağlatmayın.

Mutlaka Bebekleriniz ve Çocuklarınız için Oto Koltuğu Kullanın!

Çocuklarınızı lütfen arabada arka koltukta ve araba koltuğunda oturtun! Onlar bizim canımız. Hayatlarını tehlikeye atmayın. Doğdukları günden itibaren buna alışırlarsa ve hiçbir zaman araba koltuğuna oturmadan seyahat etmezlerse kesinlikle zorluk çekmezsiniz. Kaza sırasında bir çocuğu kucağınızda tutmanıza imkân yok. Çocuklar kesinlikle ön koltukta oturmamalı. Hava yastığınız küçük bir çocuk ön koltuktayken açılırsa Allah korusun çocuğun kafası bile kopabilir o etkiyle. Amerika'da böyle kazalar oldu. Hatta Amerika'da yeni doğan bebeğinizi hastaneden bile bırakmıyorlar bebek oto koltuğunuz yoksa. Bebeğinizi ancak bebek oto koltuğuna başlayarak alabiliyorsunuz hastaneden çıkarken. Arabada çocuğun yeri arka koltuk ve çocuk koltuğu. Başka türlüsünü bilmezlerse tutturmazlar. Emzirmek veya sakinleştirmek için bebeğinizi veya çocuğunuzu kucağınıza almayın, anında alışırlar ve ondan sonra işiniz zor. Siz de her zaman kemerinizi bağlayın ve iyi örnek olun.

Lütfen araba kullanırken video veya fotoğraf çekmeyin, yayın yapmayın. Araba sürerken cep telefonunuzda mesaj yazmayın. Bunu pek çok kişi yapıyor ve bu inanılmaz tehlikeli. Böyle ölen insanlar var. Lütfen kurallara uyun ve dikkatinizi dağıtacak şeylerden kaçının.

Çocuklarınız buna değer.

Bebeğiniz Aşı Olurken veya Kan Aldırırken Onu Nasıl Rahatlatabilirsiniz?

Öncelikle siz sakin olmalısınız. Siz telaş yaparsanız bebeğiniz de bunu hisseder ve ağlamaya başlar. Siz rahat olun. Bir de benim bir taktiğim var, aşı yapılırken yapardım, çok işe yarardı. Çocuk doktorum inanamamıştı nasıl işe yaradığına ve o günden sonra her anneye tavsiye ettiğini söylemişti. Aşı yapılırken bebeğimin kulağına yaklaştırırdım ağzımı ve böyle rüzgâr sesi yapar gibi kalın ve hep aynı tonda bir ses yapardım kulağına. Bu anne karnındaki sese benzediği için onu rahatlatırdı. İyice yaklaştırırdım ağzımı onun kulağına. Saç kurutma makinesi sesi gibi bir ses çıkarırdım. Hatta kolik ve ilk aylarda çok ağlayan bebeklerde yanında saç kurutma makinesi ve elektrik süpürgesi açmak onu rahatlatır. Bu aynı tondaki yüksek ses anne karnındaki seslere benzer ve kendini güvende hissetmesini sağlar.

Bu yöntem özellikle 0-1 yaş arası bebeklerde çok işe yarar, tavsiye ederim. Aşı biter bitmez de emzirin veya biberon alıyorsa biberonu hazır olsun. Dediğim gibi annenin telaşsız ve sakin olması bebeğe de yansır. Büyük çocuklarda da anlatın ne olacağını. Çok az acıyacağını ama bunun, onu hastalıklardan koruyacağını söyleyin. Çocuğunuz korkarsa ve ağlamaya başlarsa onun duygularını önemsediğinizi gösterin. "Saçmalama, ağlama, korkacak ne var?" gibi şeyler demeyin. "Evet, anlıyorum, şu anda biraz korkuyorsun ve bu çok normal ama inan bana fazla acımayacak ve hemen geçecek." gibi şeyler söyleyin. Hatta eline tıbbi bir alet (mesela stetoskop gibi) verip onunla oyalanmasını sağlayabilirsiniz. Yanınızda bir de yapıştırma veya küçük bir hediye de götürün. Tam aşıdan önce verin. Zaten o, ona bakarken olay olur ve biter. Bebeğinizi emziriyorsanız, aşıdan veya kan alımından hemen sonra emzirin ki rahatlasın. Biberonla mama veya yaşına uygunsa meyve suyu da verebilirsiniz. Büyük çocuklar için de yanınızda bir meyve veya yapıştırma götürüp işlem bitince ona verebilirsiniz. Ama dediğim gibi en önemlisi sizin rahat olmanız ve ona güven vermeniz. Onu kendi telaşınızla telaşlandırmayın. Sakinliğiniz ve gülümsemenizle ona yardımcı olun.

Her Şeyin Bir Zamanı Var

Çocukların değişik geçiş dönemleri için de "Her şeyin bir zamanı var." cümlesi geçerlidir. Bu zamanları kaçırdığınız zaman süreci çok daha zorlu geçiriyorsunuz. Burada şu uyarıyı yapmam lazım. Her bebek ve çocuk farklıdır. Bunun yanında yapılması gerekenler genellikle değişmez ama bu yaptıklarınız sonucunda her çocuk farklı tepki verir.

Bana, "Çocuğum şunu yapamıyor, bir türlü alıştıramadım ve bu süreçte çok zorlanıyoruz." şeklinde mesajlar çok geliyor ve bakıyorum ki zamanında yapılması gereken geçiş dönemlerini kaçırmışlar.

Örnek olarak ek gıdaya geçişi verebilirim. 16 aylık bir çocuğu ek gıdaya alıştırmaya çalışırsanız inanılmaz zorlanırsınız çünkü ek gıdaya geçiş zamanı 6 ay civarıdır. Bebek sadece anne sütü alıyorsa ve gelişimini doktoru beğeniyorsa 6 aydan önce anne sütü dışında bir şey verilmemelidir. Bebek, anne sütünden çok mama alıyorsa veya anne sütü alırken gelişimi iyi değilse 4,5 aylıktan itibaren ek gıdaya başlatıyor doktorlar. Diyelim ki bebeğiniz 6 aylık oldu ve sadece anne sütü alıyor, mutlaka az az ek gıdaları vermeye başlamanız çok önemli. Unutmayın ilk 12 ay bebeğinizin ana gıdası anne sütü ve/veya mama olmalıdır. 6 aylıktan 12 aylığa kadar ek gıdalar, tanıştırmak amaçlı ve az az verilir. Siz aman anne sütü alıyor diye 6 aylıkken ek gıdalara başlamazsanız, bu ilerde ek gıdalara çok zor geçeceksiniz demektir. Bebeğiniz sıvı dışındaki gıdaları da yemeyi öğrenmelidir. Dokuz aylıkken de artık yiyecekleri ezmeyi ve karıştırıcı kullanmayı bırakmanız gerekiyor. Böylelikle bebeğiniz pütürlü gıdaları yemeye alışır. Yine bu zamanı geçirip daha uzun süre karıştırıcı kullananlar daha sonra pütürlü gıda yedirmekte çok çok zorlanıyorlar. 3-4 yaşına kadar püre yiyen koca çocuklar var böyle.

Emzik ve biberon bıraktırmak da aynı şekilde. İki yaşından sonra emzik ve biberon kullanmak çocukların diş ve damak yapısını bozabiliyor. Bundan da kötüsü iyice bağımlı hâle geliyorlar ve daha sonra bırakmaları çok zor oluyor. Sonra 4 yaşına gelip ağzında emzikle dolaşan veya biberon kullanan çocuklar görüyoruz. Anne sütü konusuna ben çok önem veriyorum, biliyorsunuz. Bebeklerin ilk 6 ay sadece anne sütü alması ve 2 yaşına kadar anne sütü almaya devam etmeleri onların sağlıkları için çok faydalı. İki yaşından sonra emzirmeye devam etmek tabii ki size kalmış bir şey ama bunu ileri yaşlara kadar sürdürürseniz çocuğunuzun memeye bağımlı hâle gelmesi olası. Zaten 2 yaşından sonra memenin beslenmeden çok alışkanlık olduğunu belirtiyor uzmanlar.

Tuvalet alışkanlığı kazandırırken çocuğunuzun size verdiği sinyalleri iyi almanız lazım. Çocuğunuz size çişini, kakasını söylediği zaman artık hazır demektir. Bu da genellikle dil gelişimi normal olan çocuklarda 2 yaş civarı oluyor. Bu zamanı "Daha erken." diyerek veya anlamayarak kaçıran anneler daha sonra "Haydi artık, bezi bırakmanın zamanı geldi." dediklerinde zaman geçmiş oluyor ve çok zor bir geçiş dönemi onları bekliyor.

Okul öncesi eğitim de aynı şekilde. Pedagoglar, çocukların 3-4 yaşında okul öncesi eğitime başlamalarını tavsiye ediyorlar. Eğer çocuklar okul öncesi eğitim görmeden 6 yaşında okula başlarlarsa uyum sağlamakta çok zorluk çekiyorlar.

Sonuç olarak, her şeyin bir zamanı vardır ve bu zamanı kaçırmamak gerekir. O anda bu geçişler size zor gelse de, inanın bana ertelerseniz ilerde her şey daha da zor olacaktır. Her şeyi zamanında yapmak en güzeli...

EĞİTİM

Çocuklarımıza Anaokulu Seçerken Nelere Dikkat Etmeli ve Hangi Soruları Sormalıyız?

30 yıllık eğitimci, pedagog ve Anaokulu kurucusu Ayşe Özenç çocuklarımıza anaokulu seçerken nelere dikkat etmemiz gerektiğini anlatıyor.

Çocuklarımız artık çok daha erken bir zamanda sosyal yaşantılara ihtiyaç duymaktadır. Bu ihtiyacın en doğru şekilde karşılanabileceği yer anaokullarıdır. Açık alanlarda çocukların bir araya gelmeleri, onlara rehberlik edecek doğru kişilerin olmaması ve çok farklı yaşlardaki çocukların bir araya gelmesi ile birtakım zorluklar ortaya çıkmaktadır. Peki, en kıymetli varlıklarımızı teslim edeceğimiz okulda neler aramalıyız? Görüşmeye gittiğimiz kurumlarda nelere dikkat ederek nasıl sorular sormalıyız? Eğer bulabiliyorsak tanımak istediğimiz kuruma daha önce çocuğunu göndermiş ve referans veren ailelerin görüşleri çok önemlidir. Fakat burada şu faktörleri göz ardı etmememiz gerekir: Her çocuğun ihtiyacı ve her ailenin beklentisi farklıdır. Görüşleri dikkate almalı fakat mutlaka yüz yüze görüşmeye gidilmelidir. Telefonla edinilen kısa bir bilgiden sonra eğer olabileceğine inanıyorsanız okul ziyareti önemlidir.

Anaokuluna gittiğinizde karşılanma biçimi önemlidir. İletişim kurma sıcaklığı, açıklığı değerlendirilebilir. Anaokulları genelde hareketin ve enerjinin yüksek olarak yaşandığı yerlerdir. Canlılık ve hareket yaşanılan bir yer olduğunu gösterir.

Okul yöneticisi ile yapılan sohbette size okulu biraz tanıtmasını isteyebilirsiniz. Sohbet sırasında aklınızdaki soruların hepsi cevaplanmadıysa, siz sorularınızı yöneltebilirsiniz. Anaokullarının işleyiş biçimi aynıdır. Sabah kahvaltısı, öğle yemeği, ikindi kahvaltısı, branş dersleri. Değişebilecek noktalar başlangıç ve bitiş saatleri, eğitime bakış açıları ve ücretleri olacaktır.

Bu sohbetin önemli noktası, okulun nereye bağlı olduğudur. Anaokullarının hepsinin, eğitim yeri olmasından dolayı Millî Eğitim Bakanlığı'na bağlı olma zorunluluğuna rağmen belediyelerden işyeri ruhsatı alarak çalışan kurumlar da mevcuttur. Sadece Milli Eğitim Bakanlığı'na bağlı olan kurumlar müfettişler tarafından denetlenmektedir. Çalışanların atamalarının olup olmadığı da önemlidir. Milli Eğitim Bakanlığı, sadece bu alanda eğitim görmüş öğretmenlerin atamalarını yapmaktadır.

Şu önemli soruların da cevaplarını almalısınız:

- Eğitim kadrosunun başındaki yöneticinin eğitimi ve deneyimi nedir?
- Kadro kaç senedir bir arada çalışmaktadır? Ekip olarak çalışmak önemlidir.
- Çocuğunuzun devam edeceği sınıf hangi dersleri görmektedir?
- Çocuğunuzun sınıfı hangi kitapları kullanacaktır?
- Eğer yemekler okulda pişiyor ise mutfakta çalışan hanımın 6 ayda bir sağlık raporu yenilenmekte midir?
- Acil durumlar için hazırlıkları nelerdir? Çocuk tesliminde nelere dikkat edilmektedir?
- Aile ile iletişim nasıl kurulmaktadır?
- Çocuğunuzun gün içindeki yaşamından haberdar olabiliyor musunuz?
- Ailelerle yapılan toplantılar ve içerikleri nasıldır?

- Aileler okul içindeki çalışmalara dâhil edilmekte midir?
- Eğitime bakış açıları nasıldır?

Anaokulları; çocukların bilgilerle doldurulduğu değil, bilgileri öğrenebilmek için gerekli becerilerin kazandırıldığı yerlerdir. Becerileri kazandırmak yerine bilgileri yüklemeye çalışmak, çocuğu yormak ve doya doya oynamasını engellemek yanlıştır. Çok fazla branş dersleri ve yoğun program çocuklara ağır gelir ve sıkar.

Çocukların evdeki bireysel yaşamdan sosyal yaşama geçişte hazırlanmaları gerekir. Anaokullarının amacı, gelişimleri çok hızlı bir şekilde devam eden çocukların yaşantılarını zenginleştirmektir. Çok uzun süre içerisinde bulunacakları okul kavramını olumlu ve mutlu olabilecekleri bir yer olarak hayatlarına katmak, kendi kimlik bilgilerini oluştururlarken olumlu kodlamalar yapmalarına yardımcı olmaktır.

Okulun içerisinde gezerken temizliğe ve sınıfların düzenine dikkat etmelisiniz. Sınıfların düzeninde bakmamız gereken şey ise kullanıldığını anlayabileceğiniz kadar derli toplu fakat çok düzenli olmamalıdır. O mekân çocukların kendi sorumluluklarını aldığı, işlerini yaptığı yerlerdir. Var olan panolardaki yapılmış çalışmalara bakabilirsiniz, aynı elden çıkmış gibi yapılan çalışmalar yerine çocukların kendilerini ortaya koyabilecekleri fırsatlar verilmiş mi? Çocukların soruları ya da ihtiyaçları nasıl karşılanmaktadır, bunları gözlemleyebilirsiniz.

Sınıflarda yaş gruplarına göre öğrenci sayıları değişmektedir. Küçük yaş grubundaki sayı mekânın büyüklüğüne orantılı, henüz ihtiyaçlarını kendileri karşılayamadıkları için daha azdır. Sınıflar oluşturulurken aynı yıl doğumluların bir arada olmasına ve karışık gruplar olmamasına dikkat edilmelidir. Okul öncesi dönemde gelişim çok hızlı olması nedeni ile ilgi süreleri, becerileri ve ihtiyaçları çok çabuk değişmektedir. Sınıf mevcutlarının çok az olması sosyal yaşantıların zenginleşmesini engeller, fazla olması da öğretmenin çocukların ihtiyaçlarına cevap verememesine neden olur. Milli Eğitimin sınıf mevcuduna verdiği sayı 20'dir.

Ancak sınıf sayıları bir öğretmene;

3 yaş grubunda 10-12,

4-5 yaş grubunda 15,

Hazırlık sınıfında 18 olabilir.

Sınıfların iki öğretmenli olması yerine, sınıf öğretmeninin ihtiyaç duyduğunda yanında olabilecek yardımcı öğretmenlerin olması çocukların bir lider öğretmene yönlenmelerini sağlayacaktır. Evdeki gibi çocuklar kimden neyi isteyeceklerini çok çabuk fark ederler ve öğretmenler ile ilişkilerini ona göre oluştururlar.

Çocuğunuz ve sizin için en uygun anaokulunu; görünüşe ve gösterişli broşürlere göre değil, eğitim kalitesine göre seçmeniz çok önemlidir.

-Pedagog Ayşe Özenç

Kreşe Başlarken Dikkat Edilecekler

Okul öncesi eğitim çok önemlidir. Uzmanlar, tüm çocukların 3-3,5 yaşından itibaren kreşe gitmesini öneriyorlar. Hatta evde çocuğa sadece bakıcı bakıyorsa bile bence 2,5 yaşından itibaren yaşıtlarıyla olması daha faydalı. Ben o zamanlar çocuklara kendim bakabilmek için iş hayatıma 6 sene ara verdiğimden çocuklarım 3-3,5 yaşında kreşe başladılar. O yaşa kadar da yaşıtlarıyla evde haftada 2 gün oyun grubu yapmıştık. Ama 3,5 yaşından sonra bence okul öncesi öğretmeni de olsanız uzman da olsanız hatta Hassas Anne de olsanız evde çocuğa yetmek mümkün değil çünkü artık çocukların yaşıtlarıyla bir arada olmaları gerekiyor. Lütfen okul öncesi eğitime önem verin.

Kreşe başlamadan önce çocuğunuzu bu fikre alıştırmak için beraber gideceği okulu ziyaret edin. Okul çantasını ve eşyalarını kendi seçsin, özensin. O yakında oynarken onun duyabileceği şekilde bir başkasına onun okula başlamasının ne kadar güzel bir şey olduğundan bahsedin. En önemlisi, siz çocuğunuzun okula başlamasıyla ilgili kendi içinizdeki endişeleri ve tedirginlikleri yok edin. Çocuğunuz okula başladığı için çok mutlu olun ve bunun sizin ve çocuğunuz için çok güzel bir şey olduğuna inanın. Çünkü siz böyle hissetmezseniz çocuğunuz içinizdeki endişeleri hisseder ve o da endişe duymaya başlar. Çocuklar sizin hissettiklerinizi hissederler. Siz o okula başladığı için heyecan duyun, bakın o da mutlu olacak ve heyecanlanacak. Ben bir gün bile okul kapısında endişeyle beklemedim ve üç çocuğum da koşa koşa okula gittiler ve hayatlarındaki bu gelişme için çok heyecanlanıp mutlu oldular. Çocuğunuzun nasıl hissetmesini istiyorsanız önce siz öyle hissedin. Ben çocuklar okula başladığında inanılmaz mutlu olmuştum ve heyecanlanmıştım. Hâlâ o gün hissettiklerimi net olarak hatırlıyorum.

Çocuklarımız Her Zaman Bizi Örnek Alıyorlar

Çocuklarımız hep bizi örnek alıyorlar. Onlara ne söylerseniz, iyi veya kötü, bunu bir gün gelecek, onlardan kesinlikle duyacaksınız. Bir bakacaksınız, onun konuşmalarında ve tavırlarında kendinizi göreceksiniz.

Çocuklarımıza verebileceğimiz en iyi eğitim onlarla her zaman doğru konuşmak ve onlara güzel örnek olmak.

Her zaman sorularına ayrıntılı cevap verin ve hiçbir zaman geçiştirmeyin ne kadar saçma olsalar da. Onları geçiştirmeye başlarsanız onlar da size soru sormamaya ve sizin fikrinizi önemsememeye başlarlar. Emin olun, siz onlara doğru yolu göstermezseniz onlara kötü yolu gösterecek birileri çıkacaktır. Sizin cevabını bilmediğiniz soruları sorarlarsa bu konuları beraber araştırın, bu sizi yakınlaştıracaktır ve çocuğunuza araştırma yapmanın zevkini öğretecektir.

Çocuğunuz okula gidiyorsa, ona ödevlerinden zevk almayı öğretin. Bunu ancak ödevlerine önem vererek ve onları geçiştirmeyerek öğrenir. Diyelim ki ödevi, kâğıttaki müzik aletlerinin altına onların ismini yazmak. Sadece bu aletlerin ismini yazmakla kalmayın, internetten o müzik aletlerinin seslerini bulun ve tek tek çocuğunuza dinletin. Belki ödevleriniz daha uzun sürer ama inan daha zevkli ve öğretici olurlar ve çocuğunuzla kaliteli zaman geçirmiş olursunuz.

Çocuklarınıza ayıracağınız zaman onların geleceğine en büyük yatırımınızdır.

Çocuklarınızı Sanatla Büyütün

Çocuklarınızı küçük yaşlardan itibaren müzelere götürürseniz onlara sanat dolu bir yaşamın kapılarını açmış olursunuz. Şehrinizdeki müzeleri ve sanat merkezlerini araştırın. İnternette ufak bir araştırma ile şehrinizdeki tüm sanatsal etkinlikleri öğrenebilirsiniz. Buralarda çocuklar için harika etkinlikler oluyor. Bunları kaçırmayın. Çocuklarınız bu etkinlikler ile hem eğlenecek hem de gelişecekler. Genellikle haftanın bir günü müzelere giriş bedava oluyor. Bu günleri öğrenip o günlerde de gidebilirsiniz.

Ben de çocukları bebekliklerinden beri müzelere ve sanatsal etkinliklere götürüyorum. Özellikle oralarda nasıl davranacaklarını öğrenmeleri açısından bu çok önemli. Alper 6 yaşındayken İstanbul Modern Müzesi'ne gittik. Alper yaklaşık 9 aydır haftada 2 saat resim kursuna gidiyordu ve bu müze ziyaretimizde bunun etkilerini fark ettim. Sanırım kursta gördükleri ve duydukları ona değişik bir farkındalık kattı. Resimlere daha uzun süre baktı, tüm açıklamaları okudu ve "Anne, şu ayrıntılara baksana, ne kadar güzel." gibi ilginç yorumlar yaptı. Onu her hafta kursa taşıyıp, orada 2 saat kursun bitmesini beklerken çok uğraştım ama insan çabalarının karşılığını görünce çok mutlu oluyor.

Katıldığınız sanat etkinliğinin öncesinde ya da sonrasında çocuğunuzla müzeyi gezerken yapıt etiketlerinden ve duvarlarda yer alan bilgilerden yararlanabilirsiniz. Yapıtlara bakarken yüzeylerini, renklerini, yapıldığı malzemeleri tanımlaması için çocuğunuza sorular sorabilirsiniz.

Çocuğunuza, onu en çok etkileyen yapıtı sorup onun hayal gücünü kullanarak çalışmaları yorumlamasını sağlayabilirsiniz ve bu yorumları öğrenebilirsiniz.

Müze gezinizin ardından çocuğunuzla katıldığınız etkinliği değerlendirebilirsiniz.

Sizin Favoriniz Var mı? Çok Çocuklu Annelere Zor Bir Soru

Geçen gün bir arkadaşıma benim çocukların fotoğraflarını gösteriyordum,

Şu soruyu sordu bana: "Doğruyu söyle, favorin var mı? Hangisini daha çok seviyorsun?"

Şu cevabı verdim: "Hayır favorim yok, hepsini aynı şekilde seviyorum ne eksik ne fazla."

Çok çocuklu ailelerde dengeyi kurmak zorlayıcı oluyor. Her çocuğun istekleri, ihtiyaçları ve mesaisi farklı oluyor. Annelerin de aklında hep adil olma düşüncesi var. Zamanı, sevgiyi, öpücükleri, sarılmaları ve "seni seviyorum"ları adil dağıtmak mümkün mü? Ya da gerekli mi?

İkinci çocuğu düşünenlerin aklına şu soru düşer: "Acaba ikinci çocuğumu ilki kadar çok sevebilecek miyim?"

İnanın, seviyorsunuz. "Aman Allah'ım, daha çok sevemem." derken sanki insanın kalbi büyüyor ve seviyorsunuz. Sonra da başlıyor bir eşit davranma sevdası. Ben annelerin gücüne çok inanıyorum ve istisnalar dışında çoğu annenin bu dengeyi çok güzel kurduğuna inanıyorum.

Ben çocuklarıma çok fazla sevgi gösteriyorum, çok sarılırım, öperim, sıkarım, devamlı sevdiğimi söylerim. Alper'den sonra kızlar da ailemize katılınca aynen devam ettim. Aman Alper kıskanır, onun yanında kızları sevmeyeceğim gibi bir düşüncem olmadı. Zaten Alper 1,5 yaşındaydı ve benim çocuklarımı sevmemin normal olduğunu bilerek ve görerek büyüdü. Kıskançlıkla ilgili pek bir sorunumuz olmadı. Oyuncak paylaşımı ile ilgili daha çok oldu tabii...

Çocuklarınızı Hırpalamayın!

Bana gelen mesajlarda beni en çok üzen konu annelerin hâlâ çocuklarını hırpalamaları oluyor. Şöyle diyor anneler çekinerek:

"Çok zor durumdayım. Her şeye yetişemiyorum, sabrım taşıyor. İstemesem de çocuğumu hırpalıyorum."

Sanırım bu çoğunlukla kapalı kapılar arkasında yapılan bir hata ve bana yazmalarının, itiraf etmelerinin nedeni de benden iyi bir azar işitmek çünkü onlar da buna bir son vermek istiyorlar ama içine girdikleri kısır döngüden kurtulamıyorlar.

Şiddet önce ailede başlıyor. Şiddeti annesinden babasından gören çocuk, yaralanmasının dışında çok daha korkunç bir yara alıyor; şiddeti normal olarak görmeye başlıyor. "Annem babam bunu yapıyorsa bu yapılabilir ve kabul edilebilir bir şeydir." diye düşünmeye başlıyor. Çocuğun yüzündeki, kolundaki bacaklarındaki yaralar geçiyor ama şiddetin normalleşmesinin etkileri geçmiyor. Hatta onun çocuklarına kadar etkisi devam ediyor. Yapılan araştırmalara göre çocuğunu dövenlerin büyük bir kısmı kendisi de küçükken anne babasından dayak yemiş. Şiddeti lütfen sadece tokat, bir yerini kırmak, gözünü morartmak olarak görmeyelim. Çocuğu korkutmak, üstüne yürümek, sarsmak ve hırpalamak da şiddettir.

Şiddet uygulayanlara ilk söylediğim şu:

Çocuğunuz sizi örnek alır. Onu hırpalayarak onu disiplin etmiyorsunuz; ona vurmayı, şiddeti ve kaba kuvveti öğretiyorsunuz. O, yakın gelecekte arkadaşlarına vurduğunda ve uzak gelecekte sizin torunlarınızı dövdüğünde bunun sorumlusu siz olacaksınız.

Çocuklarınızı hırpalamaya hemen son verin. Kendinizi sakinleştirmeyi öğrenin. İçinizden yüze kadar sayın veya bildiğiniz duaları okuyun. Unutmayın, kimsenin kimseye kaba kuvvet uygulamaya hakkı yoktur. Onlar size emanet. Sabrınızın taştığını ve kendini tutamayacağınızı anladığınız anda hemen çocuğunuzu güvenli bir yerde (mesela bir park yatakta veya etrafta kendisine zarar verebileceği bir nesne olmayan bir odada) bırakın ve biraz uzaklaşın. Hâlâ onu görüyor olun. Ağlayabilir, bu dayak yemesinden daha iyidir. Sakinleşmeye çalışın. Bunu yöntemini siz bulacaksınız. Sakinleşince çocuğunuzun yanına dönün ve ona ilgi gösterin.

Annelerimiz kendi ruhsal sağlıklarına önem vermeliler. Siz iyi ve sağlıklı olacaksınız ki çocuğunuz, eşiniz ve aileniz de mutlu olsun. Sizi nelerin mutlu ettiğini bulmaya çalışın. Kendinize de vakit ayırın. Bir hobi edinmek bu patlamaları önleyecekse arada bir çocuğunuzu güvenilir ellere teslim edip hobinize veya spora zaman ayırın. Günde bir saat spor yapmanın her gün bir antidepresan ilaç almakla aynı etkiyi gösterdiği araştırmalarla kanıtlandı. Önemli olan her saniye onunla birlikte olup hayatınızı ona adamak değil, ona faydalı olabilmek. Kendi durumunuzu değerlendirin ve ona göre bir yol çizin.

En önemlisi onların sevginize, ilginize ve merhametinize ihtiyaçları var. Siz onların gözünde dünyanın en sevgi dolu ve en harika insanısınız. Onlara şiddet uyguladığınızda onların kendilerine ve dünyaya bakışını değiştiriyorsunuz ve buna hakkınız yok.

Kavgalarınızı Seçin! ve Ceza Konusu

Çocuklarımızı hırpalamayacağız, o konuda anlaştığımızı düşünüyorum.

"Ceza olarak en yapacağız?" diye soruyorsunuz. Bence ve pek çok araştırmacıya göre kısa bir süreliğine sevdiği bir şeyden mahrum bırakma etkili ve çocuğa zarar vermeyen bir ceza yöntemi. Tabii ki öncelikle ne yaparsa ceza olarak ne geleceğini net olarak anlatmanız gerekiyor. Çocukları eğitirken öğrenmelerini istediğimiz en önemli şey hareketlerinin bir sonucu olacağı. "Kardeşine vurursan en sevdiğin bebeği kaldıracağım." gibi bir uyarıda bulunduktan sonra aynı davranışa devam ederse mesela sevdiği bebeği kaldırma veya gidilecek bir yere gitmeme olabilir. Kardeşler arasında bir oyuncak yüzünden kavga çıkarsa o oyuncağı bir süreliğine kaldırma cezasını uyguluyorum.

Mesela biz şöyle bir olay yaşadık. Çocukların günde 1 saate kadar tablette zekâ oyunları oynamalarına izin veriyoruz ama biz "Zaman bitti, artık bırak." dediğimizde sorun çıkarmadan tableti bırakmaları gerekiyor. Bu kuralı net bir şekilde onlara anlattık. Kurala uymazlarsa tablet ayrıcalığını kaybedeceklerini biliyorlar. O gün biraz söz dinlemez günlerindeydiler. Tableti bir saat kullanmışlardı ve bırakmaları gerektiğini söyledim. Takmadılar. Bırak dediğimde bırakmazlarsa tablet kullanımını bir hafta boyunca yasaklayacağımı hatırlattım. Tableti vermediler ve huysuzluk yapıp ağlamaya başladılar. Dediğimi yaptım ve tabletleri toplayıp bir hafta boyunca ortadan kaldırdım. Bir hafta sandığımdan kolay geçti. Son gün sormaya başladılar. "Cezanız bugün bitiyor, yarın vereceğim." dedim. Ertesi gün verdim. Şimdi değerini biliyorlar ve bırakma vakti geldi dediğimde sorunsuz bırakıyorlar. Hatta o zamandan beri fazla da istemiyorlar tableti. Bazı günler hiç kullanmadılar ya da 30 dakika oynadılar. Önemli olan hangi hareketin sonunda ne cezanın geleceğini bilmeleri, cezadan önce uyarı almaları, uyarıya rağmen devam ederlerse yapacağım dediğiniz şeyi yapmanız. Bu cezayı uygularken de sakin olmalısınız.

Bağıra çağıra onu aşağılayarak değil sakince halletmelisiniz.

Ayrıca yaşı kadar dakika boyunca oturup düşünme cezası olabilir. Mesela 3 yaşındaysa 3 dakika ortamdan ayrılıp sakin bir köşede oturup yaptığını düşünme cezası uyguladığım oldu. Şimdi de bazen kötü bir davranış yaparsa "Odana gidip bu yaptığın davranışın iyi bir davranış olup olmadığını düşün." dediğimiz oluyor. Ama bu çok çok az olan bir şey.

Fazla ceza verdiğimi söyleyemem. Üç küçük çocukla tabii bazen oluyor ama cezadan çok olumlu davranışı pekiştirmeye inanıyorum. Bence en etkili olan, kesinlikle iyi bir şey yaptıklarında onları teşvik ederek ödüllendirmek ve takdir etmek. Mesela kardeşine iyi bir şey yaptığında öpmek, "Seninle gurur duyuyorum. Ne kadar iyi bir kardeşsin. Kardeşin çok şanslı." demek. Çocuklar çok akıllı, hemen anlayacaktır iyi davrandığında sonucun iyi olduğunu.

Bir de bence rutin ve düzen oluşturmak hem çocukların huzurlu ve mutlu olmasını sağlıyor hem de çok öğretici oluyor. Bu nedenle uyku ve yemek saatlerini düzenlemenizi ve her zaman aynı saatlerde uykuya yatırmanızı ve yemek yedirmenizi tavsiye ederim. Çocuklar beklentileri yerine geldiğinde çok mutlu ve sakin oluyorlar.

Benimkiler de kötü davranmıyor mu?

Bazen tabii ki davranıyorlar, sonuçta çocuklar robot değiller. Şımarıyorlar da yoldan da çıkıyorlar ama çoğu zaman iyi davranmaları ve iyi niyetli olmaları yeterli. Bazı şeyleri de görmezden gelmek gerekiyor. Amerikalılar "Pick your battles." derler, o lafı çok severim. Amerika'da erken çocuk gelişimi derslerinde bu konu çok hoşuma gitmişti. Bu "Kavgalarınızı seçin." demek. Yani her konuda, her hatada çocuğun üstüne çullanmayın; hemen disipline etmeye çalışmayın. Bazı küçük şeyleri görmezden gelin. Önemli konularda, örneğin vurmak, başka bir çocuğa kötü davranmak, yalan söylemek, bilerek kötü niyetle başkasının malına zarar vermek gibi ciddi durumlarda net tavrınızı koyun ve uygun cezayı verin. Tabii ki ceza hiçbir zaman çocuğunuzu aşağılamak, ona fiziksel zarar vermek veya onu arkadaşlarının, kardeşlerinin yanında küçük düşürmek olmamalı.

Unutmayın, devamlı hayır derseniz hayır lafının bir anlamı kalmaz. Devamlı cezaya götürürseniz cezanın da bir etkisi olmaz.

Onun için kavgalarınızı seçin!

Kızlarım Benden Tam Puan Aldı

Bir gün çok sevdiğimiz bir akrabamız kızları görmeye geldi. Kızlar o zaman 4-5 yaşındaydı. Ben içerideyken kızlarıma yanında getirdiği çikolatayı vermek istemiş. Sağ olsun kızlar için özenmiş ve almış. Ben yanlarında olmamama rağmen kızlar aynı anda "O zararlı bizim için." deyip almamışlar. Annem söyleyince çok hoşuma gitti demek ki içselleştirmişler abur cuburdan uzak durmayı ve ben yanlarında olmasam da uyguluyorlar. Ben yanlarında olsaydım alırdık ama ben onlara her gün küçücük bir parça vererek o çikolatayı bir haftada bitirirdik. Böyle durumlarda genellikle öyle yapıyoruz. Kayınvalidem sağ olsun benim huyumu bildiği ve her zaman buna saygı gösterdiği için almamış çikolatayı.

Hiç yemiyor değiller. Bitter çikolata, içilebilir çikolata (süte karıştırılan), ev yapımı kek, kurabiye, dondurma yiyorlar ama miktar olarak çok az, tadımlık yiyorlar. Her ikram edileni ve her gördükleri abur cuburu yemiyorlar ve bu beni çok mutlu ediyor. Küçücük vücutlarına ne kadar az girerse bu maddeler, o kadar iyi.

"Zaten büyüyünce yiyecek, boş ver." Bu konuda aldığım eleştirilerin başında geliyor. Evet, yiyecekler ama tam büyüme ve kemiklerinin gelişme çağında ne kadar az tüketirlerse o kadar iyi. Şekerin hiçbir faydası yok. İçinde hiçbir vitamin ve besleyici bir madde yok. Şekeri meyvelerden, kuru meyvelerden, sütten ve ev yapımı ürünlerden almaları daha faydalı. Bir de tabii tanımadığımız insanlardan bir şey almamayı da öğrenmiş olmaları çok güzel. Kızlar ilk defa görüyordu yakınımızı. Güvenlikleri için çocuklarınıza mutlaka bunu öğretin. O gün benden tam puan aldı kızlarım. Yakınımıza biraz ayıp olmuş ve çok şaşırmış ama anlayışla karşılamış sağ olsun. Çocuklara kendilerine hediye almaları için para vermiş, biz de gittik o parayla toka ve oyuncak aldık.

PREMATÜRE BEBEK SAHİBİ OLMAK

Prematüre İki Bebeğin Annesi Olmak...

Her yıl yaklaşık 500,000 bebek prematüre olarak doğuyor. Anne karnında 37 haftayı tamamlamadan doğan bebeklere prematüre bebek deniyor. Prematüre bebekler zamanında doğan bebeklere göre daha fazla sağlık sorunu yaşayabiliyor ve hastanede daha çok kalabiliyorlar. Bu bebekler ne kadar erken doğarsa yaşadıkları problemler o kadar artıyor. Tabii ki çok erken doğup da hiç bir sağlık sorunu yaşamayan prematüre bebekler de var.

Prematüre bebeklerin annelerinde zamanında doğan annelerin aklındakinden de öte endişeler oluyor.

"Bebeğim yaşayacak mı? Bebeğim yaşarsa, kalıcı sorunları olacak mı? Bebeğim hastanede kaç gün kalacak? Küçücük bebeğim eve gelince ona bakabilecek miyim? Bebeğim yaşıtlarından geri mi kalacak?»

Ben bu soruların hepsini kendime sorduğum için bir çırpıda yazabildim. Benim güzel kızlarım da rahim yetmezliğimden dolayı suyumun erken gelmesiyle 33 haftalık prematüre olarak doğdular. Sevinç 1,878 gram, Esin 2,270 gram ve ikisi de 44 santim olarak doğdular. Neyse ki suyum çok fazla olduğu ve çok sağlıklı beslendiğim için haftalarına göre gelişimleri çok iyiydi ve hiç respiratöre bağlanıp oksijen almadılar. Esin 6 gün, Sevinç 10 gün bebek yoğun bakım ünitesinde kaldılar. Kalmalarının en büyük nedeni emme reflekslerinin henüz gelişmemiş olmasıydı. Emme refleksi anne karnında 34. haftada gelişiyormuş, bu nedenle bu haftadan önce doğan bebeklerde bu problemin yaşanma olasılığı çok fazla. Kızlarımın çok şükür nefes alma sorunları yoktu zaten bu nedenle genellikle açık yatakta yattılar ama beslenmeye başlamadan eve gelmeleri imkânsızdı.

Tesadüf mü yoksa genetik mi bilemiyorum ama ben de 1,750 gram doğmuşum. Tabii 37 yıl önce ultrason yoktu, o nedenle tam nedenini bilemiyoruz. Anneannem bana "Senin kafan portakal kadardı, o kadar küçüktün ki anlatamam." derdi. Ben de cahillik tabii gülerdim ve "Portakal kadar bebek kafası olur mu?" derdim. Ee gülme komşuna...

Benim kızlar doğdu, el kadarlar ve kafalar da tabii... Portakal kadardı.

Ben doğumdan sonra hastanede 4 gece kalabildim. Kızlarımı hastanenin yoğun bakımında bırakıp çıkmak benim için çok zordu. Bunu yaşamayan anlayamaz, ben daha önce de bunu yaşadığım için bana ayrı bir kâbus gibiydi. İlk oğlum Kaan ne yazık ki rahim yetmezliğim nedeniyle 21 haftalık doğmuştu ve doğumdan kısa bir süre sonra vefat etmişti. Hiçbir sağlık sorunu yoktu ama rahim yetmezliği nedeniyle doğumu engelleyememişlerdi. Hastaneden kucağımızda bir bebek olmadan çıkmak eşim ve benim için en büyük acıydı. Kızlarımı hastanede bırakmak bu nedenle beni o günlere götürdü. Tabii koşullar farklıydı; kızlarım iyiydi, sadece beslenmeleri sorunluydu ve evde beni 21 aylık oğlum Mehmet Alper bekliyordu.

Eve döndüm ama devamlı hastaneye gidiyordum ve günde yaklaşık 6 saat kızlarımın yanındaydım. Özel bir hastane olduğu için devlet hastanelerindeki gibi anneyi içeri almama, bebeği görememe gibi sorunlarımız yoktu. Bu uygulama gerçekten çok yanlış çünkü prematüre bebekler için anne ve babalarının dokunuşları ve ilgileri çok önemli. Amerika'da anne ve babalar yoğun bakım ünitesindeki prematüre bebeklerini kucaklarından indirmezler. Biz 2. günden itibaren eşimle, kızlarımızı kucağımıza aldık, hatta çıplak göğsümüzde kanguru gibi taşıdık uyuttuk. İstediğimiz kadar yanlarında kaldık. Ayrılmak istemiyorduk. Ben kızlar uyurken diğer kuvözlerde yatan bebekleri dolaşır, tek tek dua ederdim sağlıkla evlerine kavuşsunlar diye. Bu bebeklerden kızlarımla aynı gün doğan ikiz kızlarla daha sonra tanıştık ve kızlarımız birlikte oyun oynadılar.

Bizden çok daha erken doğanlar vardı. 26 haftalık 700 gram doğan Iraklı bir bebeği hiç unutamam. Çiftin bundan önce 5 tane bebeği 25-26 haftalık doğmuş ama ülkelerinde yaşatamamışlar. Son bir çare 26 haftalık hamileyken Türkiye'ye gelmişler ve uçaktan indikten kısa bir süre sonra doğum yapmış anne. Aylarca hastanede kaldılar ama bebekleri sağlıkla evine gitti çok şükür.

Ben de hastane ve ev arasında mekik dokuyordum. Evde Alper vardı ve etkilenmesini istemiyordum ama neyse ki kayınvalidemler bizdeydi. Dayım, anneannem herkes Alper'i mutlu etmeye çalışıyordu. Kızların yanına sadece eşim ve ben girebiliyorduk. Herkes meraktan ölüyordu. Neyse ki video ve fotoğraflarla birazcık da olsa meraklarını giderebiliyorduk.

Kızlar 5 günlük olup da hâlâ biberondan veya memeden beslenemediğinde artık benim sabrım kalmamıştı. Zaten midelerine anne sütü boruyla gidiyordu yani aç değillerdi, emme refleksi de gelişmediği için biberon almamak kolaylarına geliyordu. Doktorumuza ısrar ettim ve artık boruyla beslememelerini istedim. Biraz acıkırlarsa biberondan beslenmeye daha hevesli olacaklarını düşünüyordum. Doktorlar önce itiraz ettiler ama en kararlı bir şekilde bunu talep edince borular çıktı ve kızlar biraz aç kaldılar. Tahmin ettiğim gibi oldu, biberondan daha iyi emmeye başladılar ve ertesi gün Esin çıkabilecek duruma geldi. Sevinç'in kilosu az olduğu için 4 gün daha kaldı ama o da emmeyi biraz başardı. Doktorları kararlılığımla ikna ederek başardıklarımdan biridir bu da.

Doğduktan 6 gün sonra Esin kızım beslenebilmeyi başardığı için eve geldi. Oto koltuğunda Esin'i eve getirdik ve 21 aylık Alper'in önüne koyduk. "Bebe!" diye çok mutlu oldu. 4 gün sonra Esin'i de alıp hastaneye gittik ve kontrolden sonra Sevinç'i de alıp 2 bebekle eve geldik. Alper'in iki kardeşine bakıp arka arkaya "Bebe, bebe!" demesini unutamıyorum. Yavrum 4 günde bir eve bebek gelecek bile zannetmiş olabilir!

Anne sütü benim için çok önemliydi. İlk günlerde kızların emme refleksi olamadığı için anne sütümü boruyla direkt burundan midelerine verdiler. Ben mama verilmeyeceğini belirtmiştim hastaneye. Biraz itiraz etseler de onları hemen anne sütü yetiştireceğime ikna ettim. Doğurduğum andan itibaren 2 saatte bir pompayla sütümü sağdım ve hemen günde 12 tane (sabah 3, öğle 3, akşam 6) alkolsüz bira mayası tableti almaya başladım. Pompalama ve mayaların etkisiyle hemen kolostrum denilen çok faydalı ilk sütüm geldi. Minikler zaten el kadar olduğu için o kadarcık süt bile onlara yetti ve mama vermeden idare ettik. 2. günden itibaren sütüm gelmeye başladı. 5. günden itibaren artık hem ikisini sadece anne sütüyle besliyordum hem de günde 300 ml anne sütümü buzluğa atabiliyordum. İlk 3 ay böyle yapabildim ve hiç emmemelerine rağmen ikiz kızlarımı ilk 4,5 ay sadece anne sütüyle besledim. 4,5 aydan 6 aya kadar sadece bir öğün mama aldılar. 6 ayda ek gıdaya geçince onu da bıraktık. Anne sütü ve ek gıda ile devam ettik. 13,5 ay sadece pompa ile yoğun bir şekilde anne sütü ile beslendiler ve bunun sayesinde çok kısa sürede prematürelikten eser kalmadı. İshal, kabız gibi sorunlar yaşamadık.

Prematüre bebeklerin gelişimi çok yakından takip edilmeli. Doktorumuz içtikleri her damla sütü ve yaptıkları her kakayı yazmamız gerektiğini söyledi. Haftada bir kontrole gidiyorduk. Bu kontrolde doktorumuz yediklerini kontrol edip bebekleri tartıyordu ve günde mutlaka en az 30 gram almaları bekleniyordu. Yoksa mama vermeye başlamam gerekiyordu. O stresi unutamıyorum. Bir hafta tam tartıdan önce büyük bir kaka yapmıştı biri ve tartıda o hafta günde 28 gram aldığı ortaya çıkmıştı. Günde 2 gramlık fark için acayip bir azar yedim doktorumuzdan. Neyse ki kaka yaptığını söyleyince mamasız devam etmeye izin verdi. Prematüre anneleri hep böyle diken üstünde oluyor. Gelişimleri çok yakından takip ediliyor ve en ufak bir farklılık araştırılıyor. Bunlar yüzünden prematüre annelerinin stres düzeyleri daha yüksek oluyor. Prematüre bebeklerin bakımı da daha zor, mesela emme refleksi gelişmediği için kızlar 40 mililitre sütü 45 dakikada içerlerdi. Zaten besleme biterdi, bezini değiştirirdik, ben günde 7 kere pompa yaptığım için 30-40 dakika pompa yapardım bakmışsın yine besleme zamanı gelmiş. Gece de 45 dakikada bir uyandık beslemek için. Normal bebekler gibi 10 dakikada emip mışıl mışıl uyumazlardı.

Sonuç olarak kızlarım 4-5 ay gibi kısa bir sürede prematüreliğin etkisinden kurtuldular. Şu anda kızlarımın zamanında doğan bebeklerden hiçbir farkı yok, hatta genetiklerini yakaladılar ve anne babaları çok uzun olduğu için yaklaşık 1,5-2 yıl önden gidiyorlar. Tüm prematüre bebeklere sağlıklı ve uzun ömürler diliyorum. Prematüre bebek ailelerinin de bu süreci sorunsuz ve kalıcı hasarsız atlatmalarını diliyorum.

Prematüre bebek ailelerinin güzel ve sonu mutlu biten hikâyeleri dinlemeye ihtiyaçları var. Ben prematüre annelerine umutlu ve mutlu olmalarını ve sadece anne sütüne konsantre olmalarını tavsiye ediyorum. Bebeğiniz ememese de gündüz günde 3 saat, gece günde 4 saat sütünüzü sağın. Bebeğinize anne sütünü versinler, kalanı da buzlukta dondurun. Moralinizi hiç bozmayın ve ağlamayın. Bebeğiniz yaşıyor ve o yaşadığı müddetçe Allah'tan ümit kesilmez.[5]

---

5 **İstatistikler için kaynak:** March of Dimes

Prematüre Bebeklerde Kanguru Bakımının Önemi

Üç prematüre annesiyim. İlk oğlum Kaan 20,5 haftalık 376 gram doğup prematüreliği nedeniyle doğumdan hemen sonra vefat etmişti. Kızlarım da 33 haftalık 1,878 gram ve 2,270 gram doğmuşlardı. Kızların prematüreliğin etkilerinden çabuk kurtulmasının ve çabuk eve gelmelerinin bir nedeni de doğdukları günden itibaren her gün saatlerce kanguru bakımı yapmamızdı. Kanguru bakımı bebeğin sakin bir ortamda ten tene temas ile anne-babanın göğsüne yatırılmasıdır.

Her prematüre bebeğin kanguru bakımına ihtiyacı var. Kızlar prematüre doğdukları için 10 günlük yeni doğan yoğun bakım sürecimiz oldu. Şanslıydık ki özel bir hastanedeydik ve her an iki bebeğimin yanına girip kanguru şeklinde onları çıplak göğsümüzde yatırabiliyorduk. 10 gün boyunca her gün hem eşim hem de ben kızlarımıza kanguru bakımı yaptık. Bu prematüre bebeklerin iyileşmesi için çok önemli. Ne yazık ki bazı devlet hastanelerinde anne-babaları yeni doğan bakım ünitesine almıyorlar ve bebekleri bundan mahrum kalıyor. Bu kurallar mutlaka değişmeli. Prematüre bebeğinin yanına alınmayan, ona dokunamayan anneler var ve bu çok acı. Bana bu konuda ulaşan ve üzüntüsünü anlatan çok anne oluyor. Umarım yetkililer bu kuralları değiştirir ve tüm prematüre bebekler anne-babalarının koynunda kanguru bakımı alma şansına sahip olurlar.

Prematüre bebekler ve aileleri için çalışan El Bebek Gül Bebek Derneği'ni gönülden destekliyorum. Dernekle birlikte etkinlikler düzenliyor, projeler yürütüyoruz. El Bebek Gül Bebek Derneği, anne karnında gelişimini tamamlamadan önce doğan bütün bebeklerin; sağlıklı bir geleceğe kavuşmaları için gerekli çalışmaları yürütmek amacıyla, bu konuda deneyim sahibi ve uzman kişiler tarafından kurulmuş bir dernektir. Derneğimizin vizyonu: Erken doğum riski olanların zamanında tanı ve bakım alması; erken doğanların en iyi standartlarda tıbbi yardıma eşit ve zamanında erişim sahibi olmasıdır. Derneğimizin misyonu: Erken doğan bebeklerin doğum anından itibaren bütün gelişim süreçleri boyunca ihtiyaçları olan tıbbi bakım, psikolojik ve gelişimsel destek alabilmeleri için onların ve ailelerinin toplumsal ve politik düzeyde sesi olabilmek için çalışmaktadır.

İnternet sitesi: elbebekgulbebek.org

Lütfen Çocuklarınızı Kuaföre Götürmeyin

Şimdi bazı Hassas Anneler bana kızacak ama ben de gördüğümü yazmak zorundayım. Lütfen bana kızmayın, elinizden geleni yapın. Geçtiğimiz yıllarda 3 çocuk annesi olarak çok ender yapabildiğim bir şeyi yaptım ve bayram için manikür pedikür yaptırmaya kuaföre gittim. Gerçekten çok iyi geldi, biraz insan içine çıkabilecek duruma geldim. Çocukların yemeği falan derken ancak gece 21.30'da gidebildim ama arife günü olduğu için 23'e kadar açıktı. Çocukları babaanne ve dedelerine bıraktım.

O saatte bile kuaförde 2 yaşında bir bebek vardı. Annesiyle gelmişti. O kadar üzüldüm ki. Bir yanda röfleden, saç boyasından, ojeden, asetondan gelen kokular, bir yanda inanılmaz yoğun bir şekilde sıkılan saç spreyinden üstüne üstüne gelen duman. Ben bile zor duruyordum ki yavrucağızın nefes alması mümkün değildi. Sıcak olduğu ve klima çalıştığı için de kapı pencere kapalıydı. Bebeğin önünde de 1,5 saat yerinden kıpırdamadan dursun diye en zararlısından şekerleme ve çubuk kraker. Hiçbir şey demedim. Annenin keyfini bozmak istemedim. Anneyi anlıyorum, belli ki bırakacak kimsesi yok. 2 ve 9 yaşlarındaki iki kızını almış gelmiş, bayram için kendine bakım yaptırıyor. Anne de olsa biraz güzelleşmek, kendine bakmak ve en önemlisi kendini iyi hissetmek onun da hakkı. O kendini iyi hissedince çocuklarına iyi davranacak, (Zaten çok iyi davranıyordu kızlarına ve kızları da çok uslu akıllıydı.) böylelikle de çocukları da iyi hissedecek.

Sadece şunu demek istiyorum. Kuafördeki bu kimyasallar ve kokular çocuklarınız, bebekleriniz, hamileyseniz veya emziriyorsanız sizin için zararlı. Mümkünse kuaföre gideceğiniz zaman çocuklarınızı birine bırakın ve tek başınıza gelebileceğiniz saatleri seçin. Mutlaka çocukları götürmeniz gerekiyorsa sigara içilmeyen ve havalandırması iyi olan kuaförleri ve fazla kalabalık olmayacak saatleri seçin.

19 Yıl Önce Vefat Eden Canım Annemi ve Babamı Rahmetle Anıyorum

Lütfen alkollü araba kullanmayın ve kullandırtmayın. Tam da bu saatlerdi.

Benim 22 yaşında birden büyüdüğüm gün.

Çocukluğumun, gençliğimin, gamsız günlerimin ve yersiz mutluluklarımın bittiği gün.

Annemi ve babamı bir saniyede kaybettiğim o gün.

Her sene 20 Ağustosta bir donukluk hissi olur içimde. Zaten her gün içimde olan bu acı için kazanın yıldönümünde üzülmek zorunda olmak hoşuma gitmez ama üzülürüm yine ve mutlaka ağlarım bir kez gün bitene kadar.

Bir de yoğun bir utanç duyarım çünkü içten içe bir de şükür ve mutluluk vardır bir yerlerde. Aynı kazadan sağ ve kalıcı bir hasar olmadan kurtulmuş olduğum ve buna sevindiğim için utanırım kendimden. Bazen ikinci doğum günüm olarak görürüm 20 Ağustosu. Ölmediğim ve Allah'ın yaşamıma mucizevi bir şekilde devam etmeme izin verdiği o gün yeniden doğduğum gün sayılabilir mi? Sonuçta uçurumdan uçtuğumuz arabanın o arka koltuğunda sağ ve solumda oturan annem ve babam öldü ve ben ölmedim.

Bilmiyorum ama tek bildiğim yaşamaya devam ettim ve yıllarca bunu atlatamasam da çocuklarımdan sonra hayata iyice tutundum ve mutluluğu yeniden yakaladım. Annemle babamın da hayattan tüm istedikleri buydu ve ömürleri boyunca bunun için çabaladılar. Hepimizin üzüntüleri ve kederleri var ama kendi kendimizi iyileştirmenin yolunu bulacağız. Bunun için çabalayan insanları çok takdir ediyorum. Bunun yanında gerçekten önemsiz sorunlar yüzünden kendine ve etrafındakilere dünyayı dar edenlere de kızıyorum. Unutmayın, ölümden başka her şeye çare var. Hayatta çok zorluklar yaşadım, annemi babamı bir saniyede kaybettim, onlardan 6 ay sonra kızının acısına dayanamayan çok sevdiğim dedemi kaybettim. 13 sene önce ilk oğlum Kaan'ımı, ilk göz ağrımı kaybettim. Şimdi ise çok mutlu bir yuvam ve çok şükür, sağlıklı 3 evladım var. Hayat böyle iniş ve çıkışlarla dolu. Herkesin iniş çıkışları farklı. Bazılarının yokuşları çok dik, bazılarınınki daha düz ve çıkması inmesi kolay. Bunlar olan şeyler ve önemli olan onlara verdiğiniz tepkiler. Sadece siz kendinizi yıkabilirsiniz veya yeniden inşa edebilirsiniz. Başkasından veya bir olaydan bunu beklemeyin. Elinize alacaksınız aletlerinizi ve kendinizi yeniden inşa edeceksiniz, ayağa kaldıracaksınız. Sonra da şükredeceksiniz. Kendinizden kötü durumda olanı mutlaka bulabilirsiniz. Sizin de hayatınızda bu anlattıklarımı bulduğunuzu biliyorum ve size umut vermek istiyorum.

En hassas olduğum konuya tam da bugün yeniden değinmek istiyorum. Kimseyi üzmek değil niyetim, sadece örnek olmak. Bu kadar kişiye ulaşıyorum ve belki, bu sayede sesim birilerine ulaşır. Bir kişiye bile engel olsam bence değer.

Lütfen alkollü araba kullanmayın ve alkollü kişilerin kullandığı arabalara binmeyin. Çocuklarınıza örnek olun.

Siz alkollü araba kullanmazsanız onların da kullanmama olasılıkları çok büyük. Sizi alkollü araba kullanırken görürlerse siz onlara ne kadar kullanma derseniz deyin hiçbir manası yok.

Bu konu benim için çok önemli çünkü 20 Ağustos 1998'de, ben 22 yaşındayken canım annemle babamı alkollü bir sürücü yüzünden trafik kazasında kaybettim. Ben de mucizevi bir şekilde kaburga ve omuz kırıklarıyla kurtuldum. Lütfen alkollü araba kullanmayın, kullandırtmayın ve alkollü bir sürücünün arabasına binmeyin. Annem ve babam çok erken aramızdan ayrıldı. Mekânları cennet olsun inşallah. Dualarınızda olsunlar. Bu vesileyle onları anmış oldum.

Sizi üzdüysem affedin.

Spor ve Sanat Kurslarına Gitmek Çocuklarımızı Geliştiriyor

Hepimiz çocuklarımızı daha iyi yetiştirmek ve onları sosyal bireyler olarak hayata hazırlamak için elimizden gelen her şeyi yapıyoruz. Spor ve sanat kurslarına gitmek, çocuklarımız için gerçekten çok faydalı. Hem arkadaş ediniyorlar hem de içlerindeki yetenekler ortaya çıkıyor. Evde oturup bilgisayarda oynamalarından veya televizyon seyretmelerinden daha geliştirici olduğu kesin. Pek çok kurs olanağı var; basketbol, futbol, yüzme, jimnastik, bale, piyano, gitar, drama, resim, İngilizce gibi. Ben de senelerdir çocuklarımı farklı kurslara götürdüm. Üç çocuğu haftanın belli saatlerinde buralara götürmek çok zamanımı ve enerjimi aldı ama değdiğine kalpten inanıyorum ve her zaman da aynısını yapacağım. Burada çok önemli olan bir konu var: Çocuğun bu etkinliklere zorla götürülmemesi ve etkinliği bırakmakta özgür olması.

Çocuklarım ilkokulda devlet okuluna gittiği için onları kendi imkânlarımla desteklemem gerektiğini düşünüyorum. Ne yazık ki gördükleri eğitim aynı olsa da devlet okullarındaki spor ve sanat etkinliklerinin yetersiz olduğunu biliyorum. İlkokul 1. sınıfta okulda ne beden eğitimi ne de resim dersi vardı. Açıkçası özel okula giden yaşıtlarından da geri kalmalarına gönlüm razı olmuyor. İlkokul 1. sınıfta Alper; haftada 1 saat jimnastik, 2 saat resim, 1 saat drama ve 1,5 saat basketbol kursuna gitti. Kızların anaokulunda bu dersler vardı, o nedenle kızlar sadece haftada 1 saat jimnastik dersine katıldılar. Bu kursların inanılmaz faydasını gördük. Alper'in duruşu, koşuşu ve fiziği çok değişti ve gelişti. Çocuk gelişimi uzmanları da çocukların, spora jimnastik ve yüzme ile başlamalarını tavsiye ediyorlar. Drama ve resim dersleri de sosyalleşmesini ve değişik ortamlarda yeni şeyler öğrenmesini sağlıyor. Bu kurslara tonla para harcamadım. Etrafta biraz araştırma yaptım ve uygun yerler buldum.

Size de yol göstermesi açısından bunlardan bahsetmek istiyorum. Öncelikle ücretsiz olan kursları araştırın. Artık neredeyse tüm belediyeler ücretsiz kurslar açıyor. Belediyenize gidin, telefonla arayın veya belediyenizin internet sitesini ziyaret edin. Kayıt zamanını kaçırmayın. Mesela ben İstanbul Sarıyer'de oturuyorum ve Sarıyer Belediyesi'nin internet sitesinde kursları anlatıyorlar. Siz de belediyenizin sağladığı kursları, seminerleri ve sanat faaliyetlerini araştırın. Eğer belediyeniz böyle imkânlar sağlamıyorsa bunları talep edin.

Semtinizin derneğinin de böyle kursları olabilir. Bunların da fiyatları uygun oluyor ve semtte yaşayan sanatçılar ve sporcular bu kursları veriyor. Alper haftada 2 saat resim kursuna gidiyordu ve aylığı 60 TL idi. Bir sitede yaşıyorsanız sitenizdeki kurs ve ders olanaklarını araştırın. Evinizin yakınında olursa ulaşım da kolay olur. Ben jimnastik dersini sitemizin sosyal tesislerinde buldum ve eve 3 dakika uzaklıkta olduğu için rahat oldu. Aylık 200 TL'ye çok güzel bir temel eğitim aldılar. Çocuğunuzun okulunda da kurslar açılabilir, bunları da takip edin. Mesela Alper'in ilkokulu haftada 1,5 saat süren bir basketbol kursu açtı ve bütün sene faydalandık. Ücreti de inanılmaz düşüktü.

Spor veya sanat kurslarına giden çocuklarınız sanatçı veya sporcu olacak diye bir şey yok. Zaten bunun için göndermiyoruz çocuklarımızı bu kurslara. Amaç çocukların sosyalleşmesi, farklı ortamlara girmesi, eğlenmesi, değişik arkadaşlar ve tecrübeler edinmesi ve belki de bir yeteneğinin ortaya çıkması. "Aman canım bizim zamanımızda kurs mu vardı?" diyenler olacaktır ama unutmayın, artık bizim zamanımız değil! Çocuklarımız bizim gibi sokakta koşturmuyor, bizim kadar arkadaşları yok ve kendilerine oyuncaklar yaratıp yaratıcılıklarını geliştiremiyorlar. Televizyon karşısında veya elinde tabletle geçen zamanlar onlara pek bir şey katmıyor. Çocuklarda hareketsizlikten kaynaklanan kilo problemi çok görülmeye başlandı. Biz ailelere çok iş düşüyor. Çocuklara spor ve sanatla zaman geçirebilecekleri daha çok olanaklar sunmalıyız. Özellikle de büyük şehirlerde yaşayan anneler için o kadar çok müze, etkinlik, atölye, tiyatro ve spor seçeneği var ki evde boş boş oturmak için bahanemiz olamaz. Çocuklarınızı küçük yaşlardan itibaren müzelere, konserlere ve etkinliklere götürmeye başlarsanız onlar da buralarda nasıl davranacaklarını öğrenirler ve bundan zevk almaya başlarlar. Çocukların hayatında her şeye yer olmalı, tablete de televizyona da spora da sanata da. Önemli olan bunları dengelemek ve çocuğunuzu potansiyelini gerçekleştirmek için desteklemek. Tabii bu arada beraber hayatın tadını çıkarmak...

Eğlenceli Anne Olabilmek

En büyük amaçlarımdan biri eğlenceli bir anne olabilmek. Çocuklarla oyun oynamak, yerlerde yuvarlanmak, bahçede koşuşturmak, şarkılar söylemek, onları gezdirmek, hikâyeler uydurmak, değişik şeyler göstermek, gülecekleri ve şaşıracakları beklenmedik şeyler yapmak ve o içten kahkahayı duymak! Bunun için çaba gösteriyorum. Mesela bir gün Alper ile gittiğimiz bir alışveriş merkezinde, bir spor dükkânının önünde topa vururmuş gibi duran bir manken vardı. Durdum ve "Hadi bakalım Alper, hangimiz bu mankene daha çok benzeyeceğiz." dedim ve mankenin yaptığı vuruş hareketini yapmaya çalıştım. O kalabalıkta birden bunu yapınca Alper çok şaşırdı ve çok hoşuna gitti bu hareketim. O da yapmaya çalıştı. O an Alper ile bana aitti. Etrafımızdaki kimsenin önemi yoktu. Eminim koca vücudumla o hareketi yaparken ne kadar acayip ve kötü durdum ama ben başkaları için yaşamıyorum. Alper ile bir bağ kurdum ve buna değerdi. Çok eğlendik ve günümüzün kalan kısmı da bu hoşluktan etkilendi. Yolda el ele giderken şarkılar da söylediğimiz ve benim çocuklarla dans ettiğim de görülmüştür. O anı çocuğunuza saklamanız ve etrafı dondurup sadece onunla ilgilenip, ona konsantre olmanız yeterli. Çocuklar bunları unutmuyorlar.

Tabii ki "Günlük koşuşturmaca içinde buna zaman yok." diyebilirsiniz. Her saniyeyi müzikal tadında yaşamanızı beklemiyorum, ben de öyle değilim zaten. 3 çocukla ne kadar çok işim ve koşuşturmam olduğunu yazmaya kalksam bu sayfa yetmez. Diğer işlerinizi aksatın demiyorum ama "Dur, hadi, yapma." lafları arasında kaynayıp gitmesin o anlar. Tek dileğim bu...

Annelik Emek Demek

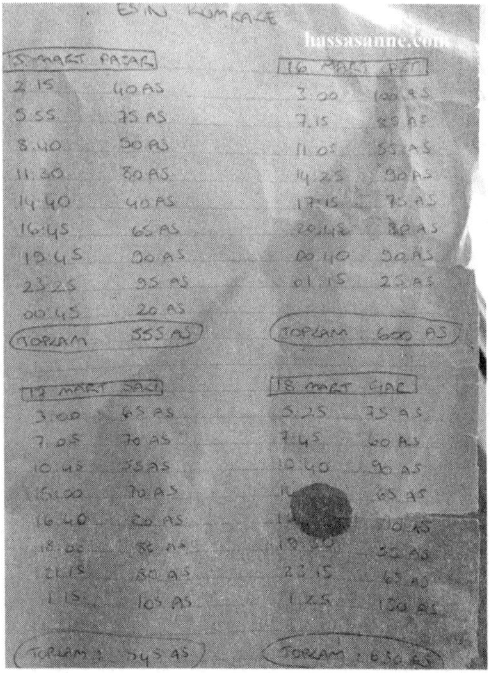

Ah defterin arasından ne çıktı, kızlar 33 haftalık prematüre doğduğu için her yediklerini yazıp doktorumuza gösteriyorduk. İlk 2 ay böyle yazdık. AS, "anne sütü" demek. Çok sıkı bir doktorumuz vardı. Prof. Dr. Berkan Gürakan almaları gereken her gramın hesabını sorardı. İlk hafta günde 30 gram almaları gerekiyordu. Hesapladı, günde 2 gram eksik almışlar. "Olmaz böyle." dedi. Tam tartıdan önce kaka yapmışlardı fazlaca. "Ağlayarak kaka yaptılar, ondan." demiştim.

Bu çizelge, 20 günlük olan Esin'in 15-18 Mart 2009 tarihleri arasında aldığı anne sütü çizelgesi. Kızlarım ilk 4,5 ay sadece anne sütü içtiler çok şükür. O aralar günde 1,500 gram süt sağıyordum. 1,200 gramını kızlar içer, 300 gramını da buzluğa atardım. İlk 3 ay böyleydi. Sonra tabii büyüdükçe daha çok içmeye başladılar. Bazı günler 2 kilo anne sütü sağardım hepsini içerlerdi, ne günlerdi. Gündüz 3 saatte bir, gece 4 saatte bir sağdım 13,5 ay boyunca. Hiç şaşmadı bu sistem. Emme refleksi olmadan doğdukları için her beslenme çok zor geçerdi. 40 mililitre sütü 45 dakikada içerlerdi. Gazını çıkar, yatır derken hemen bir sonraki beslenme saati gelmiş olurdu. Devamlı bir besleme hâlindeydik. Tabii biberonları sterilize et, sütü pompala... Çok emek verdim ama anne sütü sayesinde Sevinç ve Esin 4-5 aylıkken prematüreliğin getirdiği zayıflıktan tamamen kurtuldular ve normal zamanda doğan bebekleri yakaladılar hem de mama içmeden.

Anne sütüne bu kadar önem vermemin nedeni budur.

Not: Ben bunu anne sütü vermeyi teşvik etmek için paylaşıyorum. Çünkü anne sütü, bebekler için en faydalı gıda. Anne sütü içmeyen bebekler de çok sağlıklı ve güzel kiloda olabilirler ve bu çok güzel bir şeydir ancak bebek için en sağlıklı gıda anne sütüdür. Lütfen anneliğinizi verebildiğiniz anne sütü miktarı ile değerlendirmeyin. İstediğiniz kadar anne sütü vermediyseniz bunu aklınızdan ve atın geçmişe değil, geleceğe bakın. Onu şimdi çok sağlıklı besleyerek bunu telafi edebilirsiniz. Tek önemli olan şey elinizden geleni yapmanız.

Atıştırma Salgını

Günümüzde açıkçası çocukların ağzı hiç durmuyor, devamlı bir şey yemek istiyorlar. Buna kızan anneler olabilir çünkü bazı çocuklar da iştahsız ve hiç bir şey yemek istemiyorlar. Neyse ben bu yazımda devamlı bir şeyler atıştırmak isteyen çocuklardan bahsedeceğim. Çocuğunuz devamlı olarak ona zarar verebilecek paketli ürünleri, şekerleri, katkı maddeli atıştırmalıkları istiyor olabilir. Biz anneler ve babalar olarak onların sağlığından sorumluyuz. Elimizden geldiği kadar onları sağlıklı beslemek ve ona zarar verebilecek şeyleri ondan uzak tutmak bizim sorumluluklarımız arasında.

Peki atıştırma salgınını nasıl durduracağız?

- Öncelikle çocuğunuz 3 yaşın altındaysa kesinlikle paketlenmiş ürünleri, şekerleri, asitli içecekleri ve glikoz şuruplu, MSG'li, katkı maddeli fabrika ürünlerini eve sokmayın.
- Çocuğunuz sizi bu ürünleri tüketirken görmesin. Bu gerçekten çok önemli. Onlar bizi rol model olarak görüyorlar ve taklit ediyorlar.
- Başkalarının evinize böyle ürünleri getirmesine izin vermeyin, gerekirse zararlarını anlatın. Ayıp olacak diyorsanız, "Sonra yediririm, şimdi yerse yemek yemez." falan deyin ve misafir gidince onları çöpe atın.
- Markete, alışveriş merkezlerine gittiğinizde çocuğunuzla dolaşırken bir şeyler isterse, bir muz veya salatalık alın. Yarım şişe iyi suyla yıkayın, onu yesin. Böylece sağlıksız abur cuburları istemez.

- Çocuğunuzla küçük yaştan itibaren katkı maddelerinin ve paketli ürünlerin zararlarını anlatın. Okumayı yazmayı öğrenince içindekiler bölümünü okuyup size yardım etmenizi isteyin ve glikoz şurubu, monosodyum glutamat görürse sizi uyarmasını rica edin. Onu bu sürece dâhil etmek, ona sorumluluk vermek inanın çok önemli.
- Tabii ki çocuklar bunları yemedikleri için aç kalmayacaklar! Evinizde bol bol mevsim meyvesi ve sebzesi olsun. Ev yapımı kepekli poğaçalar, havuçlu cevizli kekler, arada 1-2 parça bitter çikolata, ev yapımı bebek bisküvileri, evde pişmiş ekmekler ve yemekler de kurtarıcınız olacak.
- Durumunuz müsaitse meyveyi sebzeyi organik alın. Hem daha faydalı hem de tatları çok daha güzel. Meyveleri, sebzeleri yıkayıp mutfak masasının üstüne koyun. Kendileri alıp yemesi daha çok hoşlarına gider.
- Bir yaşından itibaren değişik sebze ve meyvelerle onları tanıştırın. Özellikle maydanoz, nane, dereotu, semizotu, roka, gibi yeşilliklerle en geç 1 yaşından itibaren tanışmalılar. Bunları çiğ yemenin faydası daha fazla.
- Ben çocuklara tamamen yasaklamıyorum bu ürünleri, arkadaşlarının doğum günlerinde az miktarda yiyorlar. Ama bu nadiren oluyor. Bir de yaş bu konuda önemli. Uzmanlar özellikle 3 yaşına kadar böyle ürünleri yememelerini tavsiye ediyor. Prof. Hilal Mocan bu yaşa kadar bu ürünleri yemeyen çocukların ilerde bunlara bağımlı olma ihtimallerinin çok azaldığını söylüyor. Ayrıca ilk yaşlarda tüm organlar, kemikler ve sistemler geliştiği için dikkat etmek çok önemli. Beş yaşından sonra paketli ürünler okulla birlikte hayatımıza giriyor. Bu dönemden sonra kaliteli markaları seçmek, içindekiler bölümünü okumak ve kısıtlama yapmak önem kazanıyor.
- Göreceksiniz ağız tadı, çok tatlı ve tuzlu tatlara alışmayan

çocuklar sebze ve meyvelerini çok daha rahat ve severek yiyecekler. Bu yüksek kalorili atıştırmaları yemeyen çocukların karınları da acıkacak ve onlara yemek yedirmek eskisi kadar sorun olmayacak.

- Evet, bunların hepsini yapsanız da sağlıklı alternatifleri yemeyen çocuklar olabilir. Sorun değil yeter ki ona zarar verebilecek maddeler vücuduna girmesin. Belli bir yaşa kadar gidip marketten kendi alamayacağına göre ona vermezseniz bu olmaz. Yiyeceklerini sağlıklı alternatifler arasından seçsin. Az seçenek yese bile yedikleri sağlıklı olsun yeter. Çocuğunuzu zayıf bulsanız bile doktorunuz kilosunda bir sorun görmüyorsa ve yedikleri sağlıklı şeylerse lütfen çocuğunuz iştahsız diye üzülmeyi bırakın. Çocuklarda obezite çağımızın en büyük sorunlarından biri. Çocuk doktorları artık zayıf çocuk seviyorlar, tombul çocuk değil.

Bir Uyku Saati Düzeltme Hikâyesi

18.12.2013

Bir Hassas Anne yazdı:

Merhaba Ece Hanım, sizden acil bir yardım istiyorum. Kızım 1,5 yaşında. Gece 12.30-01.30 gibi yatmaya başladı. Bir türlü düzeltemiyorum bu durumu. Her gün gece yarısına kadar oturuyor ve yanımızda yatıyor. Bunu nasıl düzeltebilirim? Lütfen yardım edin.

18.12.2013

Cevabım:

Sabah 9'da kalkacak en geç ve akşam 17.00'dan sonra uyuyor olmayacak. Bakalım oturabilecek mi bu koşullarda. Sanmıyorum. 23.00'da mutlaka uyuyor olması lazım. Sevgiler, Ece.

19.12.2013

Hassas Anne:

Bugün 9.00'da kalktı. Söylediklerinizi yapacağım. *İnşallah düzene girer.*

25.12.2013

Hassas Anne:

Merhaba Ece Hanım. Size çok teşekkür ederim, sayenizde kızımın uykusu düzene girdi. Her gün 22.30'da uyumaya başladı. Çok sağ olun.

25.12.2013

Cevabım:

Çok mutlu oldum, çok şükür! Bunu örnek olması için internet siteme yazacağım.

* * *

Lütfen çocuklarınızın en geç 23.00'da uyumuş olmasına çok dikkat edin. Büyüme hormonu 23.00-5.00 saatleri arasında salgılanır ve çocuklarınızın bu saatlerde hiç ışıksız bir odada uyuyor olmaları gerekir.

Lütfen bu konuya önem verin. Genellikle sabah erken kaldırıp uyutmazsanız, sadece normal öğle uykusunu uyursa ve akşam da 17.00'dan sonra uyuyor olmazsa gece yarılarına kadar oturmaya devam etmesi mümkün olmayacaktır. Bu sorun, çocuklar sabah uyandırılmayıp uykusunu alsın diye öğleye kadar uyutulduğu için çözülemiyor.

Mükemmel Değil, Mutlu Çocuklar Yetiştirelim. Gerekirse Uzman Yardımı Alalım

Biliyorum, çocuğunuz için bir pedagog yardımı almak bazı annelere sadece çok büyük sorunlarda yapılabilecek bir şeymiş gibi geliyor fakat böyle düşünmeyin. Nasıl hasta olduğunda çocuk doktoruna götürüyorsak gelişimsel ve davranışsal bir sorun yaşadığında da pedagog veya uzman yardımı almalıyız. Böylece pek çok sorunun gereğinden fazla büyümesini de engelleyebiliriz. Eğer çocuğunuz kreşe ve anaokuluna gidiyorsa burada mutlaka bir pedagog çalışıyordur ve onlar da size yardımcı olabilirler. Bazen de daha uzman bir pedagogdan veya çocuk psikoloğundan yardım almanız gerekebilir.

Çocuğunuzda bir sorun fark ettiğinizde bunu geçiştirmeyin. Bazen anneler, çocuklarına konduramıyorlar ve "Yok, benim çocuğumda bir sorun olamaz." psikolojisine girip bir şey yokmuş gibi davranıyorlar. Hâlbuki sorunu kabullenip hemen yardım alsalar belki de sorun büyümeden kolayca çözülecek. En önemlisi çocuğumuzu tanımak ve onu olduğu gibi kabul edebilmektir.

Çocuklarımız mükemmel değil, aynı bizim mükemmel olmadığımız gibi. Bunu kabul ederseniz çocuklarınızın problemlerini de görebilir ve çözebilirsiniz. Çocuklarımızın kusursuz ve mükemmel olmaları değil, mutlu ve kendileriyle barışık olmaları önemli.

Etrafınızdaki uzmanlardan yararlanın. Kreşinizdeki çocuk gelişimi uzmanından ve ilkokulunuzdaki rehberlik uzmanından destek alabilirsiniz. Sorunları büyümeden çözmek en iyisidir.

Hassas Annelerden: Güzel Bir Anne Sütünü Bırakma Hikâyesi

Çalışan bir anneyim ve kızıma ücretsiz izin alıp 15 ay kendim baktım. Sonrasında eve gelen bakıcımıza emanet ettim. Bizim en büyük derdimiz memeydi. Çünkü kızım resmen anne sütüyle yaşıyordu. Öğle arası eve gittiğimde "Anne, meme." diye direkt bana yapışıyordu. Ben de iki yaşına gelsin keseceğim, diye düşünüyordum ama o kadar bağımlıydı ki ne yapacağım, nasıl yapacağım bir türlü bilemiyordum. Sürekli okuyor, araştırıyor, etrafımdakileri dinliyordum ama hiçbirini yapmak zorunda kalmadım. Önceleri öğle araları kızımı parka götürdüm, dolayısıyla emzirme aralarını biraz açmış oldum. 12 Mayıs Anneler Günü'ydü ve kızım bana en büyük anneler günü hediyesini verdi. Beni emerken "Annecim, sen meme emiyorsun ama benim göğsüm çok acıyor. Doktor 'Kızın biraz emmesin, artık büyüdü. Meme iyileşsin.' dedi." dedim ve sanki acıyormuş gibi ufladım. Kızım gözlerimin içine baktı, memeyi öptü ve kapattı. Bir daha hiç istemedi. Tam bir hafta ağladım o uyurken... Sonra anladım ki aslında kızım hazırmış, ben değilmişim. 23 ay anne sütü aldı. Arada bir "Anne, meme." diyor, "Al bebeğim." diyorum. O da kafasını koyup öpüp geri kapatıyor...

Kuzum benim…

Allah herkesin yardımcısı olsun ve benden tavsiye, lütfen onu çok sevdiği şeyden kötü ayırmayın.

-Hassas Anne Canan

Her Şeyin Üstesinden Gelirsiniz

Nasıl yaptım, nasıl hastanelik olmadan o günleri atlattım? Gece 45 dakikada bir nasıl kalktık? Emme refleksi olmadan doğan iki kolik bebeğe nasıl 4,5 ay sadece anne sütüyle besleyerek baktım? 1 kere bile ememeyen iki bebeğe nasıl 13,5 ay anne sütü verdim? Kızlar 1 aylık, Alper 22 aylıkken Alper, "Alper kaka yaptı." deyince nasıl tuvalet alışkanlığı kazandırma çalışmalarına başladım? Günde kaç bez değişimi?

Hiç ememedikleri için günde 7-8 kere anne sütünü sağma ve emme refleksi yok. O sütü saatlerce içirmeye çalışma, Esin'de reflü olduğu için onun çoğunu kusması, gidip eksilen sütü yerine koymak için yine sağmaya çalışma, giden anne sütüne ağlama, bütün gece ağlayan iki kolik bebek... Neyse uzun lafın kısası hepsi geçti bitti, sağ kaldık eşimle.

Çocuklar artık çok rahat. Devamlı üçü oynuyorlar, her işlerini kendileri yapıyorlar. Şu anda bunu okurken belki siz de inanılmaz zorlanıyorsunuz annelik hayatınızda, sınırlarınızın sonuna geldiniz, istifa etmeyi bile düşünürdünüz edilebilse...

Ama kendinize güvenin. Başaracaksınız. Zor günleri atlatıp keyifli bölümlere geleceksiniz. Yeter ki sağlık olsun, hayatta olalım.

Her yokuşun bir inişi, her karanlığın bir güneşi vardır. İnanın buna, zor da olsa tadını çıkarın. Benden kuvvet alın, ben yaptıysam siz de yaparsınız. Bir anne, gücünü anneliğinden ve çocuklarından alır. Siz çok güçlüsünüz her şeyin üstesinden gelirsiniz.

Bir Anne Tavsiyesi: Bırakın Kendi Yapsın

Çocuklara verebildiğiniz kadar sorumluluk verin. Kendi işlerini kendileri yapmayı öğrensinler. Kıyafetlerini kendileri giyip çıkarsınlar, kirli sepetine atsınlar, 3,5-4 yaşından itibaren tuvalette her işlerini kendileri halledebilirler. En alt çekmeceye onlara uygun bardakları koyun, kendi sularını kendileri alsınlar. Bir çekmeceye sağlıklı atıştırmalıklar koyun, mesela kuruyemişler yanına da kâseleri koyun, acıkınca gidip kendileri alsınlar. Ne kadarda doyacaklarsa o kadar almayı da öğrenmiş olurlar. Meyveleri mutfak masasının üstüne koyun. Oradan alıp yıkamayı, kâseye koyup yemeyi öğretin. Bizimkiler havuç çok severler. Kendileri alır, yıkar. yanlarını sebze soyucuyla kesip yerler, hatta bize de ikram ederler. Tabii ki küçüklükten itibaren alıştırmakla oluyor böyle şeyler. "Dur yavrum ben yapıyım. sen yapamazsın. Dur altını sileyim, sen silemezsin. Aman sen yapınca çok uzun sürüyor, ben yapıyım bitsin." derseniz bunlar olmaz. Tabii ki kesici aletler ve 3 yaş altı için küçük nesneler ve kuruyemişlerle çok dikkatli olmak ve başında durmak gerekiyor. Böyle şeyleri kendi başarmak özgüvenlerini arttırır ve daha az hırçın olmalarını sağlar. "Ben yapabilirim" duygusu çocuklarımızın gelişiminde çok önemli. Çocuklarımızın her şeyini yapmak, tüm sorunlarını onların yerine anında çözmek harika annelik değil, onları kısıtlayan ve gelişmelerini geciktiren bir şey. Bırakın kendi yapsın. Siz ona kendi yapabilmesi için gerekli ortamı hazırlayın.

Çocuklarda Bademcik ve Geniz Eti Ameliyatı

Kızlarım bir ay arayla bademcik ve geniz eti ameliyatı oldular. Sizlere ameliyat sırasında ve ameliyattan sonra iki çocuğumla yaşadıklarımı ayrıntılı olarak anlatacağım. Belki sizlere faydası olur.

Öncelikle bir gece kalacağınız hastanede çocuğunuzu oyalamak için birkaç yeni oyuncak, kâğıt, yeni boyalar ve 3-4 tane çocuk dergisi almanızı tavsiye ediyorum. İçinden ufak tefek oyuncak çıkan dergilerden tercih edersiniz. Hepsini birden ona vermeyin. "Anne ağrıyor." dedikçe yeni bir dergi ve içinden çıkan minik oyuncağı verirsiniz. Ayrıca yanınıza çocuğunuzun sevdiği yorganını ve uyku oyuncağını da almanızı tavsiye ederim. Ağrısı varken bu uyumasına yardımcı olacaktır. Yanınıza yüzde 100 meyve suyu veya taze sıkılmış meyve suyu da alın çünkü ameliyattan sonra bir süre meyve suyu içiriyorlar ve bazı hastanelerde içinde glikoz şurubu olan meyve sularıyla karşılaşabilirsiniz. Unutmayın, portakal suyu ve kırmızı meyve suları yasak. Ben yanımda 4-5 tane minik yüzde 100 elma suyu götürdüm. Tabii ki taze sıkılmışı daha sağlıklı ama hastanede bunu saklamak ve bulmak çok zor.

Ameliyattan bir gün önce hastaneye gidiyorsunuz ve çocuğunuzun kanını alıyorlar, bazı testler yapıyorlar. Ameliyata ve anesteziye uygun durumda olup olmadığına karar veriyorlar. Hasta gibiyse de ameliyat erteleniyor. Gece yarısından sonra hiçbir şey yememesi ve içmemesi gerekiyor.

Sabah genellikle hastaneye erkenden gidiyorsunuz. Biraz bekledikten sonra çocuğunuzu soyuyorsunuz ve ameliyat kıyafeti giydiriyorlar. Sonra hafif mayhoşluk veren şurubu içiriyorlar. Şurup 20-30 dakika içinde etkisini gösteriyor. Sevinç'le resimlere bakıyorduk. Herkesi iki tane görüyordu. Esin'de bu olmadı. Bu bekleme sürelerinde tabletle oyalandılar. Otuz dakika içinde uyur gibi bir hâle geldiler ve damar yolları açıldı, serum takıldı. Sizin bu süreçte her ne kadar içiniz çocuğunuz ilk defa ameliyat olacağı ve anestezi alacağı için kıpır kıpır olsa da, endişeli olsanız da lütfen rahatlamaya ve mutlu olmaya çalışın. Aksi takdirde gerginliğiniz çocuğunuza yansır ve o da "Demek ki endişelenecek bir şeyler var." diye düşünür. İnanın bu çok basit ve inanılmaz sık yapılan bir ameliyat ve bir şeylerin ters gitme olasılığı çok çok düşük.

Sonra çocuğunuzu içeri alıyorlar ve tabii herkeste dualar hızlanıyor.

Ameliyat çok kısa sürüyor. 30-45 dakikada bitiyor genellikle ve çocuğunuz ayılma yerine geliyor. Ben hemşireye ayılırken mutlaka yanında olmak istediğimi belirttim ve monitörlerden kontrol edip onlar ayılma yerine geldiğinde hemen oraya gittim. O zaman sizi yanında görmesi çok önemli. Ağrıyla uyanabiliyorlar ve yalnız olurlarsa üzülüyorlar. Onları ayılma yerinde ısıtıcılı yorgan altında tutuyorlar. Her çocuk farklı oluyor. Sevinç ameliyattan sonra hemen uyanmadı, 2 saat kadar uyudu ve sanırım bu çok iyi oldu.

Sevinç, uyandığında sanki hiçbir şey olmamış gibiydi. Hemen resim yapmak istedi ve yaptı. Sadece ağzının kenarında azıcık kan vardı yoksa ameliyat olduğuna kimse inanmazdı. Esin ise hemen uyandı ve sanırım bu nedenle ağrısı vardı ve ağlıyordu. Hemen yanına yattım ve ona sıkı sıkı sarıldım, başını okşadım, sakinleştirdim. Esin'in ayılışı daha zordu ve ona belli etmeden için için ağladım. Evladını acı çekerken görmek çok zor.

İyice ayıldıklarında odamıza çıktık ve oradan sonrası daha kolay oldu. Hemen değişik dergileri ve içindeki minik oyuncakları çıkardım tek tek. Üç saat içinde dondurması geldi. Dondurma gerçekten çok faydalı oluyor. Ameliyat olan yeri dondurduğu için ağrıyı geçiriyor. Sevinç dondurmayı çok sevdiği için çok mutlu oldu ve bu süreci daha kolay atlattı. Esin tatlı hiç sevmez, o nedenle dondurma fazla yemedi ve daha çok ağrısı oldu. Eğer hastane katkı maddeli ve glikoz şuruplu dondurma getirirse ve yakında varsa içinde glikoz şurubu olmayan dondurma bulursanız onu alıp verebilirsiniz. Daha sonra meyve suyu da getiriyorlar. Eğer hastane glikoz şuruplu meyve suyu getirirse siz yanınızda getirdiğiniz yüzde 100 elma suyunu verirsiniz. Sanırım kanama ile karışmasın diye kırmızı meyve suyu yasak. Çorba, süt ve komposto da geliyor.

Bademcik ameliyatından sonraki tonsillit diyeti ve dikkat edilmesi gerekenler:

1. gün: Soğuk komposto, dondurma, süt, meyve suyu
2. gün: Bunlara ilave oda sıcaklığında yoğurt, ayran, muhallebi, puding
3. ve 4. gün: Yumuşak gıdalar, püre, rafadan yumurta, makarna (hepsi soğuk veya oda sıcaklığında)
5. günden itibaren sert, tahriş edici ve sıcak olmayan normal beslenmeye geçebilir. Bu durum 10 gün sürecek.

İlk 7 gün:

Sıcak ve asitli ürünler yasak. (portakal suyu, limon suyu, kola)

Çikolata ve çikolatalı ürün yasak.

Pipet kullanmayın.

Bol sıvı alın.

Kırmızı renkte gıda yasak.

Acı ve baharat yasak.

Ekmek kenarı, galeta, sert köfte gibi sert ve katı gıdalardan uzak durun.

Doktor, ameliyat sonrası sesin kısılması ve genizden gelmesinin normal olduğunu iletti ancak ikisinde de bu durum olmadı. Normal sesleriyle konuştular. Ateşleri 1 derece kadar yükselebilir dediler ama hiç yükselmedi. Bol sıvı almaları faydalı oldu. Eğer ateş bol sıvı almasına rağmen yüksek kalırsa enfeksiyon ihtimali olabilir, doktorunuza danışmanızı tavsiye ederim.

Çocuklar ameliyattan sonra 3 gün evden çıkmamalıymış. Bir hafta sonra okula gidebilir dediler. 10 gün spor yapmasın dediler. Bademciklerin alındığı yerde beyaz gri gibi bir zar olabilir, 2 hafta içinde kaybolur. Nefesleri de kısa bir süre koktu. Ameliyattan sonra az kanama olabilir dediler ama hiç kanama olmadı. Kırmızı kan ve kusma olursa hemen doktorunuzu arayın.

İkisinde de ilk 3 gün çok rahat geçti. Üçüncü gece ağlayarak uyandılar, sanırım yara kabuk bağladı. Yutkunmakta zorluk çektiler ve ağrı oldu. Doktora danışıp ağrı kesici ilaç verdim ancak bazen ona bile ağızlarını açmadılar. 3. gece Sevinç gece 2'de ağlayarak uyandı ve sadece dondurma için ağzını açtı. Ne yapalım gece 2'de dondurma yedi, o da orayı dondurdu ve rahatladı, uyudu. 3.günden 5. güne kadar zor geçti ama ondan sonra zorluk olmadı. Bir hafta içinde bir şey kalmadı. Ameliyattan 10 gün sonra her şey bitmişti, normal hayatımıza döndük.

Peki ameliyat işe yaradı mı?

Bence ameliyat işe yaradı. Esin hemen çok rahat uyumaya başladı. Ameliyattan 2 gün sonra bile ne kadar rahatladığını fark ettik eşimle ve çok şaşırdık. Ağzı açık uyumayı, horlamayı, yatakta dönmeyi bıraktı. Demek ki kızım nefes alamadığı için tüm gece dönüyormuş. İkisi de o kış pek hasta olarak geçirmediler ve en önemlisi Beta olmadılar. Sevinç 1 yıla yakın havale geçirmedi. Bizim için doğru bir karardı ama tabii, dediğim gibi her çocuk farklı ve sizi özendirmek istemem. Doktorunuzla karar verin. Gereksiz yere bademciklerin ve geniz etinin alınması da güzel olmaz. Alper'in alınmadı mesela.

Tüm ameliyat olacaklara şimdiden geçmiş olsun diyorum. Doktorumuza ve hastanedeki tatlı hemşirelerimize de çok teşekkür ediyorum.

Yazımdaki bilgilerin bazılarını ameliyattan sonra bize hastaneden verilen bilgilendirme dosyasından aldığımı belirtmek isterim.

Başarı ve Mutluluk için Fiziksel Aktivite Şart

Başarılı olmanın temel taşları nelerdir diye sorsanız, hemen herkes, "çok çalışmak, zekâ ve şans"tan bahseder. Bunlar şüphesiz çok önemli. Ben de her fırsatta çocuklarıma çok çalışmaları gerektiğini söylüyorum. Ancak, başarıyı sadece okul ya da iş ortamındaki başarılar olarak ele almayıp hayattaki genel başarı ve mutluluğu da kapsayacak şekilde ele alırsak bu üçleme çok yetersiz geliyor bana. Nitekim araştırmalar gösteriyor ki başarı ve mutluluk için zekâdan daha önemli faktörler var: Bunlardan biri de "yönetici işlevler" olarak adlandırılan temel bilişsel beceriler grubu. Kendini ve dikkatini kontrol edebilme, zihinsel esneklik, dürtülerle baş edebilme, bellek, planlama gibi süreçlerle ilgili olan bu becerilerin hemen hepsinin okul, iş ve hayat başarısı ile olan ilişkileri gösterilmiş. Yalnız, üzgün, stresli ya da fiziksel olarak fit olmadığımız zamanlarda bu yönetici işlevler ciddi şekilde etkilenebiliyor. Ancak iyi haber şu ki bu becerilerin her birini geliştirebilmek mümkün, tabii ki çocuğun ilgi, tutku ve becerileri doğrultusunda uygun program ve aktiviteler seçilebilirse.

Bu konularda çalışan dünyaca ünlü gelişim psikoloğu Prof. Adele Diamond ve ekibinin oldukça ilginç çalışmalarıyla karşılaştım. Prof. Diamond'a göre başarılı olmak yaratıcılık, esneklik, özdenetim ve disiplin gerektirir; tüm bunların temelinde ise yönetici işlevler yatar. Bu yüzden bu işlevleri erken yaşlarda geliştirmeye başlamak çok önemli. Prof. Diamond ve ekibinin, yönetici işlevleri geliştirmeye yönelik eğitim ve gelişim programlarının kısa ve uzun vadeli etkilerini derleyen önemli çalışmaları var; bazıları Science gibi bilim dünyasının en önde gelen dergilerinde yayınlanmış. Çok ilginç sonuçlar var.

Özetle: Sosyal, zihinsel ve fiziksel gelişim birbirleriyle alakalı bir bütündür. Buna göre, çocukların sosyal, duygusal ve fiziksel ihtiyaçlarının hepsine aynı anda hitap etme potansiyeli olan programların başarılı olma ihtimali daha yüksek. Bu noktada, fiziksel aktivite ve egzersizin altı özellikle çiziliyor. Beynin yönetici işlevleri yöneten ön bölgesi en büyük yararı formda kalmayı artırıcı aktivitelerden görürken, en büyük bozulmayı ise yetersiz hareket düzeyinden görüyormuş. Prof. Diamond'a göre, özellikle grup hâlinde yapılan sanatsal aktiviteler ve oyunlar da yönetici işlevlerin gelişmesi için son derece önemli. Ancak ne yazık ki yıllar içinde tüm bu aktiviteler okul müfredatlarında olabildiğince azaltıldı. Mutlaka her eğitim seviyesinde müfredattaki fiziksel aktiviteler arttırılmalı ve grup oyunlarına ağırlık verilmeli.

Çocuklar için Her Gün Temiz Hava

Lütfen kar, yağmur, soğuk, rüzgâr demeden bebeklerinizi ve çocuklarınızı her gün temiz havaya çıkarın. Kızlarım kışın ve prematüre doğmalarına rağmen her gün mutlaka 1-2 saat onları bebek arabalarına yatırıp veya önüme asıp açık havada yürüyüşe çıkarırdım. İnanın dışarı çıkmak bebekleriniz kadar size de iyi gelecek. En son araştırmalara göre günde 45 dakika tempolu yürüyüş yapmak antidepresanlarla aynı etkiyi gösteriyor.

Babanın Baba Olmasına İzin Verin

Çocuğu olan bir kadına, "Kendinizi nasıl tanımlıyorsunuz?" diye sorduğunuzda ilk söyledikleri "Anneyim." demek oluyor. Annelik bizi mutlu ediyor, gururlandırıyor, sanki hayata bunun için gelmişiz... Tüm bu yazdıklarım çok normal ve aynı şeyleri ben de hissediyorum. Çok şanslıyız çünkü genellikle anneliğimizi doya doya yaşamamız kimseye batmıyor, bunu herkes normal karşılıyor hatta bu beklenen bir şey.

Siz çocuğunuz doğduğu anda onun tüm sorumluluğunu üstlendiniz, yapılması gerekenleri harfiyen yerine getiriyorsunuz. Tüm bunları yaptığınız için de sürekli bir tatmin, kendinle gurur duyma ve kendini gerçekleştirme duygusu ile göğsünüzü gere gere ortalıkta dolaşıyorsunuz. Peki, siz anneliğinizi yaşarken çocuğunuzun babasının babalığını doya doya yaşamasına izin veriyor musunuz?

Gözlemlediğim kadarıyla çoğu baba çocuğu olduğunda heyecanlanıyor, mutlu oluyor ve "Ben de bir şeyler yapmalıyım." diye düşünüyor. Ben hem Alper'in, hem de ikiz kızlarımın doğumundan itibaren eşimin bebeklerin her işine yardım etmesine izin verdim ve hâlâ çocuklarla beraber ilgileniriz. Çünkü bence hayat müşterektir. Tabii ki ben o dönemde çalışmadığım için bebeklerle ilgili işlerin çoğunu yapıyordum ama onun da yaptığı çok şey vardı. Bunları yapmalı zaten çünkü ben tek başıma yapmadım bu çocukları. Bu demek değil ki, ben tembelim işten kaçıyorum. Tam tersi genellikle her işi yapmaya çalışan ve özellikle çocuklarım alakalı olan hiçbir şeye üşenmeyen biriyim. Babalığını yaşamanın eşimin hakkı olduğunu düşündüğüm için onu da çocukların bakımına ve böylelikle onların yaşamına dâhil ettim.

İşleri birlikte yapmak hem daha zevkli hem de birlikte zaman da geçirmiş oluyorsunuz. Mesela eşiniz bebeğinizin banyosunu yaptırır, siz onu giydirirsiniz. Eğer eşiniz ilk başta çekiniyorsa, bunu da doğal karşılayın. Ona her şeyin nasıl yapıldığını sabırla anlatın ve kendi zamanında ve becerisi dâhilinde bu işleri yapmasına izin verin. Bazen anneler bebeklerini öyle bir sarıp sarmalıyorlar ki babaya yer kalmıyor.

Bırakın babalar da çocuklarına baksınlar. Önce babayı çocuğundan uzak tutup sonra da "Sen bu çocukla hiç ilgilenmiyorsun." diye çemkiren annelerin sayısı da az değil. Doğumdan itibaren çocuğunuzla beraber ilgilenin. Hem bakım, hem disiplin, hem de eğitim konularında hemfikir olmanız, çocuğunuzun daha huzurlu ve mutlu büyümesini sağlayacaktır.

Duyusal Oyunun Önemi

Çocuk için oyun çok önemli. İnanın anne sütü, su ve yemek kadar önemli. Nasıl bunlar çocuğun fiziksel gelişimi için olmazsa olmaz ise oyun da çocuğun duygusal, sosyal ve bilişsel gelişimi için öyle. Çocuk, oyun sırasında hem eğleniyor, hem iletişim kuruyor hem de gelişiyor. Ama burada önemli bir ayrıntı var. Eğer oyunu bir derse çevirirseniz o zaman çocuk hem oyundan hem de öğrenmeden uzaklaşır.

Oyunda çocuk lider olmalıdır. Büyükler oyunu yönlendirdiği zaman oyun derse dönüşüyor, bir faydası ve çekiciliği kalmıyor. Geçtiğimiz aylarda Amerika'daki Floortime Merkezi'nin kurucusu Jake Greenspan'den aldığım Floortime eğitiminde bunun üzerinde çok duruldu. Floortime, çocuğu bir birey olarak kabul edip, çocuğun gelişimine göre onunla içten ve isteyerek oyun oynamak ve iletişim kurmak demek. Terapistler bunu genellikle otizmli çocuklarda uyguluyorlar ve çok başarılı sonuçlar elde ediyorlar. Uyguladıkları aslında tüm çocuklar için faydalı. Yaptıkları, çocuğu birey olarak farklılıklarıyla kabul etmek, gelişimini takip etmek, onunla isteyerek ve içten oyun oynayarak iletişim kurmak. Bu eğitimi dinlerken pek çok anne babanın oyun oynamanın ne demek olduğunu unuttuğunu ve çocuklarıyla gerçekten oyun oynamadığını düşündüm. Anneler ve babalar genellikle çocuklarına hızlı bir şekilde birçok yeni kelimeyi ve kavramı öğretme derdindeler. Lütfen siz de çocuklarınızla çocuk olun ve öğretmek için değil sadece oyun oynamak için oynayın. Çocuklar duyusal oyunlar oynarken tüm duyu organlarıyla öğreniyorlar. Bir bebek, doğumdan itibaren dünyayı dokunarak, koklayarak, duyarak, görerek ve tadına bakarak öğreniyor. Büyüdükçe diğer çocuklarla oynadıkları duyusal oyunlarla çocuklar kendilerinin farkına varıyor, sosyalleşiyor, küçük/büyük motor becerileri gelişiyor, duygusal ve bilişsel gelişimleri olumlu etkileniyor ve daha iyi iletişim kuruyorlar.

Duyusal oyunlar oynarken renkli objeler kullanın. Mesela gıda boyasıyla pirinç, makarna, mısır boyayabilir sonra çocuğunuzun bunları değişik büyüklüklerdeki kaplara aktarmasını isteyebilirsiniz. Aralarına da minik hayvanlar objeler saklayın. Jöle, puding, tıraş köpüğü, oobleck gibi elleriyle ve ayaklarıyla dokunabileceği dokular yapın.

Çocuklarla evde nasıl daha kaliteli zaman geçirebilirsiniz?

Çocuğunuzla evde geçirdiğiniz kaliteli zaman, çocuğunuzun gelişimi için çok önemli. Anneler bu zamanı bulmakta çok zorlanıyorlar ve pahalı oyuncaklar alarak bu eksikliği telafi etmeye çalışıyorlar. Oysa evde her zaman bulunabilecek pratik ve ekonomik malzemelerle çocuklarınızla kaliteli zaman geçirmek ve onların gelişimini sağlamak mümkün.

Burada 3 önemli ayrıntı var:

1- Oyun için pahalı oyuncaklardan ziyade yaratıcılığı teşvik edecek malzemeler tercih edilmeli.

2- Eğer oyunu bir derse çevirirseniz o zaman çocuk hem oyundan hem de öğrenmeden uzaklaşır.

3- Oyunda çocuk lider olmalıdır. Büyükler oyunu yönlendirdiği zaman oyun derse dönüşüyor, bir faydası ve çekiciliği kalmıyor.

Şimdi size bazı ekonomik ve kolay tarifler vermek istiyorum:

- **Obbleck:** Çocuğunuzun önüne derin bir kâse koyun. İçine 2 bardak mısır nişastası dökün. Kuru elleriyle nişastayı karıştırsın ve nasıl pudra gibi bir dokusu olduğunu hissetsin.

Biz azıcık gıda boyası koyduk ama pişman olduk çünkü ellerimiz çok boyandı. İsterseniz siz içine ekleyeceğiniz suyun içine çok az parmak boyası koyabilirsiniz.

Çocuğunuz 1 bardak ılık suyu kendi döksün ve elleriyle karıştırmaya başlasın. İyice karıştırınca yumuşak bir oyun hamuru gibi olacak. Elinde sıkıştırıp oynadığında katı olacak ama avucuna koyup parmaklarını açınca sıvılaşacak ve parmaklarının arasından akacak. Çok çok hoşlarına gidiyor. Kâsenin içine hızlıca vurunca taş gibi olacak ama parmağını yavaşça bastırınca kolayca içine girecek. Mesela bir yüzüğü hızlıca kâsedeki sert yüzeye vurduğunuzda taşa çarpmış gibi olacak ancak yüzüğü üstüne koyunca yavaş yavaş içine gömülecektir.

Çocuğunuz biraz bununla oynadıktan sonra buna çeyrek bardak ılık su eklesin. Bunu yapınca oobleck daha sıvı olacak ve parmaklarının arasından daha hızlı akacak. Biraz da böyle tadını çıkarsın.

Oobleck'in artıları: Harika bir duyusal oyun malzemesi. Sadece nişasta alıyorsunuz yani malzemesi çok ucuz, (özellikle çok miktarda alırsanız) çocuğunuz yanlışlıkla yese bile çok fazla sorun olmayacak bir karışım. Deney gibi bir şey olduğu için çocukları hem heyecanlandırıyor hem de eğlendiriyor. Çok kolay temizleniyor, suyla yıkıyorsunuz hemen çıkıyor.

Oobleck'in eksileri: Yaptıktan sonra oynayıp atmanız gerekiyor çünkü bir süre sonra çok kötü kokmaya başlıyor. Nişastalar uçuştuğu için üstünüz başınız beyaz toz oluyor fakat silince hemen geçiyor.

- **Evde duyusal şişeler ve poşetler hazırlayabilirsiniz.** Küçük pet şişelerin içine nohut, mercimek, pirinç koyun ve ev yapımı müzik aletleri yapın. Pet şişeyi yarısına kadar suyla doldurun içine sim ve şöniller atın. Buzdolabı poşetinin içine kavunun veya karpuzun çekirdeklerini koyun.

- **Ayna ile değişik oyunlarımız oluyor.** Küçük aynalara renkli bant yapıştırıp çocuğunuzdan çıkarmasını isteyebilirsiniz. Aynanın üstüne traş köpüğü sıkıp parmaklarıyla üstüne şekiller çizmesini isteyebilirsiniz.

- **Balonların içine sıvı bulaşık deterjanı koyun, bakliyatları ekleyin.** Ağzını sıkıca kapatın. Çocuğunuz buna dokunsun. 18 aydan küçük ve ağzına atma davranışı olan çocuklar için süzme yoğurdun içine gıda boyası katıp renklendirip parmak boyası olarak kullanabilirsiniz. Bunun içine tuz da katın böylelikle ağzına attığında hoşlanmaz.

- **Çeşit çeşit kurabiye kalıpları alın ve çocuğunuzla evde kurabiye atölyesi yapın.** Aşçı şapkalarınızı ve önlüklerinizi takmayı unutmayın.

Duyusal Oyun (Sensory Play) Nedir? Erken Çocukluk Gelişiminde Neden Önemlidir?

Çocuklarım küçükken duyusal oyunlara çok önem verdim. Çevrelerini tüm duyu organlarıyla keşfetmelerini sağlamak, benim için bir zevkti. Onların değişik kumaşlara ve yüzeylere dokunmalarını sağladım; ılık, sıcak, soğuk kavramını öğrettim. Değişik ülkelerin müziklerini dinlettim, renkli objelerle oynamalarını teşvik ettim. Amerika'da katıldığım "Erken Çocuk Gelişimi" sertifika programında duyusal oyunların çocukların gelişimindeki önemini gördüm ve kendi çocuklarımın bundan mahrum kalmasını istemedim.

Duyusal oyun, gelişiminde sorunlar olan veya otizmli çocuklarda tedavi amaçlı (Duyusal Bütünleme Terapisi) kullanılsa da, normal gelişim gösteren çocuklarda da çok olumlu etkileri var. Yurt dışında ve ülkemizde bu konuda değişik atölyeler var ancak annelerimiz biraz emek vererek duyusal oyunları ve masaları kendileri de hazırlayabilirler.

Duyusal aktiviteler ve duyusal masalar; dokunma, koku alma, tatma, görme ve duyma algılarını ve çocuklardaki keşfetme duygusunu harekete geçirir. Çocuklar oynarken, yaratırken, araştırırken ve araştırırken her açıdan gelişmelerini sağlar. Duyularını uyarmak için zaman harcadıkça çocuklar bilişsel, duygusal, fiziksel, sosyal alanda gelişiyorlar.

Ben değişik malzemeler kullanarak büyük bir duyusal masa hazırladım. Pinterest ve Google'da görsel aratma kısmına "sensory" yazınca karşıma binlerce resim ve fikir çıktı. Siz de böyle yapabilir veya benim yaptıklarımdan beğendiklerinizi çocuğunuzla deneyebilirsiniz. Hepsini aynı anda yapmanıza da gerek yok. Çocuğunuza bir anda bu kadar uyaran sunmak doğru da olmayabilir. Ben örnek olması için çok çeşit hazırladım. Siz mesela bir gün koku duyu masası hazırlarsınız, başka bir gün dokunma duyu masası.

Koku duyu masası: Kahve, lavanta, kekik, nane, mum, kokulu taşlar, gül suyu. Değişik ısıları hissetmesi de çok önemli.

Dokunma duyu masası: Şeker, renkli objeler, makarna, ponpon, Lego, bulaşık teli, pamuk, tül, zımpara, kabuk, taş, düğme. Bir kaba buz kalıpları koyun, diğerine sıcağa yakın su, diğerine oda sıcaklığında su. Etraf birazcık ıslanacak.

Duyma duyu masası: Ziller, müzik aletleri, ses çıkaran her şey, mercimekleri, barbunyaları, pirinçleri plastik şişelere, kaplara koyun sallayın.

Tat alma duyu masası: Limon, gül suyu, yoğurt, tarçın, nane, kekik, kıtır kıtır biber.

Evinizi dolaşın, çekmeceleri açın veya pazar ya da Eminönü'ne bir bakın. Mutlaka değişik sesler çıkaran, değişik dokusu olan, değişik tadı olan, renkli malzemeler bulacaksınız. İnternette "sensory table" veya "sensory play" yazıp arama yapın, karşınıza binlerce resim ve fikir çıkacak. Siz de hoşunuza gidenleri evinizde çocuklarınızla yapın.

Duyusal Poşet: İyi kalite buzdolabı poşetine saç jölesi, bebek yağı, bulaşık el deterjanı veya bebek şampuanı koyun. Oyuncakçılardan minik hayvanlar ve objeler alın, içine koyun. Bunlara dokunmayacağı için içine istediğiniz malzemeyi koyabilirsiniz. Tabii torbayı delmeyecek şeyler olmalı. Hava kalmasın içinde, iyice kapatın ağzını ve koli bandı ile kenarlarının üstünden yeniden kapatın sızdırmasın. Böylece kalıcı bir duyusal poşetiniz olur arada oynarsınız. Değişik fikirler için sosyal medyada mutlaka #sensorybag etiketine bakın. Binlerce değişik duyusal poşet fikri bulacaksınız. 0-3 yaş çocukların bilişsel, duygusal, sosyal gelişimi için faydalıdır. Mama sandalyesinde o bunlarla oynasın, siz yemeğinizi yapın veya beraber oynayın.

Kendi Oyun Grubunuzu Kurun

Kızlarım Alper 1,5 yaşındayken doğdu. Alper 3,5 yaşında kreşe başlayana kadar 2 sene boyunca 3 çocuk ile evdeydim. Bizdeki eğlence, etkinlik ve oyun en iddialı okulda yoktu. Haftada 2 gün mahalledeki arkadaşlarıyla oyun grubu yapardık. Her seferinde başka birinin evinde toplanıyorduk. Bir yaşından itibaren böyle oyun grupları çocuklar için çok faydalı, anneler de birbirlerine destek oluyorlar. Sonra da çocuklar 3-3,5 yaşına gelince 7-8 anne hep beraber kreşleri dolaşıp değerlendirirsiniz ve çocukları aynı kreşe verirsiniz. Böylece çocukların alışma süreci de kolay geçer çünkü tanıdıkları çocuklarla aynı sınıfa başlıyor olacaklar. Ayrıca 8 çocuk aynı kreşe başlarken inanılmaz indirim almak mümkün.

Evinizde Çocuğunuzun Yaratıcılığını Destekleyecek Bir Köşe Yapın

Esin 4 yaşındayken abisinin okulunda 29 Ekim kutlamalarında 80 kişilik bando takımını izleyip hayran kalmıştı. Eve gelince bir süre ortadan kayboldu. Oyun odalarında bir masaları ve doldurmak için kırtasiyeye küçük bir servet ödediğim bir köşeleri var. Orada her türlü kâğıt, karton, elişi kâğıdı, eva, her çeşit boya ve makas var. Özellikle çok büyük beyaz kâğıtları beğeniyorum. 30 dakika içinde o kâğıtlardan davul, baget, şapka yapmış ve bando takımındaki ablalar gibi siyah etek giymişti. Bu beni çok şaşırttı ve hâlâ onu ilk gördüğüm anı hatırlarım. Evde çocuğun yaratıcılığını destekleyecek öyle bir köşe şart. Tabii ki tablet, televizyon saatini de sınırlamak ve çocuğun sıkılmasına izin vermek de. Çocuk sıkıldığında gidip boyama, kesme ve yapıştırma yapacağı bir köşe yapmayı unutmayın. Tabii güvenlik önlemlerine de dikkat edin.

Ne Zaman İnsan Olacağız?

İkiz kızlarım 2. sınıfa, oğlum ortaokula başladığı gün çok zorlanmıştım. Aynı okul ama farklı bölümler. Neyse ki eşim de geldi ama çocuklar 3 farklı sınıftaydı ve biz sadece iki kişiydik. Ben oğlana gittim eşim kızlara. Ben teneffüste kızları bir öpüp şans diledim, zaten alışmışlardı fazla pas vermediler. Hiç zorluk çıkarmadılar ama yine de zorlandım koştura koştura...

Sonra özel anneleri düşündüm. Otizmli çocukların, gelişim geriliği olan çocukların annelerini kim bilir ne kadar zorlandılar çocukları okula başladığında. Tabii okula kabul edilecek kadar şanslılarsa... Çoğu çocuk otizmli veya normların dışındaysa okulda istenmiyor. Bunu yapanlar en çok da diğer veliler. Okul yönetimleri de özellikle para veren velileri üzmemek, rahatsız etmemek için bu özel çocukları okula almamak için elinden geleni yapıyor. Hâlbuki insan olmak bu çocukları okulda istemeyi gerektiriyor. Hâlbuki normal sayılıp şımarık veya vuran kıran çocuklar çocuğunuz için daha büyük bir tehlike oluşturuyor.

Ne zaman özel çocuklara bakarken "Oh, benim çocuğum böyle değil."den başka bir şey düşünebileceğiz?

Ne zaman empati kuracağız?

Ne zaman kaynaştıracağız?

Ne zaman hayatımıza katacağız?

Ne zaman insan olacağız?

Ne zaman anne olacağız?

Zayıflayan Anne Kimdir? 42 Kiloyu Nasıl Verdim?

Yoksa siz hâlâ Instagram'daki @zayiflayananne hesabımı takip etmiyor musunuz? Yaklaşık 4 yıldır hesabımda ideal kiloma yolculuğumu anlatıyorum ancak 2 yıl önce olduğum tüp mide ameliyatıyla kalıcı olarak zayıflayabildim. 28 Aralık 2015'te doktorum Dr. Hasan Altun tüp mide ameliyatımı yaptı ve midemin yüzde 75'ni aldı. Yeni yıla yeni minik midemle girdim. Ameliyattan sonra hiç zorluk çekmedim. Hiç ağrım olmadı. İlk 3 hafta sıvı gıdalarla beslendim, sonrasında yavaş yavaş katı gıdaları hayatıma yeniden soktum ve artık normal besleniyorum. Porsiyonlarım küçük olduğu için kilo vermeye devam ediyorum. İlk ay 12 kilo, 2. ay 6 kilo, 3. ay

6 kilo, 4. ay 5 kilo, 6. ay 5 kilo verdim. İlk 8 ayda 38 kilo verdim. Şimdi kilo vermem biraz durdu ama sorun etmiyorum. Yakında zumba ve reformer pilates ile yeniden kilo vereceğime eminim. Tüp mide ameliyatı ile 13 ayda 42 kilo verdim. 54-56 bedenden 42 bedene indim. Kalan son 8 kilomu da önümüzdeki aylarda vermeyi planlıyorum.

Tabii ki bu ameliyat kararını kolay almadım. Yaklaşık 2 yıldır bunu düşünüyordum. Ancak Dr. Hasan Altun ile tanışıp ona güvenince ikna oldum. Sonuçta tüm ameliyatlarda olduğu gibi ölüm riski bile var. Önemli olan doktorunuzu iyi seçmek. Ameliyat sonrasındaki bakım da çok önemli. Doktorumun başarısının sırlarından biri ameliyattan sonraki 1 yılda sizi diyetisyen, psikolog, hasta koordinatöründen oluşan ekibiyle yakından takip etmesi. Ne yazık ki bana ulaşan pek çok kişiden anladığım kadarıyla bazı devlet hastanelerinde hastayı ameliyat ediyorlar ve sonrasında hiç bir kontrol veya ilgi olmuyor. Hastaya ameliyattan sonra ne yiyeceğini veya yiyemeyeceğini bile anlatmıyorlar. Bu çok tehlikeli bir durum. Lütfen ameliyata karar vermeden önce sağlıklı beslenme ve spor ile fazla kilolarınızdan kurtulmaya çalışın. Bu ameliyat son çare olmalı. Bu kararı hafife almayın.

Yakında zayıflamaya çalışan anneler birlikte spor yapacağız, seminerler dinleyeceğiz, ürünler deneyeceğiz, eğleneceğiz ve tabii ki zayıflayacağız. Haydi siz de zayıflamaya özel bir Instagram hesabı açın ve Instagram'da "zayiflayananne" hesabımı takibe alın. Size harika sürprizlerim olacak.

Bana, "Tüp mide ameliyatını tavsiye ediyor musunuz?" diye çok soruyorlar. Bu çok önemli bir karar ve riskleri var, o nedenle tavsiye etmem imkânsız ama kesinlikle ameliyat olmaya karar verdiyseniz ve ameliyat kriterlerine uyuyorsanız doktorum Dr. Hasan Altun'u tavsiye ederim çünkü Türkiye'deki en tecrübeli doktorlardan biri ve aldığı sonuçlar çok iyi ve güvenli.

Bu kadar kiloyu verdikten sonra kendimi çok daha genç, enerjik ve mutlu hissediyorum. Rahat nefes almak, gönlümce hareket etmek ve istediğim şeyleri giyebilmek çok güzel. En güzeli de o 42 kilonun ağırlığını taşımamak. Hayatım tamamen değişti ve güzelleşti. Artık üç çocuğumla ve aşkımla daha dinamik bir hayat yaşayabiliyorum.

Instagram: zayiflayananne

Armut Dibine Düşermiş

Hayatım boyunca çok kitap okudum. 4,5 yaşında okumaya başladım, 6 yaşında kalın romanlar okuduğum için 1. sınıfı okumadan beni 2. sınıfa başlattılar. Ondan sonrasında da hep çok kitap okudum. Her yaz en az 50 kitap okurdum. Alper de hep beni okurken ve dışarı çıkarken çantama kitap atarken gördü. Onun da içinde varmış o da 4,5 yaşında yavaştan okumaya başladı. 5 yaşında anaokulu okumadan birinci sınıfa başladı. Benim gibi 6 yaşında 2. sınıf öğrencisiydi. Her yaz hep 45-50 kitap okudu kendi isteğiyle. Her zaman yanında kitap taşır. Açar okur. Neredeyse her gün 100-120 sayfalık bir kitap bitirir. Tabletiyle de oynar. Her şeye zaman ayırır, hepsinin keyfini çıkarır. Bir gün Mardin'den dönerken uçakta ikimiz de kitabımızı çıkardık okuduk. Çok hoşuma gitti. Siz ne yaparsanız, sizden ne görürse çocuğunuz onu yapıyor, unutmayın. Verdiğiniz öğütler değil, davranışlarınız onun davranışlarını yönlendiriyor. Eğer onun elinden tabletini düşürmemesini istiyorsanız siz de elinizden cep telefonunuzu düşürmeyin, eğer onun kitap okumasını istiyorsanız siz de onun yanında kitap okuyun.

Nasıl İlik Donörü Olup Hayat Kurtaran Bir Kahraman Olabilirsiniz?

"Donör Ol, Hayat Kurtar" sloganıyla kısa zamanda on binlerce gönüllüye ulaşan ve ilik bekleyen yüzlerce kan kanseri hastasına umut olan Belki de Sensin'in yeni projesi,"Bi' Tutarsa"yı hayata geçirerek, ilik bağışının önemi hakkında farkındalık yaratmayı hedefliyor. İnsanları donör olmaya yönlendirme misyonuyla harekete geçen projede hedef, kök hücre nakli bekleyen kanser hastalarının, uygun donör bulunarak hayatta kalmalarını sağlamak.

İlik arayan binlerce kişiye umut olmak için 4 yıl önce yola çıkan ve bugün Türkiye'nin dört bir yanında kök hücre donör adayı sayısını 30,000'den 200,000'e taşıyan Belki de Sensin platformu, bu kez milyonlarca kişiye ulaşma hedefiyle kolları sıvadı. "Bu kampanya bi' tutarsa, gerisini kanser düşünsün" sloganıyla hayata geçirilen "Bi' Tutarsa" projesiyle Edirne'den Hakkari'ye sıfır kanserli, bol sağlıklı bir Türkiye için 18-50 yaş arasında her yurttaş kök hücre donör adayı olmaya çağrılacak.

Türkiye'de kök hücre gerçekleri ise;

- Her yıl en az 1,000 kişi eşleşme sağlanamadığından hayatını kaybediyor.
- En az 1,500 kişi, eşleşme için yeni donör adaylarını bekliyor.
- Toplam 200,000 donör var, ihtiyaç duyulan ise en az 1 mil-

yon donör.

Sadece 5 dakika, sadece 3 tüp kan!

63 ilde 1,800 gönüllüsü, 16 ilde ise 320 aktif gönüllüsü olan projenin kurucuları yeni kampanyalarının önemini şu sözlerle aktardı: "Düşünsenize! Sadece 5 dakikanızı ayıracaksınız ve Kızılay'a 3 küçük tüp kan örneği vereceksiniz. Sonuçta sizin kanınız bi' tutarsa, bir hayat kurtarmış olacaksınız."

Hedef: Yüzde 100 sağlıklı Türkiye!

Türkiye'de her yıl binlerce kişiye kanser tanısı konuluyor. Uygun donör adayı bulunamadığı için her yıl yaklaşık 1,000 kişi hayatını kaybediyor.

Ne yapılabilir? Nasıl donör olunur?

- 18-50 yaş aralığındaki kronik ve bulaşıcı herhangi bir rahatsızlığa sahip olmayan sağlıklı bireyler,
- Kızılay verici merkezlerine giderek kayıt formu ve 3 tüp kan örneği ile ilk adımı atabilir.
- Kayıtlar 50 yaşına kadar saklanır ve bir hastayla eşleştirilen donörler için bağış süreci başlar.
- Birisi ile eşleşen donörlerden tekrar kan örneği istenir. İleri eşleşme sağlanırsa nakil için hazırlıklar başlar.
- Nakil gerçekleştiğinde bir hayat kurtarılır.

Kızılay verici merkezleri:

kanver.org/KanHizmetleri/KokHucreBagisiNoktalari/

Donör olamayanlar destekçi olabilir!

Donör olamayacak durumda olanlar ya da hâlihazırda donör olanların hayat kurtarmak için başka seçenekleri de var. 9 şehirde kurulan ve aktif faaliyet gösteren 1,500 gönüllüye katılarak, kök hücre bağışı konusunda destek olmak mümkün.

İletişim adresi:

http://www.belkidesensin.org/harekete-gec

İstanbul Tıp Fakültesi Kemik İliği Bankası Koordinatör Yardımcısı Doç. Dr. Çiğdem Kekik Çınar, kampanya hakkında şunları söyledi:

"Eşleşme sonrası nakil aşamasında toplumun korktuğu gibi bir durum söz konusu değildir. Nakil işlemi steril ortamlarda, basit işlemlerle, vericiye zarar verilmeden gerçekleştirilir. Ayrıca kemik iliği veya kandan kök hücre alımı nedeniyle, donörün hayatını ve iş gücünü etkileyebilecek herhangi bir sorun yaşanmaz. Yalnızca kemik iliğinin alındığı bölgelerde hafif ağrı hissedilebilir. İşlemlerden sonra donörler kendilerini hastaneden hemen ayrılacak kadar iyi hisseder. Ancak biz yine de donörün nakil işleminden sonraki birkaç gün ağır hareketlerden kaçınmasını öneriyoruz. Ayrıca tüm donörleri bağıştan 3, 6 ve 12 ay sonra kontrole tabi tutarak, her şeyin yolunda gittiğinden emin oluyoruz."

İnternet sitesi: belkidesensin.org

Kızlara Neden Bu Eziyet?

Geçen gün, bir gösteride yer alacak kızlarıma kot almak için alışverişe çıktım. Boyları çok hızlı uzadığından 6 ayda bir pantolonlar yenileniyor. İkiz olmalarına rağmen tercihleri çok farklıdır. Esin taytla uyumak isteyecek kadar tayt olayını seviyor. (Uyurken tabii izin vermiyorum, kan dolaşımı için zararlı.) ama Sevinç kesinlikle tayt ve dar kıyafetleri sevmiyor, rahatına düşkün tam da olması gerektiği gibi. Tabii arada özel günlerde çok rahat olmayan kıyafetler giyiyorlar ama genellikle okula sadece eşofman, kot gibi rahat kıyafetlerle gidiyorlar. Esin'e istediği gibi dar kotlardan hemen buldum ama koca mağazada bir tane kız için rahat, dar olmayan kot bulamadım. Son çare olarak gidip erkek çocuk tarafından rahat bir kot aldım. Sorun şu ki kızlar için üretilen kotlar, pantolonlar hep daracık ve rahatsız. Neden kız çocukları bu cendereye küçücük yaştan girmek zorunda? Rahat etmek için sadece eşofmanla mı dolaşacaklar? Benim kızlarım normal kiloda ama biraz kilolu çocuğu olanlar ne yapsın? Çocuğu yaşının bedenindeki kıyafetlere sığmadığı için 2-3 beden büyük alıp terzide paçalarını kestirenleri biliyorum. Küçük kadın gibi çocuk giysileri konusuna girelim mi bilemedim. Kızlarımızı şık giydirmek hoş ama küçük kadınlık veya seksilik çizgisini geçmemenin gerekliliğine inanıyorum. Zaten büyüdüklerinde daracık kıyafetler, topuklular ve güzel olma çabasıyla yaşayacaklar, buna erken başlamak çok gereksiz. Onlar zaten çok güzeller. Arada oyun için tiyatro gibi yapılan şeylerden bahsetmiyorum.

Biliyorsunuz, pek çok çocuk giyim markasıyla projelerim etkinliklerim oluyor. Bu yazımla aslında annelerle bir araştırma da yapmış oldum. Çocuk giyimi konusundaki bu yazım çok kişinin duygularına tercüman oldu. 700 kişi yorum yazdı ve kız-erkek çocuk kıyafetlerinin daha rahat kesim üretilmesini ve kızların küçük kadınlar gibi giydirilmemesini istedi. Duyarlı markaların annelerin bu yorumlarını ve isteklerini dikkate alacağını çok iyi biliyorum.

Kızları Daha Güçlü Yetiştirmeliyiz

Kabul edelim dünya erkeklerin dünyası. Her şey erkekler için daha kolay ve hazır. Kadınlar tüm haklarını, başarılarını ve ödüllerini çok çalışarak, mücadele ederek ve kalıpları yıkarak almak zorunda. Bir kadın her zaman bakımlı, güzel ve genç olmalı. Namuslu, başarılı ve çalışkan bir genç kız olmalı, iyi bir evlilik yapmalı. Hem çalışıp başarılı olmalı hem de çok iyi bir anne olup örnek çocuklar yetiştirmeli. Tabii ki bunları yaparken eşini de ihmal etmemeli.

Okurken bile yoruldunuz mu?

Vallahi milyonlarca kadın her gün bu ideale ulaşmaya çalışıyor ve bu çabasında her an eleştiriliyor ve aşağı çekilmeye çalışılıyor. Şimdi bunu kabul ettiysek ve kafamızı onaylarcasına salladıysak bilmeliyiz ki böyle bir hayata kızlarımızı küçükten hazırlamalı ve bu mücadeleden sağ çıkacak kadar donanımlı yetiştirmeliyiz. Çocuklar görerek öğrenir. Kızların güçlü olması için annelerinin de güçlü olması gerek. Bakın bu da biz kadınlara düştü. Ama bu bir gerçek. Bir annenin kendi içindeki mutsuzlukları ve kompleksleri çözmeden özgüvenli ve mutlu çocuklar yetiştirmesi çok zor. Bu nedenle işe kendinizden başlayın.

Kendinize şu soruları sorun:

- Nasıl mutlu olabilirim?
- Kendimi nasıl geliştirebilirim?
- Hayatımı nasıl güzelleştirebilirim?

- Potansiyelimi nasıl gerçekleştirebilirim?

Bu soruların cevaplarını ararken ve kendiniz üzerinde çalışırken bir bakmışsınız çocuğunuz için de iyi bir şeyler oluyor. Önce kendinizi kurtaracaksınız ki çocuğunuzu da kurtaracak duruma gelin. Siz güçlü, dürüst, ilerici, mutlu ve özgüvenli olun öncelikle.

Kızların psikolojik olarak güçlü olmasına çok önem veriyorum. Mutlu ve özgüvenli olmaları da önemli. Ben çocuklarıma olumlamalar yapmayı da öğrettim. "Ben güçlüyüm. Ben yapabilirim. Her şey çok iyi olacak. İstediğim gibi olacak. Başaracağım." Bunları söylerler. Ben küçüklüğümden beri hayatımdaki zorlukları hep böyle aştım. Kendi kendime moral verdim. Kendi kendimin en büyük destekçisi oldum. Bazen bakıyorum, insanlar kendi kendilerinin moralini bozuyorlar ve kuruntulara kapılıyorlar. Kendi kendinizin düşmanı olmayın. Kızlarıma istedikleri her şeyi başarabileceklerini ve ne isterlerse onu olabileceklerini söylüyorum. Kız çocuklarını kalıplara sokmayın. Onlara isterlerse mühendis, futbolcu, karateci, matematikçi olabileceklerini söyleyin. Kızların erkek gibi olmasından bahsetmiyorum. Bence önemli olan onlara hem prenses hem mühendis olabilecekleri mesajının gitmesi. Önyargılar ve kalıplarla kısıtlanmamış özgür bireyler olmalarını hedefliyorum.

Evde de kızlarıma tipik kız görevlerini değil, görevleri paylaşmayı öğretiyorum. Eşim akademisyen olmasına ve sürekli bilimsel araştırmalarla inanılmaz yoğun olmasına rağmen evde her şeye yardım eder. Çocuklarımızın bu örnekle büyümesi çok değerli. Babalar, çocuklarına ve annelerine değer vererek ve evde işlere yardım ederek örnek olmalılar. Bir baba, çocukları için doğurmak ve emzirmek dışında her şeyi yapabilir ve yapmalıdır. Evdeki baba işten eve gelip ayaklarını uzatıp oturuyor ve anneden hizmet bekliyorsa o kız çocuğunun kafasındaki erkek ve kadın rolleri böyle belirleniyor.

Kızlarınıza özellikle sahip çıkın. Onları güçlü yetiştirin, onları ezmeyin, aşağılamayın, itiraz etme haklarını ellerinden almayın ki kimsenin onlara böyle davranamayacağını öğrensinler. Siz bunları onlara yaptığınızda başkalarının da onlara böyle davranabileceğini öğretmiş oluyorsunuz. Siz şu anda çocuklarınıza yaptıklarınızla aslında onların hayat boyu kuracağı ilişkileri şekillendiriyorsunuz. Bir yerde okumuştum: *Çocuklara söyledikleriniz onların iç sesi oluyor.* Yani siz çocuğunuza "Aptalsın, beceriksizsin." dediğinizde veya böyle düşünüp ona hissettirdiğinizde ilerde çocuğunuz içinden "Ben aptalım ve beceriksizim." diyor. Bunun düşüncesi bile beni ağlatıyor.

Tabii iş sadece kızları güçlendirmekle bitmiyor; bu kızlara iyi davranacak, onlara saygı duyacak erkekleri de biz yetiştiriyoruz. Oğlunuzu, "Paşa oğlum, aslan oğlum." diye sevin (Ben öyle seviyorum.) ama ona kadınlara saygı duymayı ve hayatın müşterek olduğunu da öğretin.

Bugün yeni bir gün. Siz bugünden itibaren bu yazdıklarımı dikkate alarak davranabilirsiniz. Özellikle kız çocuklarının güçlendirilmesi, erkek çocuklarının da kadına saygıyı ve sevgiyi öğrenmesi küçükten başlamalı. İşimiz ve sorumluluğumuz büyük ama başaracağımıza inanıyorum. Başarmak zorundayız.

Çocuğunuzla Güneydoğu Anadolu'ya Gitmek

Geçtiğimiz zamanlarda Alper'in okulu 1 hafta tatil olunca, onu her zaman gittiğimiz yerlerin dışında bir yere tatile götürmeye karar verdim. Biraz ani bir karar oldu ama uzun zamandır çocuklarımla Güneydoğu Anadolu'ya gitmek istiyordum. Alper ile Mardin'e gitmeye karar verdik. 3-4 yıl önce çarşısında turistlerden adım atılamayan Mardin, şu anda terör korkusu nedeniyle turizm açısından zor durumda. Evet, ülkemizde terör denilen bir gerçek var ama ne yazık ki dünyada ve Türkiye'de artık terör her yerde karşınıza çıkabiliyor. Açıkçası ben İstanbul'da metroya binerken daha çok çekiniyorum. Lütfen Doğu ve Güneydoğu Anadolu'daki şehirlerimizi çocuklarınızla ziyaret edin. Oradaki rehberler zaten nerelerin güvenli olduğunu çok iyi biliyorlar. Oraların güzelliğine inanamayacaksınız. Alper ile Mardin'e doğru uçarken içimi çok büyük bir mutluluk kapladı. Canım oğlum büyümüştü ve bana gezilerimde eşlik ediyordu. Oğlumla baş başa bu 2 günlük tatil ikimize de çok güzel gelecekti. Mardin'e uçak yolculuğumuz 1 saat 50 dakika sürdü. Mardin havaalanı küçük olduğu için işlemler çok çabuk bitti. İstanbul- Mardin arası uçuşlar çok uygun fiyatlı. Tahmininizden çok daha uygun bir bütçeyle çocuğunuzla kısa bir Mardin tatili yapabilirsiniz. Mardin'de 2 gece kaldık ve orada Mardin Hassas Anne buluşmasını yaptım. Bildiğim kadarıyla Güneydoğu Anadolu'daki bu büyüklükteki ilk anne buluşması oldu. Buluşmanın duyurusunu sadece 1 gün önceden yapmama rağmen buluşmaya 190 anne-babanın gelmesi beni çok mutlu etti. İyi ki geldiniz. Mardinli annelerin ilgisini, sevgisini unutmama imkân yok. Artuk Üniversitesi araştırma görevlisi Mine Ayanoğlu da öğrencileriyle beni dinlemeye gelmişti. Onun da bilgilerinden yararlandık ve o da Hassas Annelerin sorularını cevapladı. Mine hocama çok teşekkür ediyorum. Mardin Hassas Anne buluşmasında doğumdan itibaren hassas olmamız gereken konuları ve anneliğimizin tadını nasıl çıkarabileceğimizi konuştuk. Çok keyifli bir buluşmaydı. Mardin'de çok kalamasak da gezme fırsatımız oldu. Mardin'in bence kendine has bir rengi var. Taşların ve eski evlerin rengi doğanın yeşili ve bulutların mavisiyle buluşunca insan hayran kalıyor. Burada dinlerin, dillerin ve kültürlerin bir uyum içinde yaşaması insanı çok etkiliyor. Kısa zamanda pek çok yer gezdik. Kasımiye Medresesi, Eski Mardin, Büyük Otel, Deyrülzafarân Manastırı, Cercis Murat Konağı ve Antik Dara Köyü'nü gördük. Hava muhalefeti nedeniyle Midyat'a gidemedik ama yeniden Mardin'e gelmek şart. Mardin'de Antik Dara Köyü'nde bize rehberlik eden çocuklara hayran kaldım. Kendilerine güvenleri, bilgileri ve neşeleri harikaydı. İki gün kaldığımız Mardin'den oğlumla harika anılar biriktirerek ayrıldık. Lütfen siz de çocuğunuzla her zamanki rotanızın dışına çıkın ve ülkemizin Güneydoğu Anadolu Bölgesi'ndeki cennet şehirlerini ziyaret edin. Hayata bakışınızın değiştiğini ve ufkunuzun genişlediğini fark edeceksiniz.

Sporcu Annesi Olmak

Çoğu anne çocuğunun spor yapmasını ister ve bununla gurur duyar. Hele bir de çocuğunuz profesyonel sporcuysa artık siz bir sporcu annesi olmuşsunuzdur ve hayatınız sonsuza kadar değişmiştir. Artık spor salonlarında geçirilen saatler sizin hayatınızın bir parçası olur ve siz ne kadar zorlanırsanız zorlanın, çocuğunuzun sevdiği sporu yapması için gereken her şeyi yaparsınız. Çocuğunuz bazen yorgunluktan veya yaptığı hareketin zorluğundan ağlarken sizin içiniz yansa ve onu o anda o spor salonundan götürmek isteseniz de ona destek olursunuz. Çünkü bilirsiniz ki onun içinde bir ateş ve tutku var ve o bundan besleniyor. Yaşıtları doğum gününe veya eğlenceye giderken o antrenmana gidiyor ve bunu tercih ediyor.

Ben de bir sporcu annesiyim çünkü üç çocuğumun hayatında spor büyük yer kaplıyor. Sekiz yaşındaki kızım Esin, Gençlik ve Spor Bakanlığı'ndan lisanslı bir jimnastikçi ve yarışmalara katıldı. Esin, 4 yaşında jimnastiğe başladı ve 7 yaşında çok büyük bir başarı kazandı. Esin 7 yaşında yanında ailesi olmadan jimnastik kulübü ile 4 günlüğüne İtalya'ya gitti. Torino'daki uluslararası ritmik jimnastik yarışmasında serbest rutinde birinci oldu ve altın madalya kazandı. Genel puanlamada da ikinci oldu ve gümüş kupa kazandı. Seninle gurur duyuyorum canım kızım. 7 yaşında başka bir ülkeye tek başına gitmen, 15 kişilik jürinin ve yüzlerce seyircinin karşısına çıkman bile büyük bir cesaret ve başarı öyküsü. Umarım azmin, çalışkanlığın ve spor aşkınla tüm Türk kızlarına örnek olursun. Dört yıldır haftada 4-5 gün toplam 20 saat antrenman yapıyorsun ve emeklerinin karşılığını aldığın için çok mutluyum. Esin, 18 madalya kazandıktan sonra 8,5 yaşında jimnastiği bıraktı ve voleybol oynamaya başladı. Esin voleybolu çok sevdi ve tercih etti. Çok uzun boylu olduğu için voleybolda daha başarılı olacağını düşünüyoruz.

10 yaşındaki oğlum Alper, 4 yaşında jimnastik ile spor hayatına başladı. 1,5 sene jimnastik, kısa bir süre Aikido yaptıktan sonra ilkokulunda basketbol kursuna başladı. İki yıldır devam ettiği Darüşşafaka altyapıda lisanslı olarak basketbol oynuyor. Boyu normalden çok uzun olduğu için basketbolda çok avantajlı ama tabii ki çok çalışıyor ve tüm hayatını antrenman saatlerine göre düzenliyor.

Sevinç spora 4 yaşında jimnastik ile başladı. İki sene sonra Aikido'ya sonra da karateye geçti. Karatede sarı kuşak sınavını geçip sarı kuşak kazandı ve sporcu lisansı çıktı. 8 yaşında voleybola başladı. Voleybolun en sevdiği spor olduğunu söylüyor.

Üçü de her hafta saatlerce antrenman yapıyorlar ve hayatlarını spora göre düzenliyorlar. Üç çocuğumun derslerinde de sporcu disiplininin etkilerini görebiliyorum. Derslerine çok önem veriyorlar, ödevlerini hiç aksatmıyorlar ve öğretmenlerinin sözünden çıkmıyorlar. Bunda küçük yaşlardan itibaren spor yapmalarının çok etkisi var. Antrenmanlarda sadece spor yapılmıyor, antrenörleri onlara sporcu disiplinini ve terbiyesini de veriyorlar.

Çocukları spor konusunda zorlamamak gerekiyor. Onlara

istedikleri zaman sporu bırakabileceklerini ve bunun bir başarısızlık olmayacağını hissettirmeniz çok önemli. Aksi takdirde bu yükün altında ezilebilir ve spora sadece sizi hayal kırıklığına uğratmamak için devam edebilirler. Hiçbirimiz bunu istemeyiz. Her zaman çocuklarımıza koşulsuz sevgi vermeliyiz ve onlara birer birey olarak saygı duymalıyız. Yaşıtlarından çok daha zor bir hayat süren sporcu çocukların buna daha da çok ihtiyacı var.

Her spor yapan çocuk büyüyünce sporcu olacak diye düşünmemek lazım. Sporcu olmak gerçekten çok özveri gerektiren ve çok az kişinin başarabileceği bir şey. Herkesin sporcu olmasına da gerek yok zaten ama her çocuğun mutlaka düzenli olarak spor yapması gerekiyor. Ben buna çok önem veriyorum. Sporun çok faydalı olduğunu herkes biliyor ama Türkiye'de çocukların spor yapma oranı ne yazık ki çok düşük. Sadece 10 çocuktan 1'i düzenli ve bilinçli şekilde spor yapıyor.

Sporun faydalarını anlatmaya sayfalar yetmez. Mutlaka ama mutlaka çocuklarınızın sevdiği sporu bulmaya çalışın ve onları destekleyin. Lütfen spora ve sanata bütçemiz yok demeyin. Artık neredeyse her belediyenin ve semt derneğinin ücretsiz spor ve sanat kursları var. Bunları araştırın. Çocuklarınızı spora veya sanat kurslarına götürmek proje çocuk yetiştirmek değil inanın. Tabii ki burada önemli olan çocuğun gitmeyi istemesi.

Tabii sporcu anne-babası olmak da çok zor. Spor salonu kapılarında geçiyor ömrümüz. Çoğu zaman antrenmanları izlememize bile izin yok. Saat kaçta derlerse her şeyi ama her şeyi bırakıp çocukları antrenmana yetiştirmemiz gerekiyor ve saatler, günler devamlı değişiyor. Tatil programları da tabii spora göre yapılıyor. Aile bütçesinin önemli bir kısmı spora gidiyor. Bunlar hallediliyor da onları yorgun argın her tarafları ağrırken, acıdan ağlarlarken görmek çok yıpratıcı. Sonra da bir gülümsüyorlar veya kendileriyle gurur duyuyorlar, tüm yorgunluklar zorluklar unutuluyor. Bu arada çocukların karakteri gelişiyor.

En son yapılan araştırma sonuçlarına göre spor çocuklar için ödevden ve ders çalışmaktan daha faydalı. Çocuklarınıza sporu sevdirmenin en güzel yolu, çocukların sizi spor yaparken görmeleridir. Ailecek spor yapmak çok keyiflidir. Sporu ailecek hayatınızın bir parçası hâline getirin. Bizim hafta sonlarımız sporla ve sanatla dopdolu geçiyor. Arada tiyatroya, sinemaya, müzelere, maçlara ve atölyelere de gidiyoruz. Hafta sonu tempomuz çok yoğun ama keyifli. Ben koşturmaktan yorulmuyorum.

Okula Başlama Yaşı ve Sınav Stresi

Hayatımız boyunca sınavlara giriyoruz. Artık neredeyse kreşe bile sınavla yani bir değerlendirme ile giriliyor. Gerçi çoğu okul, sınavları "zor girilen ve herkesi almayan okul" imajı çizmek için düzenliyor ama yine de sınavsız olmuyor.

Üç çocuğumuzun da ilkokulu devlet okulunda okumasını tercih ettik ve yaşadığımız ilçedeki en iyi devlet okulunun yakınına taşındık. Biliyorsunuz devlet okuluna başlarken adrese göre kayıt olunuyor. Tabii çeşitli yollarla adresinizin tutmadığı okullara da kayıt olabilirsiniz ama biz böyle yapmayı tercih etmedik. Devlet okulunu tercih etmemizin nedeni çocukların biraz hayatı görmeleri ve yakınımızda böyle iyi bir okulun olmasıydı. Tabii 3 çocuğu özel okulda okutmak da herkes için mümkün değil. Ben eğitim bütçemizi ortaokul, lise veya üniversite için kullanmayı düşünüyorum. Bu yıllarda burs alma ihtimalleri de oluyor. Ortaokuldan itibaren kolejlerin bursluluk sınavları oluyor. Çocuklar bu sınavlarda aldıkları puanlara göre çeşitli oranlarda burs alabiliyorlar. Çoğu okul 4. ve 8. sınıf öğrencilerine sınav yapıp burs veriyor. Yine de burs alma ihtimali çok düşük çünkü sınavlara çok fazla çocuk katılıyor ama burs yüzdesi çok az. Yine de bence veliler bu sınavları takip etmeli ve çocuklar da istekliyse sınavlara katılmalı. Burs kazanamasa da sınav tecrübesi de önemli. Sonuçta Türkiye'de yaşıyoruz ve sınavlar hayatımızın bir gerçeği. 4. sınıftaki sınavlara girmese 8. sınıfta TEOG sınavlarından kaçış yok. 4. sınıfta bursluluk sınavlarını takip edip çocuğunuzu bu sınavlara kayıt ettirmenizi tavsiye ederim. Alper 6 tane bursluluk sınavında derece yapıp çoğundan maksimum bursu kazandı. Şu anda da bursluluk sınavında birinci olduğu kolejde burslu okuyor.

Alper yaşıtlarından biraz ileri olduğu için yapılan değerlendirmelerden sonra anaokulu yerine ilkokul 1'e başlaması uygun görülmüştü ve 64 aylıkken birinci sınıfa başladı. O günlerde kafasından 2-3 basamaklı matematik işlemlerini yapıyordu, biraz okuyup yazıyordu ve derslerde zorluk çekmedi. Geçtiğimiz yıllarda herhangi bir zorluk yaşamadık. Sınıftaki arkadaşları ondan 1 yaş büyük olsa da sosyal olarak da dersler açısından da sorun yaşamadı.

Çocuğumuzu Okula Erken Başlatalım mı?

Bu soruyla çok karşılaşıyorum. Oğlum 64 aylık, ikiz kızlarım 79 aylık ilkokula başladıkları ve ben bu konuyu uzmanlarla çok konuştuğum için bu soruyu cevaplayabilirim. Çok çok az çocuğun erken başlayabileceğini düşünüyorum. Çocuğun fiziksel, sosyal ve bilişsel gelişimi yaşıtlarından çok ileri olmalı ve çocuk 45 dakikalık derse yoğunlaşıp derse katılabilmeli. Siz çocuğunuzun bu özellikleri taşıdığını düşünseniz de mutlaka pedagog, rehberlik uzmanı ve anaokulu öğretmeninden de değerlendirme almanızı tavsiye ederim. Alper de böyleydi, o nedenle onu değerlendiren 3 uzman 64 aylıkken 1. sınıfa başlamasının daha iyi olacağını belirtmişlerdi. Eğer 1 sene geç başlasaydı okulda çok sıkılacağı ve belki de okuldan soğuyacağı olasılığını da kabul ediyorum. Alper kendinden 1 yaş büyük çocuklarla okuduğu sınıfında çok mutlu, sınıf arkadaşlarıyla çok iyi anlaştı, derslerde çok başarılı ve okula çok severek gitti. Eğitim sistemimiz ortalama çocuklar için dizayn edilmiş. Geriden gelen veya ileri çocuklar için çözüm yolları üretilmiyor. Bu çocukların velileri de öğretmenleri de çok zorlanıyorlar.

Bençe çocuğunuzu okula erken başlatmayın. Uzmanlar da böyle diyor. Kızlarımın 79 aylık ilkokula başlamasından çok memnunum. Alper'in erken başlamasının zararlı bir tarafını görmedik ama Alper biraz fazla çalışkan ve dersi seven bir çocuk. Her çocuk böyle olmuyor.

Okula Başlarken...

Eylül ayı, çocuğu ilk defa kreşe, anaokuluna veya ilkokula başlayacak anneler için çok önemli bir ay. Evinizin güvenli ortamında kendi istediğiniz gibi büyüttüğünüz göz bebeğiniz artık eğitim sistemine adımını atıyor ve her gün uzun saatler boyunca sizden uzakta olacak. Pek çok anne bu başlangıç dönemindeki kaygı ve evhamlarıyla baş etmekte zorlanıyor. Annedeki bu stres hâliyle çocuklara da yansıyabiliyor

Çocuklar ilerde neler olacağını bilmeyi çok sever ve bu onlara huzur verir. Siz de okula başlayacakları zaman onları aylar öncesinden yavaş yavaş hazırlamaya başlamalısınız. Bunu ben de üç çocuğumda uyguladım. Okulun ne kadar güzel bir yer olduğundan bahsettim. En önemlisi de ben endişe duymadım ve gözümde büyütmedim. Çocuklar sizin ne hissettiğinizi hemen anlarlar ve empati yetenekleri çok iyi olduğu için bundan etkilenirler. Siz rahat ve mutlu olacaksınız. Okula başlamanın kutlanacak ve çok mutlu bir olay olduğunu yansıtacaksınız çocuğa. Yoksa siz, "Aman Allah'ım, okul başlıyor, nasıl olacak? Bu çocuk nasıl gidecek tek başına?" paniğinde olursanız ne kadar saklamaya çalışsanız da bu çocuğa yansır. Önce siz kendinizi hazırlayın okula. Siz çocuğunuzun okula başlamasıyla ilgili mutlu ve heyecanlı olacaksınız ki o da böyle hissetsin ve beraberce bu beklenen harika olaya hazırlık yapın.

Çocuğunuzun Sıkılması Dünyanın Sonu Değil

Şimdilerde ebeveynlerin en büyük endişelerinden biri: Aman çocuklar 5 dakika boş kalmasın, canları sıkılmasın ve gelişimleri aksamasın!

Hâlbuki araştırmalar gösteriyor ki çocukların canının sıkılması çok da kötü bir şey olmayabilir. Sıkıntı yaratıcılığın gıdası olabilir. Ne yapacaklarını düşünmek onların zihninde yeni kapılar açıyor ve sonuç olarak hayal güçleri gelişiyor. Aileler çocukların canı sıkıldığında hemen atlayıp bu sorunu çözmeye çalışmamalılar. Özellikle de bu çözüm çocuğun eline tablet, cep telefonu vermek veya televizyonu açmak olduğunda işler daha da kötüye gidiyor. Çocukların her dakikasını onlar için faydalı aktivitelerle doldursanız bile arada bir sıkılmalarına izin vermeniz onlar için faydalı olabilir.

Bizim zamanımızda çok az oyuncağımız vardı; bilgisayar, tablet, cep telefonu yoktu, televizyonda da çok az program vardı. Biz genellikle sokakta büyüyen bir nesildik ve onlarca arkadaşımız vardı. İşimiz oyun kurmaktı ve devamlı oynardık. Sadece karnımız acıktığında eve koşardık. Altı yaşında ilkokula başlayana kadar okul öncesi eğitim yaygın değildi. Zaman değişti. Çocukların günümüzde her zamankinden daha çok oyuncağı, kitabı, dergisi ve bilgiye ulaşma yöntemi var. Buna rağmen "sıkıldım" lafını duymayan aile yoktur.

Çocuklarımızın tüm zamanlarını planlayarak ve her dakikalarını bir şirket genel müdürü gibi programlayarak onlara kendi hikâyelerini yazmaları için bir fırsat vermiyoruz. Çocuklar belki aktiviteden aktiviteye koşuyorlar ama bu aktivitelerde adece katılımcı oluyorlar ve kendileri oyun kurma becerilerini kazanamıyorlar. Çocuklara serbest oyun zamanı tanımak lazım. Kendi kendine zaman geçirmenin önemi her geçen gün daha çok ortaya çıkıyor. Çocuklar zaten oyun kurmaya yatkındır. Çocukların sıkıcı durumlara doğal tepkileri oyun kurmaktır ama aileler devamlı çocuğun sıkıntısına çözüm bulmak için aktivite planladıkça onların bu içgüdüsel tepkilerini kaybetmelerine neden olabilirler. Sıkılan çocuklar eninde sonunda sıkıntılarını giderecek bir şey bulacaklardır.

Unutmayın, sıkıntıdan sonra merak gelir. İşte bu zamanda çocuk ebeveyninden "Ben senin sıkıntını gideremem ama sana yol gösterebilirim. Sana sıkıntını gidermen için gerekli ortamı sağlayabilirim." mesajını almalı. Çocuğunuza iyi bir örnek oluşturmanız da önemli. Siz her sıkıldığınızda elinize cep telefonunuzu veya tabletinizi alıyorsanız çocuğunuz bunu yaptığında ona kızamazsınız. Siz de boş vakitlerinizde kitap okursanız, müzelere giderseniz, kendinizi geliştirirseniz, spor yaparsanız ve yardımseverlik faaliyetlerine katılırsanız ilerde çocuğunuzun da sıkıldığında bunlara yönelme olasılığı artıyor.

Hayat her an heyecanlı ve eğlenceli aktivitelerle dolu olmayacak. Çocuklarımızın da bunu erken yaşta öğrenmesi gerek. Çocuklarımıza hayatı her an bir parti tadında yaşatırsak ilerde mutsuz olmalarını ve hayal kırıklığına uğramaları ihtimalini arttırırız. Öyle bir hayata alışan bir çocuğun birden ilkokula başladığını düşünsenize…

Her yaştan çocuğunuza yapılandırılmamış zamanı hediye edin ve çocuğum sıkılacak korkunuzdan kurtulun.

Ya Bir Anda Çocuklarınızın Bütün Resimleri ve Videoları Yok Olsa?

Dünya tatlısı bebeklerinizin ve çocuklarınızın her gün bir sürü resmini çekiyorsunuz, biliyorum. Bilgisayarda bunlara her an bakıyorsunuz.

Peki, bunları kâğıda bastırıp arkalarına tarihi yazıp albümlere yerleştiriyor musunuz? İşte yakalandınız! Bari unutmayın bilgisayarınızdaki resimleri ve dosyaları sık sık yedekleyin. Bir anda Allah korusun, çocuğunuzun bütün resimleri ve videoları gidebilir. Bunları CDlere veya ekstra bir yedekleme ünitesine mutlaka yedekleyin ve bence en kısa zamanda fotoğraf kâğıdına bastırın. Albümde bakmanın keyfi ayrı oluyor. Ne kadar geriden takip ediyorsunuz resimlerde? Doğumdan sonra bir heves albüm hazırlanıyor ama sonra kalıyor. Ayda bir bastırırsanız çok birikmez ve tarihleri hatırlaması da kolay olur. Ben de 2 yıl geriden takip ediyorum ama her hafta tüm bilgisayarı yedekliyorum. Umarım en kısa zamanda resimleri bastıracağım ve albümlere koyacağım.

Hassas Anne Olma Hikâyem ve Bloggerlık

Hayatım boyunca çalıştım. Açıkçası çalışmayı çok seviyorum. Daha küçücük bir kızken çeviri yapıp para kazanmaya başlamıştım. 80'li ve 90'lı yıllarda Türkiye'de İngilizcesi çok iyi olan fazla insan yoktu. Ben de 6 yaşımdan beri kolejde İngilizce öğrendiğim ve dile karşı bir yatkınlığım olduğu için 13-14 yaşlarındayken bir ajansla çalışarak çeviri yapmaya başladım. İlk paramı kazanmak beni çok mutlu etmişti ama çeviri yapmak çok fazla zaman alan, meşakkatli bir işti. Zaman geçtikçe daha çok anketörlükten ve rehberlikten para kazanmaya başlamıştım. Hatta kazandığım ilk paralarla rahmetli anneciğime altın bir bilezik almıştım. Altı yaşında 1. sınıfı okumadan 2. sınıfa başladığım için kolejde hazırlık okumama rağmen 17 yaşında Koç Üniversitesi 1. Sınıfa başladım. Üniversitenin ilk yıllarından itibaren staj yapmaya sonra da yarı zamanlı çalışmaya başladım. Üniversiteyi bitirdiğimde çok iyi firmalardan iş teklifi almıştım ama aşkımla mezuniyetten 3 hafta sonra evlenip onun doktorası için Florida'ya yerleştik.

Amerika'da hemen çalışma izni alamadığım için ilk 2,5 sene çocuk baktım. Daha sonra tam bursla Florida Üniversitesi sosyal psikoloji bölümünde lisans sonrası eğitime başladım. Aynı zamanda sosyal psikoloji laboratuvarında da 2 sene müdür ve araştırma koordinatörü olarak çalıştım. North Carolina'ya taşınınca 1 sene Duke Üniversitesi Sosyal Bilimler Araştırma Enstitüsü'nde araştırma ve iletişim koordinatörü olarak çalıştım. Amerika'da 6,5 sene yaşadıktan sonra Türkiye'ye kesin dönüş yaptık. Ben 52 ülkede ofisi olan uluslararası bir firmada ofis müdürü olarak çalışmaya başladım. Alper'e hamile kalınca hamilelikte yatmam gerektiği için yatak istirahatine başladım.

Uzun zaman önce çocuklarımın ilk yıllarında onlara ben bakmak istediğime karar vermiştim. Bebeği olduktan sonra çalışma hayatına devam eden annelere saygım sonsuz, bu onları mutlu ediyorsa bunu yapmalılar. Beni mutlu eden çocuklarıma kendim bakmak oldu. Üniversitelerden ve firmalardan çok güzel iş teklifleri almama rağmen kariyerime 6 sene ara verdim. Çocuklarımı istediğim gibi kendim büyüttüm.

Kızlar 3,5 yaşında kreşe, Alper de 5 yaşında ilkokul 1'e başladığı 2012 sonunda evde çocuk kalmamıştı ve ben de evde sıkılmaya başlamıştım. Kızlar 2 yaşındayken "Bu kadar da hassas olma. Biraz fazla hassas davranıyorsun." laflarını ailemden ve arkadaşlarımdan sık sık duyuyordum. Hassas Anne aklıma takılmıştı. Hassasanne.com adresini satın aldım. Üç çocukla o kadar yoğundum ki 1 yıl hassasanne.com hakkında hiçbir şey yapmadım. Kızların kreşe başladığı dönemde kişisel Facebook sayfamda üç çocuğumla olan tecrübelerimi paylaşıyor ve arkadaşlarıma faydalı olmaya çalışıyordum. Üniversiteden arkadaşım Nur'un yeni bebeği olmuştu. Nur bana benim Facebook'taki tavsiyelerimden çok faydalandığını ve daha çok kişiye ulaşmam için bir Facebook sayfası açmamın iyi olacağını söyledi. Ben de arkadaşımı dinledim ve 12 Aralık 2012'de zaten aklımda olan "Hassas Anne" ismiyle ilk Facebook sayfamı açtım.

İlk günden itibaren bloggerlığı bir iş olarak yapacağıma karar vermiştim. Çocukları okula bırakacak ve işe gider gibi bloğum için çalışacaktım. Gerçekten de günde 8-10 saat bloğum için içerik üretmeye, yazılar yazmaya, araştırmalar yapmaya, seminerlere katılmaya başladım. Kendime bir kartvizit bile bastırdım. Kendi kendime bir logo dizayn ettim ve patent başvurusunda bulundum. Hassas Anne'nin 10 yıllığına patentini almıştım. Hassas Anne bloğumla ilgili bir broşür bastırdım ve anne-çocuk fuarının kapısında dağıttım. Hatta bazı arkadaşlarım o zaman bu "işi" fazla ciddiye aldığım için benimle dalga bile geçmişlerdi. Şimdi ne düşünüyorlardır, çok merak ediyorum. Henüz o zaman bloggerlık bir iş olarak kabul edilmiyordu. Blogger olarak yazı yazan anne bloggerlar vardı tabii ki ama bundan para kazanan pek kimse yoktu. Genellikle davetlere gidilse ve markalarla işbirliği yapılsa bile bütçe yerine hediye veriliyordu. Bloggerlık ancak son yıllarda bir meslek olarak değer kazandı. Artık tüm markalar sosyal medyanın etkisini kabul ettiler ve bizimle sürekli projeler ve işbirlikleri yapmak istiyorlar. Ben etkili bir bloggerın her markayla çalışmaması ve seçici olması, faydalı ve kaliteli içerik üretmesi, takipçi ve beğeni satın almaması gerektiğini düşünüyorum.

Bloggerlığa başladığım ilk yıla dönersek, ben zaten sadece bloğum ve Facebook sayfam için kaliteli ve anneleri bilgilendirici içerik üretmekle meşguldüm. O ilk yıl o kadar çok yazı yazdım ki... Yazılarım annelere üç çocuğumla edindiğim tecrübeleri ulaştırıyordu ve anneler yazılarımdan çok faydalandıklarını söylüyorlardı. Sayfamdaki her yoruma ve mesaja cevap yazıyordum. Anneler hem bilgilendirici içeriğime hem de onlara değer vermeme çok güzel tepkiler veriyorlardı. Takipçi sayım hızla artıyordu. Günde 3,000 anne ekleniyordu sayfama. Hassas Anne sayısı arttıkça sayfamdaki etkileşim de büyüdü ve ortaya çok keyifli sohbetler ve paylaşımlar çıkmaya başladı.

Facebook'ta kenarda; beni, üç çocuğumu ve Hassas Anne gibi ilgi çekici bir sayfa adını görenler sayfamı ziyaret ediyor, harika içeriğimi beğenip sayfayı takibe alıyorlardı. Bilgilendirici seminerleri ve eğitimleri hiç kaçırmıyordum. Hâlâ da kaçırmam. Buralarda edindiğim bilgileri ayrıntılı blog yazılarımla Türkiye'nin her şehrindeki Hassas Annelere ulaştırıyordum. İlk günden bugüne kadar her zaman prensiplerim oldu. Benim için en önemli şey, annelere fayda sağlamak. Türkiye'nin her yerindeki annelere Facebook üzerinden canlı yayınlarla ve yazılarımla, uzmanların değerli bilgilerini ve üç çocuğumla olan tecrübelerimi ulaştırdığımda çok mutlu oluyorum. Üç çocuğumla tecrübelerimi yaptığım araştırmalarla harmanlayıp annelere sunmam onların çok hoşuna gitmişti. İş hayatına 6 yıl ara verdikten sonra böyle keyifli ve faydalı bir iş sahibi olmak ve sıfırdan Hassas Anne markasını yaratmak benim için bir gurur kaynağıdır. Facebook'ta 438,000, Instagram'da beş hesapta (@ hassasanne @hassasanneetkinlik @zayiflayananne @annemuhabbetleri @hepsioyun) 194,000 takipçimle her gün inanılmaz güzel etkileşimlerimiz oluyor. Üç çocuklu hayatımı annelerle paylaşmak ve onlara faydalı olmak çok güzel.

Marka işbirliklerim oluyor ama kesinlikle her markaya veya ürüne evet demiyorum ve çok seçici davranıyorum. Kendim kullanmayacağım hiçbir ürünü veya markayı sayfamda göremezsiniz. Zaten dikkat ederseniz belirli markalarla uzun süreli işbirliklerim oluyor. Çalıştığım markaların Hassas Annelere de bir hediye veya indirim sağlamasını çoğu zaman şart koşuyorum. Özellikle anne etkinlikleri düzenlemek çok hoşuma gidiyor. Anneleri bir araya getiren keyifli ve faydalı etkinlikler düzenlemeye devam edeceğim. Alanında uzman bir profesörle, uzmanla veya doktorla etkinlik yapmak ve buradaki bilgileri tüm Türkiye'ye ulaştırmak inanılmaz keyifli. Hakkari'deki bir anne, Hassas Anne Facebook sayfamda canlı yayında bir profesöre soru sorabiliyor ve cevabını da anında alıyor. 240,000 anneye ulaşan canlı yayınlarım var.

Sosyal sorumluluk projelerine de tam destek veriyorum. Sosyal medyadaki gücümü sosyal mesajları ulaştırmak için de kullanıyorum. Organ bağışı ile ilgili bir görseli tam 1 milyon kişiye ulaştırmıştım. "İçeride Çocuk Var" projesi için Bakırköy Cezaevi'nde kurulan anaokuluna gidip video çekmiştim ve bu video 1 milyon 240 bin kişiye erişmişti. Daha sonra bu çektiğim video Kanal D Ana Haber'de yayınlandı. Bir faydamın olması benim için çok önemli. Prematüre bebekler, kelebek çocuklar, doğudaki okullar, organ bağışı sürekli desteklediğim sosyal sorumluluk konuları.

İlk Hassas Anne buluşmasını Şubat 2013'te İstanbul'da düzenledim. Sonrasında Bursa, İzmir, Nevşehir, Edremit, Bodrum, Denizli, Çanakkale, Mardin, İstanbul ve Ankara'da Hassas Anne buluşmaları oldu. Her ay bir şehirde Hassas Anne buluşması olacak. Bu etkinliklerden haberdar olmak için hassasanne.com/annepaneli adresinden ücretsiz üye olun ve hiçbir etkinliğimi kaçırmayın.

Son 3 yıldır *Parents* dergisinde köşe yazarlığı yapıyorum ve *Parents* dergisinin anne organizasyonlarının koordinatörüyüm. *Parents* Dergisi Gezgin Anneler Kulübümüz ile son bir yılda 12 şehre gittik. Gezginanneler.com adresinden gezilerimizi takip edebilirsiniz. Yeni başlayan *Parent* Dergisi Anne Buluşmaları'nda ise her ay bir alışveriş merkezinde uzmanlarla anneleri buluşturuyoruz.

2015 yılında Türkiye'nin ilk etkinlik ve gelişim merkezi olan Hassas Anne Etkinlik Merkezi'ni Zekeriyaköy'de kurdum. Merkezimde marka sponsorlu ücretsiz atölyeler, anneler için çok değerli uzmanlarla ücretsiz seminerler düzenledim. Merkezimde engelli çocuklar ücretsiz hizmet aldılar ve dünya çapındaki duyusal oyun odasını ücretsiz kullandılar. Bu projemle Metro Sosyal Girişimcilik Ödülleri'nde kategorimde halktan en çok oyu alarak başarı sertifikası aldım. 2017 yılında şehir dışı projelerime ağırlık vermek ve üç çocuğumla Türkiye'yi dolaşıp Türkiye'nin her yerindeki annelere ulaşabilmek için merkezimi kapattım.

Son 2 yıldır konuşmacı ve moderatör olarak Sabancı Üniversitesi'nde, Güçlü Kadınlar Konferansı'nda, Mom Talks'ta, 12 Gezgin Anneler Kulübü etkinliğinde ve Maksat Muhabbet'te yer aldım. Bundan sonra da motivasyonel konuşmacı olarak hikâyemle annelerin gücüne güç katmaya devam etmek istiyorum. Yakında kurumsal eğitimlerde yer alıp çalışan annelerin kendilerini güçlü ve mutlu hissetmeleri için çalışmalar yapacağım.

Ben blogger olmayı da çok seviyorum. Son 5 yılda Hassasanne.com'a 1,000'den fazla yazı yazdım ve bloğum 7,5 milyon kere ziyaret edildi. Facebook Hassas Anne sayfamda 439,000 takipçimle harika etkileşimlerimiz oluyor. Yazılarımla anne-babaların hayatını kolaylaştırmak çok hoşuma gidiyor. İşim nedeniyle hayatıma daha farklı bakıyorum. Her şeyin daha çok farkındayım ve devamlı yaşadıklarımdan annelere faydalı olacak neler çıkabilir, diye düşünüyorum. Annelerin daha önce görmedikleri ürünleri ve hizmetleri de tanımasını sağlıyorum. İşim sayesinde eğitimlere, seminerlere, keyifli etkinliklere katılabiliyorum. Harika geziler yapıyorum ve muhteşem annelerle tanışıyorum. Mardin Hassas Anne buluşmasını bir gün önce duyurdum ve tam 190 anne geldi. Bunun bana verdiği gururu ve mutluluğu anlatamam. Tabii ki her işte olduğu gibi bizim işimizde de bu işi layıkıyla yapmayanlar var.

Bunlar tabii ki benim gibi sadece içeriğiyle ve faydasıyla bir yerlere gelmeye çalışan insanların emeğine büyük bir saygısızlık. Hiç sorun değil, sonunda kalanlar yine düzenli olarak kaliteli ve faydalı içerik üretenler olacaktır. Ben her gün üretmeye, kendimi geliştirmeye ve Türkiye'nin her yerindeki annelere bilgi ulaştırmaya devam edeceğim.

Hassas Anne olmayı ve beni ailenizden biri gibi görmenizi çok seviyorum. 5 yıldır bana olan sevginiz, ilginiz ve desteğiniz için çok teşekkür ederim. Sizin güveninize her zaman layık olmaya çalıştım ve çalışacağım. Hepinizi çok seviyor ve kucaklıyorum. İyi ki varsınız. Umarım Hassas Anneler olarak her zaman birbirimize destek oluruz.

İnternet sitesi: Hassasanne.com

Facebook: Hassas Anne

Instagram: @hassasanne @hassasanneetkinlik

@zayiflayananne @annemuhabbetleri

Twitter: hassasanne

SORU-CEVAP BÖLÜMÜ

Çocuklarımıza Karşı Sabırlı Olmak

Soru:

Çocuklarınızı büyütürken çok sinirli olduğunuz bağırdığınız zamanlar oldu mu? Benim 1 tane kızım var, ben yapıyorum bazen. Elimde olmuyor... Sonra çok da üzülüyorum. Allah bağışlasın çocuklarımızı...

Cevabım:

Tabii ben de bazen bağırabiliyorum, sonra üzülüyorum. 3 çocukla olmaması mümkün mü? Çok sinirli olduğunuz zaman bebeğinizi oyun parkı gibi güvenli olabileceği bir yere koyun, etrafında ona zarar verecek şeyler olmasın. Yutabileceği küçük şeyler olmasın. Ağlıyor olsa bile kendinizi tutamayacağınızı hissederseniz güvende olduğuna emin olup biraz uzaklaşın. Ağlayabilir bir şey olmaz, ona deli gibi bağırmanızdan veya Allah korusun tabii olmaz ama vurmanızdan veya sallamanızdan daha iyidir. Sakinleşmeye çalışın. Sakinleşince yanına geri dönün. Bazen bebeklerin ağlaması insanın sinir sistemini altüst eder ve yapmayacakları şeyleri refleks olarak yapabilirler. Bebekleri kesinlikle sertçe sallamamak gerekiyor unutmayın. Beyinleri tam yerleşmediği için beyni kafatasına çarpıp zarar görebilir. Buna "sallanmış bebek sendromu" deniliyor ve çoğunlukla ölümle veya beyin hasarı ile sonuçlanıyor. Siz yapmazsınız tabii ama bilmek lazım. Bağırmayı da en aza indirmeye çalışın. Çünkü çocuklar ne görürse onu öğrenir. O da ilerde size bağırır. Kolay gelsin diyorum. Ama inanın gittikçe kolaylaşıyor.

Değişmek Zor Ama İmkânsız Değil

Soru:

Şu an belki bana kızacaksınız biliyorum ama 4,5 yaşında oğluma ben, problemlerimden dolayı artık hiç zaman ayırmıyor, onunla oyun oynamıyor, onun neler hissettiğini önemsemiyorum; ona sesimi yükseltiyorum, kızıyorum, eleştiriyorum. Bunları yapmamam lazım biliyorum ama bu durumumu, kendi psikolojimi düzeltemiyor; oğlum için bile olsa yapamıyorum. Eşimle olan problemlerimi, kendi ailemle olan ve birebir kendimle olan problemlerimi aşamıyorum. Aslında yardım edin dediğimde bana neler söyleyeceğinizi, yapacağınız yorumları da biliyorum ama olmuyor, düzelemiyorum. Çok üzüyor bu durum beni, çok yaralıyor.

Bu gün akşam eşim eve geldiğinde oğlum, "Baba, hiç işe gitmesen olmaz mı?" demiş. Eşim de "Neden?" diye sorduğunda, "Annem benimle hiç ilgilenmiyor, benimle oynamıyor, beni dinlemiyor ve kızıyor." demiş. Ne yapmalıyım, bilmiyorum! İnsanların, eşimin beni içine soktuğu durumdan oğlum çok yaralanıyor ama yapamıyorum ben hiç bir şey. Üzgünüm ama artık hiç Hassas Anne değilim...

Cevabım:

Daha ne desin çocuk? Bakın, hepimiz zor günler geçiriyoruz. Kendiniz için de yapamadıklarınızı yapmalısınız. Sonra çok çekersiniz. Her ilgisizliğin, her eleştirmenin, her bağırmanın da bir etkisi olacak ve bu size sorun olarak dönecek. Ne diyebilirim ki, siz ne yapmanız gerektiğini biliyorsunuz. Eşinizi suçlamayı bırakın derim. O sizi ne duruma sokarsa soksun, siz anne olarak görevlerinizi ihmal etme hakkına sahip değilsiniz.

Şöyle bir silkelenin, kendinize gelin ve hayatınızı değiştirmeye çalışın. Oturun, ne değişiklikler yapmak istediğinizi yazın ve uygulamaya çalışın. Bir de bence eğer ki gitmiyorsa çocuğunuzu iyi bir anaokuluna tam zamanlı olarak yazdırın. Zaten ilgilenemiyorsunuz bari çocuk arkadaşlarıyla oynasın ve bir şeyler öğrensin okulda. Siz de biraz kendinizi toparlarsınız. En azından akşamları ve hafta sonları oğlunuzla kaliteli zaman geçirirsiniz. Kendinize de bakın ve salmayın kendinizi. Hayata tutunun. Siz önce kendi içinizde mutlu ve güvenli olmalısınız ki çocuğunuza da bunu yansıtın. Eşim, ailem demeyin bana lütfen. Her şey sizde bitiyor. Olaylar olur ama bundan ne kadar etkilendiğinizi siz belirlersiniz. Aynı olay başka insanların da başına gelir ama herkes farklı tepki verir ve farklı etkilenir. Ne olduğu önemli değil, zaten belirtmemişsiniz ama sorun bu değil. Siz kendi içinizde mutlu olmalısınız, kendi kendinizi yememelisiniz ve kendinize olumlu telkinler yapmalısınız. "Ben iyiyim, bunu aşabilirim ve mutlu olabilirim." demelisiniz. Şu anda mutsuzluğunuzun bir nedeni de anneliğinizle ilgili duyduğunuz suçluluk duygusu ve pişmanlık. Doğru davranışları yaptığınızda bunlar da bitecek ve her şey yoluna girmeye başlayacak.

Bakın, bu çocuğun karakterini ruh sağlığını siz şekillendiriyorsunuz şu anda ve bununla hem o hem siz yaşayacaksınız bir ömür boyu. Bunu unutmayın. Lütfen bana kızmayın ama dost acı söyler. Değişmeye çalışın.

Kuralları Uygulayın

Soru:

Bir konuda fikirlerinize ihtiyacım var. Benim oğlum 22 aylık ve mutfağa çok meraklı. Bu ayda genelde böyle mi olurlar, onu da bilmiyorum. Ben yemek yaparken sürekli tezgâhın üstünde oturup yemekleri karıştırmak istiyor ve bu benim hiç hoşuma gitmiyor çünkü çok tehlikeli bir şey istiyor. Hayır dediğim zaman kendini yerden yere vurup bana küsüyor. Ne yapmam lazım?

Cevabım:

Kurallar koyup uygulayacaksınız. Onun için tehlikeli şeyler yasak! Ne kadar kendini yerden yere atsa da küsse de. Kabul ederseniz istediğini elde etmek için hep bunu yapar. Onun yerine yemek masasında beraber kek, poğaça yapın. Hevesini alsın. Kural koyun, tezgâh yasak ama arada beraber masada yapacağız veya siz tezgâhtayken ona da masada bir şeyler verin oyalansın. Aynı anda yapın. Un ve su ile hamur yapın verin eline masada oyalansın o arada siz de yemeği yapın.

Doktorun Verdiği İlaçları Kullanın

Soru:

Merhaba, 5,5 aylık kızıma yaklaşık 1 haftadır dişleri siyah olur diye kan ilacı vermiyorum, bir de biz küçükken var mıydı böyle ilaçlar? Bebeğimi ilaca bağlı büyütmek istemiyorum. Acaba çok mu hassasım?

Cevabım:

Doktorunuzu dinlememek hassasiyet değildir canım. Doktorumuz bir ilacı ver dediğinde onu veriyoruz. Demir bebekler için çok önemlidir. Dişlerinde siyahlık olur diyorsan verdikten sonra ıslak bezle silersin. Ben üç çocuğuma da verdim dişleri siyah olmadı. Demir ilacını doktorumuzun tavsiyesiyle dilinin üstüne arkalara doğru damlatıyordum. Doktorunuz demir verdiyse lütfen kendi kafanıza göre o ilacı kesmeyiniz. Doktorunuzu beğenmiyorsanız ve ona güvenmiyorsanız başka bir doktora danışınız. Doktorunuz uygun görürse gerekli kan testlerini yaptırır ve kan değerlerinize göre demir damlasını kullanıp kullanmayacağınıza karar verebilir.

Prof. Dr. Hilal Mocan bu konuda şöyle diyor: "Demir eksikliği bebeğin bedensel ve zihinsel gelişimini kötü etkiliyor ve 5 yaşın altındaki 2 bebekten birinde demir eksikliği var. Demir eksikliği zekâ geriliğine bile yol açabiliyor. Ağızdan verilen sıvı şeklindeki demir ilaçları dişlerde geçici siyah boyanma meydana getirebilir ancak ilacın dilin arkasına verilmesi ile bu boyanma azaltılabilir.

Demir damla veya şuruplarının iki öğün arasında verilmesi önerilir. Bir yaşından küçük bebeklerde kahvaltıdan 30 dakika kadar önce, tek doz olarak kullanım yan etkileri azaltmaktadır."

Çocuğum Okulda Arkadaşlarına Saldırgan Davranıyor

Soru:

Size önemli bir sorunumdan bahsetmek istiyorum ve yardım bekliyorum... Ben yurt dışında yaşayan biriyim, bir oğlum ve 1,5 yaşında kızım var. Oğlum bu yıl 2. sınıfa başladı. İlk yılda olduğu gibi bu yıl da sorunumuz var. Dersleri bakımından çok iyi durumda olmasına rağmen, sürekli olarak arkadaşlarına küfür etmeye, el hareketi yapmaya, itelemeye başladı yine. Nedenini bulamıyorum. Evde gayet yardımsever olan çocuğum, okulda neden bunları yapıyor anlayamıyoruz. İkaz ettik, konuştuk hatta bazen sınırlarımızı o kadar zorladı ki sert davrandığımız da oldu, cezalar verdik yine olmadı. Çok üzülüyorum. Nasıl bir yol izlemeliyim, nasıl bir tutum sergilemeliyiz? Lütfen yardımcı olacak bilgilerinizi bekliyorum.

Cevabım:

Öncelikle sert davranmanız onun da sertleşmesine neden olur, tavsiye etmem. Genellikle saldırgan çocuklar kendine güveni az ve iletişim sorunu olan çocuklardan çıkar. Her zaman böyle olmaz ama çoğunlukla böyledir. Onun kendine güvenini arttırmanız ve iletişimini geliştirmeniz lazım. İki kültür arasında kalmış olabilir. Kolay değil. Belki de okulda onunla alay eden birileri var, bunu araştırmanız faydalı olabilir. Okuldaki arkadaşlarıyla arasını yapmaya çalışın. Hafta sonları okul arkadaşlarını eve çağırın, beraber güzel zaman geçirsinler. Çocukların anneleriyle de görüşün, bu da iyi olur. Böylelikle okulda olan bitenden haberiniz olur.

Bence onu değişik kurslara gönderin, spor veya bir müzik aleti olabilir. Bir şeyde yeteneğini bulup onun üzerine gitmeniz ve o alanda başarılı olmaya başlaması, hem kendine olan güvenini arttırır hem de değişik sosyal ortamlara gireceği için iletişim yetenekleri de gelişir. Hem de enerjisini harcar. Bunların size yardımcı olacağını düşünüyorum. Kolay gelsin.

Büyüme Ağrıları

Soru:

Ece Hanım, kuzum gece durduk yere ağlayarak uyanıyor ve dizlerini ovuyor. 15-20 dakika sonra sakinleyip uykuya devam ediyor. Biz de ovuyoruz. Araştırmalarım sonucunda nedeni bilinmeyen büyüme ağrıları oluyormuş 3-12 yaş arası çocuklarda. Aynı sorunu yaşayan anneler var mı benim gibi? Kızım 3 yaşında, şimdiden teşekkür ederim.

Cevabım:

Boyun hızlı uzaması nedeniyle büyüme ağrıları olur ama yine de bu ağrıların yanında başka şikâyetler varsa tehlikeli olabilir. Bir sonraki kontrolünde doktoruna söyleyin, buna dikkat ederek muayene etsin. Belki sizi bir çocuk ortopedistine yönlendirebilir.

Benim çocuklarım da normalden fazla uzadıkları ve çok uzun boylu oldukları için bu konu beni çok endişelendiriyordu. Alper 0-1 yaş arasında 34 santim, 1-2 yaş arasıda 20 santim uzadı. Şimdi de normalden 3 yaş ileri gidiyor. Kızlar da 2 yaş ileriler. Senelik uzamaları normal bebeklerden çok fazla olduğu ve 1.94 olan babaları da tüm çocukluğu boyunca büyüme ağrılarından çektiği için bu ağrıları çekmelerinden çok korkuyordum. Ben araştırmalarım sonucunda büyüme ağrılarına en iyi gelen şeyin jimnastik ve yüzme olduğunu buldum. Çocuklar yazın bol bol yüzdüler. 4 yaşından itibaren de haftada 1 gün jimnastik dersine gitmeye başladılar. Hiç büyüme ağrısı çekmediler. Zaten jimnastik çok faydalı ve kız erkek tüm çocukların spora jimnastik ile başlaması öneriliyor. Bence siz de esneme hareketleri yaptırmaya başlayın. Belki doktorunuz size bazı hareketler önerebilir ve biraz büyüyünce de jimnastiğe yazdırırsınız. Anneannem ve birçok doktor çocuklara kelle paça çorbası yedirmeyi de öneriyor. Denemekte bir zarar göremiyorum. Bir de eklem ağrılarına kantaron yağı ile ovmak çok iyi geliyor. Doktoruna danışıp onu da deneyebilirsiniz. Geçmiş olsun.

Çocuklarımızı Cinsel İstismardan Korumak

Soru:

Benim 6 yaşında bir kızım var. Son 2 yıldır hareketlerini hiç beğenmiyorum, hep cinsel içerikli şeyler dikkatini çekiyor, sanki o yönde düşünüyor. Her konuda ilk aklına gelen o oluyor. Arkadaşlarıyla oynarken birkaç kez tuhaf şeyler yaptığını yakaladım. Hep karşı taraftan sanıyordum ama aksine genelde kızımdan dolayı olduğunu anladım ve o kadar çok yalan söylüyor ki bazen yalan mı doğru mu acaba diye tereddüt eder oldum. Yarım saat dil döküyorum sonra doğruyu söylüyor ya da şaka yapmıştım diyor. Ne yapmam lazım, işin içinden çıkamıyorum. İlgili, mutlu bir aileyiz. Hadi sorun var ailede desek, o da yok. Psikoloğa götürmeyi düşünüyorum. Lütfen yardım edin. Teşekkür ederim.

Cevabım:

Bir şey sormak istiyorum ama sizi üzmek istemiyorum. Allah korusun, kızınızın cinsel tacize uğramış olma ihtimali var mı? Başka bir erkekle yalnız kaldığı durumlar oldu mu? Bu ne yazık ki bir akraba bile olabiliyor. Olmamıştır inşallah, ne olur yanlış anlamayın ve bana kızmayın. Bazen normal olabiliyor erken yaşta cinsel şeylere ilgi ama bazen de erken gelişen cinsel tutumlar ve duygular, cinsel istismarın da belirtisi olabiliyor. Belki de hiç yok böyle bir şey ama gözünüz açık olsun. Hiç beklemediğiniz şeyler olabiliyor. Cinsel istismar ille de tecavüz demek değildir, olmaması gereken dokunmalar da olabilir. Bu konular çok zor, konuşması da zor.

Bence önce kızınızla sakince bir oturun konuşun. Ona güven verin ve size her şeyi anlatabileceğini bilsin. Ona mayosunun kapattığı yerlere (erkekler için popo ve pipi bölgesi; kızlar için göğüsler, popo ve vajina bölgesi) kimsenin dokunamayacağını, birisi oralara dokunursa size söylemesi gerektiğini söyleyin. 3 yaşından itibaren bu eğitimi vermek gerekiyor. Bunu banyodayken söyleyebilirsiniz veya denize giderken. Bir de dudaktan onu kimsenin öpemeyeceğini de öğretin.

Amerika'da çocuk doktoruna gittiğinizde birçok doktor çocuğa şöyle der:

"Lütfen soyun ama sadece ben doktor olduğum ve yanımızda annen-baban olduğu için yanımda soyunabiliyorsun. Bu koşullar dışında senden büyük kimselerin yanında kesinlikle soyunmayacaksın."

Bu eğitim, cinsel istismara karşı ailelerde ve doktorlar tarafından verilir. Bence de bu çok önemli ve 3 yaşından beri bunu öğretiyorum çocuklarıma. Bunu korkutarak değil, sakin ve anlayışlı bir ifade ile anlatmak çok önemli. Sizden korkmamalı ki her şeyi size anlatabilsin. Aranızda sır olmayacağını bilmeli. Ancak size güvenip, size her şeyi anlatabileceğini düşününce dürüst olur, onu korkuttuğunuzda değil. Bu sadece cinsel istismarı önlemede değil, her türlü kötü alışkanlıktan korunmada etkilidir. Telaş yapmayın sadece bu ihtimali de aklınızda tutun. Kızınızla konuştuktan sonra bir çözüm bulamazsanız bir çocuk psikiyatrına gitmenizde fayda olabilir.

Soru:

Merhaba,1,5 yaşındaki oğlumun alt dişleri ön ve arkadan siyah lekeler oluştu. Dişlerini fırçalamıyor. Alıştırmaya çalışıyorum, yanında biz de fırçalıyoruz ama yok, ağzını açmıyor. Eline verdiğimizde tarak sanıp saçını tarıyor. Temiz bir bezle silmeye çalıştım ama öyle çıkmıyor. Çikolata falan çok yediğinden sanırım. Kestim çikolatayı, 3- 4 günde 1 tane yiyor. Hazır meyveli yoğurtlardan da çok yiyor, onun dışında abur cubur yemiyor. Acaba yemeklerden olabilir mi? 10 aylık falandı mamayı kestik. Biz ne yersek onu yiyor, iştahı çok iyi. Beni emmedi zaten. Bir şey daha soracağım; oğlum 19 aylık 17 kilo, boyu da iyi. Şimdi sorun yok ama ilerde kilolu olmasını istemiyorum. Düzenli yemek yiyor acaba biraz kısmalı mıyım?

Cevabım:

Çocuğunuzu mutlaka bir diş doktoruna götürün. Dişlerini günde 2 kere suyla bile olsa bebekler için olan parmak fırçasıyla fırçalamalısınız. 1,5 yaşında çocuk çikolata gibi abur cuburları pek yememeli lütfen. Ancak günde bir küçük parça olabilir. Eğer o çok tatlı tada alışırsa meyve sebze yemez ve dişleri de çürür. Anne sütü almamış olması da dişleri için kötü tabii. Yemeğini değil, hazır gıdaları ve çikolataları kısın lütfen. Dişlerindeki siyahlıklar demir damlasının yaptığı izler de olabilir. Onlar da kalıcı oluyor ve çıkmıyor. Demir damlasını damlatırken dilin arkasına doğru damlatırsanız ve biraz sıvı içirip hemen dişleri nemli bezle silerseniz leke yapmayabilir. Zaten 6-7 yaşında bütün dişleri değişecek. Ama mutlaka bir diş doktoruna görünmeniz iyi olur. Eğer onlar leke değil de çürükse müdahale etmeleri gerekebilir.

Çocuğumuzun Doktorunu Nasıl Seçelim?

Soru:

Ece hanım, merhaba. Çocuklarımız için doktor tercihlerimizi nasıl yapmalıyız? Kriterlerimiz neler olmalı? Muayeneden aklımızda hâlâ sorularla dönüyorsak ne yapmalıyız?

Cevabım:

Çocuğunuzun doktoru size zaman ayırmalı, sorularınızı ayrıntılı cevaplamalı. Ne çok telaşlı olup gereksiz bin tane test yaptırmalı ne de çok rahat olup baştan savma bir kontrol yapmalı. Mutlaka kulağına, boğazına bakmalı ve ciğerlerini dinlemeli. En son araştırmaları takip etmeli. Çocuğunuza karşı sevecen ve ilgili olmalı. Tabii ki bunların hepsini ülkemizdeki devlet hastanelerinde beklemek ve istediğimiz doktoru seçebilmek mümkün değil. Mümkünse bunlara dikkat ediyorum ben. Şunu da belirtmem lazım ki çocuklarımın babalarının işi sayesinde özel sigortaları var ve bu sayede özel hastanelere götürüyorum onları ama Allah korusun, ciddi ve önemli bir hastalıkları olsa Çapa gibi araştırma hastanelerine götürürdüm. Devlet hastanelerimizde de harika doktorlarımız var. Biraz araştırma yapıp içinize sinen doktora götürmenizi tavsiye ederim. Sadece güvendiğiniz doktora gidin. Önemli konularda ve ameliyatlarda 2-3 doktorun fikrini alın ve ona göre karar verin.

Yatarak Biberondan Süt İçmenin Zararları

Soru:

Ben bugün bir şey duydum; yatarak biberonda süt içmesi, solunum yolu enfeksiyonlarına neden oluyormuş. Ben de yatarak veriyorum öğlen uykusunda ve akşam uykusunda. Grip çok oluyor, acaba buna bağlı mı? Böyle bir şey var mı acaba?

Cevabım:

Evet, biberonla sütü yatarak vermek çok zararlı. Hem kulak enfeksiyonuna hem de dişlerinde biberon çürüğüne yol açabilir. Lütfen yapmayın. Ayrıca boğazına da kaçabilir. Zaten çocuğunuz 1,5 ay sonra 2 olacak, yavaş yavaş suluğa geçin ve 2 yaşında biberonu tamamen bırakın. Önce yatarak vermeyi bırakın sonra da 2 yaşına girince tamamen suluğa geçersiniz. 2 yaşından sonra biberon ve emzik kullanımı diş ve damak yapısı açısından tavsiye edilmiyor. Gece sütünü içtikten sonra da mutlaka dişleri fırçalanmalı ve öyle yatmalı. Bunu rutininize ekleyin. Bu yaşta sütü içerek uyumamalı. Sütünü içmeli sonra dişlerini fırçalamalı, uyanık bir şekilde yatağına yatırılmalı ve kendi kendine uyumalı. Kolay gelsin.

Çocuğum Çok Hırçın, Ona Nasıl Davranmalıyız?

Soru:

Merhaba, benim size bir sorum olacaktı. 11 aylık oğlum var, haziranda 1 yaşına girecek. Sorunumuz; oğlum çok hırçın, onu sevmek isteyenlere vuruyor. Sinirlendiğinde bana da vuruyor, arada bir kendine de vuruyor. Bu durumu ona nasıl unutturabilirim? Hayır diye kızdığımda daha da çok vuruyor, sevgiyle yaklaştığımda yine aynısını yapıyor. Bu durum beni çok üzüyor... Ne yapmak gerek, lütfen bilgi verir misiniz?

Cevabım:

Büyük bir ihtimalle henüz kendini konuşarak ifade edemediği için hırçın davranıyordur. Bu yaşta bu sorun çok yaşanıyor. Bunun üstesinden gelmek için yapabileceğin en önemli şey onun dil gelişimini desteklemek. Ona karşı her zaman sakin, kararlı ve tutarlı ol. Yemek ve uyku saatlerini düzenle, hep aynı saatlerde uyusun ve yemek yesin. Çocuklar düzen ve rutin ile huzur bulurlar ve kendilerini güvende hissederler.

Tedbirli Anne mi Kaygılı Anne mi?

Soru:

Size bir şey danışmak istiyorum. Benim sorunum, aslında sorun mu onu da bilmiyorum. Oğluma aşırı düşkünüm. İlk bebeğime 30 yaşında anne oldum. Hayatta en çok ve tek isteğim şey anne olmaktı. Rabb'ime şükürler olsun, dünya tatlısı bir erkek evladına sahip oldum. Ama sürekli ona bir şey olursa korkusuyla yaşıyorum. Birden aklımda geliyor, ya yemek yaparken düşerse, ya ocağa yaklaşıp yanarsa, balkona çıktığında farkında olmadan ya aşağı düşerse diye endişeleniyorum. Acaba çok mu ince giydirdim yoksa çok mu kalın? Uyurken 10 kere kalkıp bakıyorum, uzun süre aynı şekilde sabit yatıyorsa hemen gidip nefesini dinliyorum. Diyorum ya sürekli ona bir şey olursa ne yaparım kaygısıyla yaşıyorum. Dün de kayınvalidem, "Bu yaptıkların normal değil, sen psikiyatriste git." deyip durdu, iyice sinirlerimi bozdu çünkü o da rahat ve dikkatsiz bu yüzden benim bu tavırlarım onu rahatsız ediyor. Kafama takıldı, dün akşamki söyledikleri. Ben de size danışmak istedim. Oğlum 14 aylık, sizin fikirlerinizi önemsiyorum. Çok teşekkür ederim.

Cevabım:

Maşallah, Allah bağışlasın ve korusun. Çok kaygılı ve evhamlı olmakla tedbirli ve güvenli olmak arasında çok büyük fark var. Bence ikincisinden olmaya çalış. Tabii ki tedbirini al, günümüzde neler oluyor. Ben de çok tedbirli bir anneyim ama bunları kaygı duymadan yap. Devamlı kötü şeyleri düşünme ama güvenlik önlemlerini al. Anneler öyle der, bizi çok rahat büyüttüler ama zamanımız biraz daha farklı, her gün neler duyuyoruz. Uyurken 10 kere kalkıp bakma çocuk rahat uyusun. Sen kaygılı olursan bu ona yansır rahat ve mutlu olmaya çalış. Bu günler geri gelmeyecek, tadını çıkar. Çocuğun ve sen sağlıklısınız. Mutlu ve eğlenceli bir anne ol.

Anne Sütü

Soru:

Anne sütünün tadı ve içeriği emziren annenin regl döneminde değişir mi?

Cevabım:

Anne sütü mucizevi bir sıvıdır. Annenin yediklerine, yemediklerine, bebeğin ihtiyacına ve pek çok değişik faktöre göre içeriği ve tadı değişiyor. Önemli bir konudan bahsetmek istiyorum. Anne sütünün faydalarını çok iyi bilen bir Hassas Anne olarak emzirmenin 2 yaşına kadar mümkün olduğunca uzun zaman devam etmesinin önemine inanıyorum. Hayatımızdaki bazı değişiklikler emzirmeyi kötü etkileyebiliyor hatta annelerin emzirmeye son vermesine neden olabiliyor.

Annelerden su cümleleri duyduğumda tehlike çanları çalmaya başlıyor:

"Bebeğim sütten iğrenmeye başladı."

"Sütten midesi bulanıyor, kafasını çeviriyor."

"Çok güzel emiyordu, birden emmemeye başladı."

"Ne yaptıysam yeniden emmeye başlatamadım!"

Dikkat ettim de bu şikâyetler genellikle bebekler 5-6 aylıkken başlıyor. Birçok anne buna bir çözüm bulamıyor ve emzirmeyi bırakıp mama vermeye başlıyorlar. Zaten bebek ek gıdalara geçtiği için çok sorun etmiyorlar. Aslında özellikle ilk 12 ay bebeğin ana gıdası anne sütü olmalı. Bu onun için en sağlıklı gıda. Düşününce bunun nedenini buldum sanıyorum. Bu zamanda anneler doğumdan sonra ilk regl dönemlerini yaşıyorlar ve anladığım kadarıyla sütün tadı regl döneminde değişiyor. Bazı bebekler bu değişen tadı beğenmiyorlar ve emmek istemiyorlar. Oğlumda bunu yaşadım, ben doğumdan sonra ilk reglimi olduğumda emmek istemedi ve kafasını çevirdi. Ben daha önce bunu bir yerde okumuştum sanırım. Hemen mama vermedim ve ısrarla emzirdim. Tabii acıkınca ve ben mama vermeyince emmek zorunda kaldı. Beş gün boyunca istemeye istemeye normalden az emdi. Beş günün sonunda normal emmesine geri döndü. Bazı annelerle konuştuğumda da anladık ki bunu yaşamışlar ama nedenin regl dönemi olduğunu anlamamışlar ve ne yazık ki artık bebeğin emmeyeceğini düşünüp emzirmeyi bırakmışlar. Lütfen siz bu yanlışı yapmayın. Regl olduğunuzda bebeğiniz emmek istemezse artık emmiyor diye düşünüp mamaya geçmeyin. Memeyi alması için ısrar edin, olmazsa en kötü ihtimalle o 4-5 gün sağın ve o sütü atın ama regl bitince yine emzirmeye devam edin. Aklınızda bulunsun.

Soru:

Bebeğinizi anne sütünden ne zaman kestiniz? Bu sürecin kolay atlatılması için tavsiyeleriniz var mı?

Cevap:

Hassas Anneler biliyorsunuz, anne sütü bir bebek için en önemli besin ve inanılmaz faydaları var. İlk 6 ay sadece anne sütü ile beslenen ve ondan sonra da bol bol anne sütü alan bebekler hayata bir adım önde başlıyorlar. Lütfen bebeğinizi ilk 6 ay sadece anne sütü ile beslemek ve ondan sonra da bol bol anne sütü vermek için elinizden gelen her şeyi yapın. Anne sütünü arttırma yazımı mutlaka okuyun. (Sayesinde ikizlerimi bile aylarca sadece anne sütüyle besledim, bir ara günde 1,5-2 kilo süt sağdım.)

Ama tabii ki her güzel şeyin bir sonu vardır ve bir gün gelir, sizin de artık bebeğinizi anne sütünden kesmeniz gerekir. Bu bir anne için çok zor bir karardır ve onu psikolojik olarak çok zorlar. Ben hüngür hüngür ağladığımı bilirim. Tıbbi bir zorunluluktan 1 yaşına girdiği gün son kez emzirmiştim oğlumu. Alper'i son kez emzirdiğim zamanı hiç unutamam. Her saniyesini ezberledim ve anılarımın arasında en güzel yere koydum. Gözyaşlarım yüzüne damlarken, onun yüzündeki huzuru seyrettim ve onun bunu bir daha yaşayamayacağını düşündüm.

2 yaşına yaklaşan çocuğunuzu memeden kesmeye karar verdiğinizde bunu nasıl yapacaksınız?

2 yaşına yaklaşmış bir çocuğu bence artık karşınıza oturtup konuşabilirsiniz. Çocuklarınıza güvenin. Bence öyle ilaçlara, salçalara ve acı bitki sularına gerek yok. Ona güzel güzel suluksular alın üstünde sevdiği karakterin resmi olan. Normal inek sütünü onlara koyun ve artık çok büyüdüğünü ve memeden değil bu harika suluktan içeceğini söyleyin. Biraz da dikkatini başka yöne çekmek için gezdirin, beraber aktiviteler yapın ve ona biraz fazla ilgi gösterin. Tek yapmamanız gereken o ağlayınca veya gece uyumayınca dayanamayıp tekrar memeyi vermek olacaktır. Bu onun kafasını karıştırır ve yeniden başa dönersiniz. Üstelik artık işiniz daha da zorlaşmıştır. Her konuda olduğu gibi bu konuda da tutarlı ve kararlı olmalısınız.

Uzman Pedagog Belgin Temur Cevaplıyor: Çocuğum Çok Vuruyor, Ne Yapabiliriz?

Soru:

2,5 yaşındaki oğlumun vurma alışkanlığı var. Biraz kızsın veya istediği olmasın, hemen el havaya kalkıyor ve vuruyor. Arkadaşlarına da bana da vuruyor. Nasıl davranmam gerek? Bir grupta yaşıtına vurunca o anda nasıl davranmalıyım? Bana vurduğunda nasıl davranmalıyım? Genel olarak bu davranışı engellemek ve bitirmek için neler yapabilirim?

Uzman Pedagog Belgin Temur'un cevabı:

2,5 yaş çocuk gelişiminin en önemli aşamalarından birinin yaşanmakta olduğu dönemdir. Bu dönemde çocuklar artık bebeklikten iyice sıyrılıp ilk çocukluk dönemine adım atmaya başlarlar. Tüm becerileri olağanüstü bir hızla gelişmektedir. Hem fiziksel olarak hem de zihinsel ve sosyal olarak gelişmektedirler. Bu dönemde çocukların bu gelişim hızına uyum sağlamak, anne babalar için kolay olmamaktadır. Çünkü çocuklarını bir yandan bebek gibi algılarlar, diğer yandan da daha büyük çocuk tutumları karşısında nasıl davranmaları gerektiği konusunda çaresiz hissederler. Ve tam da bu dönemde çocukların bu hızlı gelişim hızına eşlik edebilmek, onların duygusal ve sosyal olarak sağlıklı gelişimlerine destek olacak tutumları belirlemek çok büyük önem taşır. Birçok becerisi gelişen 2,5 yaş çocuğuna tüm bu becerileri kullanabilmesi için fırsat vermek, önünü kesmemek, onun yerine yapmaya çalışmamak önemlidir. Aynı zamanda henüz "benmerkezcilik" özelliği devam ettiği için çocuğunuz kendi isteklerini yaptırmak konusunda fazla ısrarcı olacaktır. Üstelik isteklerinin çoğu gerçek ihtiyaçları olmayacaktır. Burada çocuğun gerçek ihtiyaçları ile olgunlaşmamış olmasıyla ilgili olan taleplerinin birbirinden ayrılabilmesi çok önemlidir. Bu taleplerin mutlaka reddedilmesi, ertelenmesi gerekiyorsa ertelenmesi gerekir. Bu yaş çocuğunun engellenme toleransı her gün artmaktadır. Ancak bu olgunluk düzeyine erişebilmesi için kendisine bakım veren kişilerin ona belirli sınırlar çizmesi gerekir. Çocuğun da artık "hayır"ın anlamını kavramaya başlaması, bazı isteklerinin olmayacağını ya da erteleneceğini öğrenmesi gerekir. Tersi olarak sürekli talepleri karşılanan, ağlamasın, üzülmesin diye hemen her istediği yapılmaya çalışılan çocuklar tolerans göstermeyi öğrenemiyorlar. Bir süre sonra başka çocuklarla bir arada olduklarında ya da kendi konfor alanlarının dışında küçücük bir istekleri bile karşılanmadığında bu duygu ile baş edemiyorlar. Bazen aşırı kızgınlık tepkileri göstererek, ağlayarak, bağırarak, kendi varlıklarını hissettirmeye çalışırlar. Engellendiklerinde ya da istekleri olmadığında da bu tepkilerini şiddetlendirerek isteklerine ulaşmaya çalışırlar. Hatta bazen eşyalara zarar verici davranışları olabilir, kendilerine engel olan kişilere vurarak tepkilerini belli etmeye çalışabilirler. Bir yerde kendilerine sağlıklı sınırlar konulmadıkça bu böyle sürer gider. Sonunda da sosyal ortamlarda uyum zorluğu çeken, huzursuz çocuklara dönüşebilirler. Çocuğun büyüme yolculuğunda anne babanın da "büyümesi" gerekir. Yani bebekken izin verdiğimiz şeylere ya da engelleyemediğimiz şeylere, çocuğumuz büyüdükçe yaklaşımımızın da farklı olması gerekir. Biz hâlâ en ufak bir mızmızlamasında onun isteklerini gerçekleştirmek için seferber durumda isek, çocuğumuz kendi davranışlarının kontrolünü, isteklerini ertelemeyi ve dolayısıyla rahat ve huzurlu bir şekilde uyum göstermeyi öğrenemeyecektir. Bu nedenle mutlaka disiplin yöntemlerimizi, nelere izin verdiğimizi, çocuğumuzun bebeksi taleplerinin ne kadar gerçekten onun ihtiyacı olduğunu iyi değerlendirmemiz gerekir. Aksi hâlde okul yıllarına dek uzanacak başka davranış sorunlarının da tohumlarını atmış oluruz.

Diğer yandan hiçbir saldırgan tutumu onaylamadığımızı çocuğumuzun en başından itibaren bilmesi gerekir. Bir yaş civarında anne babaya oyun gibi vuran bebekler olur. Bu dönemde bu komik bir durum gibi algılanır ve her seferinde buna gülünürse, çocuk bir şekilde bunun anne babayı eğlendirmenin ve hatta onlarla iletişim kurmanın bir yolu olduğunu öğrenir. Sonra da bu davranışı değişik durumlara adapte edebilir. Bir süre sonra heyecanlandığında da, mutlu olduğunda, üzüldüğünde, kızdığında, yani özetle neredeyse her tür duygusunu ifade etmek için bu “vurma” davranışını kullanabilir. En başından itibaren buna izin vermemek, bundan hoşlanmadığımızı belli etmek gerekir. 2 yaşından sonra ise bunun net bir şekilde söylenmesi, çocuk herhangi bir sebeple vurmaya yeltendiğinde buna engel olunması, bunun yerine nasıl davranması gerektiğinin söylenmesi gerekir. Örneğin: “Vurmak hiç iyi değil, hoşuma gitmiyor, canım yanıyor, vurmanı istemiyorum. Ama bundan hoşlanmadığını anlıyorum veya bunu istediğini biliyorum ama onu sana veremem.” gibi net açıklamalar yapılması ve mutlaka vurmasına her seferinde engel olunması gerekir. Gerekirse birkaç dakikalığına grup dışına çıkarılıp, sakinleştirilip, konuşulup tekrar gruba dâhil olması sağlanmalıdır.

Uzman Pedagog Belgin Temur Cevaplıyor: Bir Çocuğun Bedensel Farklılığıyla İlgili Sorunlar Yaşamasını Nasıl Önleriz?

Soru:

Oğlumun sol elinde doğuştan 3 parmağı yok, bunu çocuğuma nasıl anlatmam gerek? Bazen parkta acımasızca çocuğumun yanında soranlar oluyor, “Sakat mı? Eline ne oldu?” diye. Çocuklar sormuyor, anneler soruyor. Küçükken bana bakıyordu, elini gizlemeye çalışıyordu. Şimdi 4 yaşına girdi, özgüveni olan, zeki, akıllı bir çocuk Rabb’ime şükürler olsun. “Sana ne?” diyor soranlara ama biliyorum bir gün benden soracak “Elim neden böyle?” diye.

Nasıl hazırlayacağım kuzumu Ece Hanım? Teşekkürler.

Uzman Pedagog Belgin Temur’un cevabı:

Çocukların gözle görülür nitelikteki fiziksel farklılıkları, bu farklılığı fark etmeye başladıkları zamandan itibaren sorun olmaya başlıyor. Bazen çok basit farklılıklar bile çocuklar için sorun olabiliyor. Örneğin, gözlük takmaya başlayan çocuk başkalarının tepkilerinden çekindiği için başlangıçta bunu reddediyor. Ailenin uygun yaklaşımı ile de çocuk bir süre sonra bu farklılığı kabul etmeye başlıyor. Sizin yaşadığınız sorun ise gerçekten hem çocukların hem büyüklerin ilgisini çekebilecek ve dolayısıyla çocuğunuzun bu "eksikliği" ile sık sık yüz yüze gelmesine sebep olacak bir sorun. Öncelikle bu sorun ile sizin aile olarak, anne baba olarak barışmanız ve bunun çocuğunuzun hayatını olumsuz etkilemeyeceğinden emin olmanız gerek. Çünkü çok iyi biliyoruz ki sorunun büyüklüğü bizim onu algıladığımız kadardır. Bunu çok ciddi engelleri olduğu hâlde hayatlarını mutlu ve normal yaşayabilen insanlardan biliyoruz. Oysa bazen dışarıdan çok küçük gibi görünen bir sorun, o kişinin bu sorunla ilgili algısıyla ilgili olarak çok çok büyük bir sorun gibi de yaşanabilir ve hatta bu kişiyi tamamen mutsuz, başarısız, uyumsuz bir birey hâline getirebilir. Bu farklılığı bu şekli ile kabul etmek, onun bir özelliği olarak görebilmek ve temel yaşam fonksiyonlarını etkilemeyecek nitelikte bir şey olduğunun bilincinde olmak ve bu bilinci çocuğa da aktarabilmek önemli.

Şöyle bir bilince ulaşabilmesi gerek çocuğunuzun: Nasıl ki bir insana, "Sen neden bu kadar uzun boylusun?" dediklerinde kişi, "Ben de böyle yaratıldım." diyebiliyor; aynı şekilde çocuğunuzun da bu şekilde yaratılmış olduğunu, bunun kendisi için bir engel teşkil etmediğini, sadece bir farklılık olduğunu hissedebilmesi ve fark edebilmesi önemli. Çocuğunuz mutlaka büyürken başkalarının, sizlerin ellerinize bakıp ya da sağ eline bakıp sol elindeki farklılığı sorgulamıştır. Ve bu sırada sizin ona verdiğiniz yanıtlar onun için çok önemli olmuştur. Buradaki farklılık duygusuna ve daha da önemlisi başlangıçta bu farklılıktan doğan üzüntü duygusuna izin vermeniz, onun bunu sorgularken hissettiği tüm duyguları ifade etmenize izin vermeniz son derece önemlidir. Aslında kendisine soranlara "sana ne" demesi burada bir kızgınlık yaşadığını da gösteriyor. Daha çok da bu sorulara sizin kızdığınızı bu nedenle de farkında olarak ya da olmayarak soru soranlara kızması gerektiği mesajını aldığını gösteriyor. Elbette bu tip sorulara, durumlara maruz kalacak bu çocuk. Yetişkinlerin bunu bir çocuğa sorması densizlik gibi geliyor olabilir ama daha çok da çocuklar soracaklar. Ayrıca burada çocuğunuzun onlara verdiği yanıttan çok ne hissettiği önemli. Bu nedenle size bu soruyu sorduğunda sizin ona hangi duygu ile yanıt verdiğiniz önem taşıyor. Siz büyük bir üzüntü ile hatta biraz da kaçınarak ve sorunun üstünü kapatmaya çalışarak yanıt verirseniz çocuğunuz da bir daha benzer bir soru sormayacaktır; çünkü bu konuyu konuşmaması gerektiği mesajını alacaktır. Oysa buna üzülmesi, kızması, bazen isyan etmesi son derece doğaldır. Bu tip duyguları bir şekilde dile getirdiğinde, ifade ettiğinde endişelenmek yerine bu durumu bir fırsat olarak değerlendirmelisiniz. Gayet anlaşılır olduğu üzere siz de anne baba olarak böyle bir sorunla nasıl baş edeceğinizi bilemiyorsunuz. Bu nedenle de belki bu süreci kolaylaştırmak ve çocuğunuzu yaşamı boyunca bekleyen zorluklar konusunda onu uygun bir şekilde hazırlamak için profesyonel bir destek almanız yararlı olacaktır. Ayrıca bol bol sosyal ortama sokmanızı, hiçbir sosyal ortamdan kaçınmamanızı öneririm. Ne kadar çok sosyal deneyim yaşarsa bu zorlukla baş etmek konusunda o kadar çok fırsatı olacaktır.

Belgin TEMUR
Uzm. Pedagog

HASSAS ANNE TARİFLER

Ev Yapımı Yoğurt

Her çocuk evde mayalanmış yoğurt yemeyi hak ediyor!

Yoğurtlar evde mayalanıyor mu? Umarım heves edip bir iki kere evde mayalayıp sonra üşenip bir şey olmaz deyip çocuklarınızın yoğurtlarını marketten almaya başlamadınız. Sizin sağlığınız da çok önemli, siz de çocuklarınızın her zaman yanında ve sağlıklı olmalısınız. Siz de sadece evde mayalanmış yoğurt tüketin. 16 yıldır yoğurt mayaladığım bu tarifi her türlü sütle yapabilirsiniz. Tarifi birebir uygularsanız mutlaka başarılı olursunuz. Ben haftada 7 kilo yoğurt mayalıyorum. Çarşamba ve pazar günleri çiğ süt alıyorum ve mayalıyorum. Unutmayın ki market yoğurtları plastikte mayalanıyor, katkı maddeli oluyor ve açıkçası tatları da evde yapılanla karşılaştırılamaz. En sağlıklı yoğurt bence güvenilir çiğ sütle, o yoksa cam şişede organik günlük sütle, o yoksa veya bütçe yetmiyorsa organik kutu sütle veya günlük sütle yapılır. Haydi anneler, çocuklarınıza hazır yoğurdu yedirmeyin.

Her çocuk evde mayalanmış yoğurt yemeyi hak ediyor.

Beş yıldır bıkmadan usanmadan sizlere evde yoğurt mayalamayı anlatıyorum ve tavsiye ediyorum. İnanın, çok az zamanınızı alıyor ve çok lezzetli oluyor. İki günde bir akşamdan yapın, sabaha hazır. 1 litre sütü kaynayana kadar ısıtın. Eğer pastörize süt ise kabarınca hemen kapatın, kaynatmanıza gerek yok. Eğer çiğ süt aldıysanız 7 dakika kaynatın. Altını kapatın, 18 dakika kendi kendine soğusun. (Eğer 1 litreden fazla süt kaynattıysanız daha fazla soğuması gerek, mesela 2 litre süt ise 36 dakika soğusun gibi. Küçük parmağınızı batırınca 7 saniye sıcaklığa dayanabilecek bir sıcaklıkta olsun. Sıcak bir ılık oluyor bu.)

18 dakika sonra elekle üstündeki kaymağı alın, ayırın. Kendiniz yersiniz veya bu kaymağın iyice sütünü süzün, bir kaba

alın ve çatalla çırpın ve dolaba koyun. 1 gün sonra aynı tereyağı veya kaymak gibi oluyor. Benim çocuklar kaymağı sütün içinde kalırsa sevmiyorlar.

1 litrelik cam kavanoza dökün sütü. Tahta kaşıkla içine 1 tatlı kaşığı organik veya doğal yoğurt katın, bir kere yavaşça karıştırın. Kavanozun tepesine kadar doldurmayın 4 parmak boşluk kalsın kapakla sütün arasında.

Kavanozun üstüne bir parça kâğıt havluyu 2 kere katlayıp örtün. (Bu kâğıt havlu buharı çekecek böylelikle yoğurdunuz sulu olmayacak.) En üste de kapakla sıkıştırıp kapatın. Bu kâğıt havlu süte değmeyeceği için sorun değil. Kimsenin elleyemeyeceği soğuk olmayan bir yere koyun ve üstünü sıcak tutacak mont veya kazak gibi bir şeylerle 2 kat örtün. Hiç yerinden kıpırdatmayın. 6-8 saat sonra (akşamdan koyduysanız sabaha mesela) yavaşça açın, kâğıt havluyu alın atın ve üstünü kavanozun kapağıyla örtün. Önce 6 saatte mayalamayı deneyin oluyorsa öyle devam edin, sulu olursa 8 saat mayalayın. Mümkün olduğu kadar hareket ettirmeden dolaba koyun. 10 saat dokunmayın, sonra yiyebilirsiniz. 5-6 gün dayanır en fazla.

Hepsini tüketmeyin. Biraz ayırın ve bir sonraki yoğurt için onu maya olarak kullanın. Prof. Ahmet Aydın, bir seminerinde eczaneden alacağınız probiyotik tozu ekleyip yoğurdunuzun faydasını arttırabileceğinizi söylemişti. Ben yakınımızdaki köydeki güvendiğimiz sütçüden alıp 7 kilo mayalıyorum her hafta, anca yetiyor. Vaktim yok demeyin, çocuklarınızın ve sizin sağlığınız için çok önemli. Yoğurdu bütün çocuklar sever ve çok faydalı. Hem onlar hem sizin için. Kahvaltı dışında her öğünde yedirin yoğurdu. Mayanızı 4-5 mayalamada bir yenileyin veya probiyotik toz ekleyin.

Çam Kozalağı ile Yoğurt Mayalama

Son zamanlarda sıklıkla bu yöntemi duyar olmuştum. Parkta gezerken aklıma geldi ve daha kurumamış, genç bir kozalak kopardım. İyice yıkadım. Sonra köy sütümü kaynatmaya geldi sıra. Sütü mayalama ısısına dek (parmağınızı sokup 7 saniye yanmadan içinde tutabilecek sıcaklık) 7 dakika kaynattım ve soğuyunca cam kabıma aktardım ve sütün içine klasik yoğurt yerine çam kozalağı bıraktım.

Herkesin ayrı bir yoğurt mayalama yöntemi vardır. Benimki fırın içinde mayalama yöntemi. Fırını birkaç dakika ısıtıp ısıyı kapatıyorum, maya çalınmış sütlerimi kapağı açık olarak fırın içine sokuyorum ve yaklaşık 5 saat sonra fırından çıkarıp yine kapağı açık olarak yarım saat kadar buzdolabında beklettikten sonra kapağını kapatıp dinlendirmeye bırakıyorum. Bunu da aynı yöntemle yaptım. Sadece fırından çıktıktan 2 saat sonra içindeki kozalağı çıkarttım.

Tadına gelince; aromalı bir yoğurt oldu. Reçine kokusu hissediliyordu... Benim damak tadıma pek uymadı açıkçası... Kıvamı aynı normal yoğurtlarım gibi oldu.

-Hassas Anne Burcu

Nohuttan Yoğurt Mayası Nasıl Yapılır?

Öncelikle nohuttan yoğurt mayası üretilmesi işlemini Filiz Sezen'den öğrendim.

Önce sağlıklı olduğuna inandığımız sıcağa yakın ılık 2 bardak sütün içine 30 tane nohut konur, kavanozun kapağı kapatılır ve sıcak tutacak kazak, havlu, battaniye gibi bir şeyle sarılır ve 24 saat kadar oda sıcaklığında bekletilir.

24 saatin sonunda süzgeç veya temiz tülbentle süzerek no-

hutları ayırın ve atın. Süzgeçte kalan yoğurdumsu çökelti kullanacağımız maya oluyor. Sütle ezilerek bir litrelik kavanoz süte maya olarak yetiyor. Bunu normal maya gibi kullanıp ılık süte katalım ve yoğurdumuzu mayalayalım.

Elde ettiğimiz bu mayadan oldukça kaliteli yoğurt elde ettik.

5-6 kez mayaladıktan sonra tam olarak oluyormuş. İlkinde olmazsa pes etmeyin. Bence bulursanız organik nohuttan ve organik günlük sütten yapılırsa tam organik bir yoğurt elde etmiş oluruz.

Başta tatlı bir yoğurt oluyor ancak 6-7 mayalamadan sonra diğer yoğurtların tadına ulaşıldığını öğrendik. Ben yoğurt mayam bozulursa, tatil gibi zamanlarda mayasız kalırsam ne yapacağım derken, bu tarif beni bu dertten kurtardı. Benim gibi endişe edenlere bir yöntem.

Et ve Tavuk Suyu Hazırlamak

Lütfen katkı maddeli et ve tavuk bulyonları eve sokmayın. Artık kendi et ve tavuk suyunu evde yapmayan Hassas Anne yoktur sanırım ama yine de tarif vermek isterim. Ben 15 yıldır bulyon almıyorum. Buzlukta her zaman et ve tavuk suyu bulunur. Alışınca zor gelmiyor.

- **Et suyu:** Az etli kuzu kol veya 1 kilo dana kemik aldım. Etleri 30 dakika soğuk suda tuttum, suyunu döktüm. Kaynayana kadar ısıttım, ilk suyunu döktüm. Böyle yapmadan içim rahat etmiyor. Siz yapmayabilirsiniz tabii. Evet, belli bir vitamin kaybı oluyordur ama ne koşullarda oluyor o etler acaba? 5 litre su, biraz kereviz sapı,1/2 baş kereviz, 1 soğan, 1 havuç, yarım demet saplarıyla birlikte maydanoz ve 3 diş sarımsağı irice doğrayıp ekledim. Biraz kaynattım. Biriken köpükleri alıp attım. 30 dakika düdüklü tencerede fıslattım. Düdüklü yoksa 1,5- 2 saat kısık ateşte pişirdim.

- **Tavuk suyu:** Bütün organik tavuğu kaynayana kadar ısıttım, ilk suyunu döktüm. 5 litre su, biraz kereviz sapı ve yarım demet saplarıyla birlikte maydanoz ve 3 diş sarımsağı irice doğrayıp ekledim. Biraz kaynattım. Biriken köpükleri alıp attım. 45 dk./1 saat daha pişirdim. Süzdüm. Soğuduktan sonra buz kalıplarına koydum dondurdum. (Sıcak ve plastik hiçbir zaman yan yana gelmemeli.) Daha sonra bunları kalıplardan çıkarıp buzdolabı poşetine alıyorum. İsterseniz kâğıt bardaklarla da dondurabilirsiniz. Pilav, makarna, bulgur ve çorba yapıyorum bunlarla.

Unutmayın; et ve tavuk suyu lezzet katar, sağlıklıdır ama çocuklarımız için en besleyici ve sağlıklı olan etin kendisidir. Mutlaka eti de yedirin. Herkesin tarifi başka olabilir, en doğrusu budur demiyorum, benimki bu şekilde.

Ev Yapımı Lor Peyniri Tarifi

Hassas Anne Berna'nın Tarifi:

Arkadaşım Fatma, oğluna evde lor peyniri yapıyormuş. Ben de bebeğim için labne yerine kendi lor peynirimi yapmaya karar verdim. Arkadaşım sirke ile sütü kestiriyormuş. Teyzem ve ben, anneannem usulü yoğurtla kestirmeye karar verdik. Limonla da kestiriliyormuş.

- Benim ölçüm: 500 mililitre süte 1 tahta kaşığı yoğurt. (Arkadaşımın ölçüsü 1 litre süte 7 tatlı kaşığı sirke)
- Sütü kaynatıyorum. Kaynamaya başladığı anda yoğurdu ilave ediyorum. Biraz karıştırıp kaynamaya bırakıyorum. Bir süre sonra kesilmeye başlıyor zaten. 7-8 dakika kısık ateşte kaynattıktan sonra altını kapatıyorum.
- Kesilen sütü soğumaya bırakıyorum.

- Tülbent ya da süzgeç ile süzülecek. Ben tel süzgeç üzerine tülbenti koydum ve süzdüm. Tülbenti üzerinden sıkıştırıp suyunu süzdüm. (Tel süzgeç üzerinde de bırakabilirsiniz.)
- Ağzını bağlayarak musluğa astım. 1 gece beklettim.
- Lor peynirimiz hazır. Afiyet olsun.

Yine arkadaşım fazla yaptıysa birer öğünlük hazırlayarak derin dondurucuya atıyormuş.

Çocuklar için Bol Sebzeli Etli Çorba

Bunu sevmeyen çocuk yoktur. Öncelikle söylediğim bütün sebzeler küçük doğranacak, aklınızda olsun. Bebek için yapıyorsanız rondodan geçirin ama 9 aydan sonra rondo kullanmayın, pütürlü yemeye alışsınlar. Küçük küçük kesersiniz. Sebzeleri sirkeli suda 4-5 dakika bekletin ve güzelce durulayın lütfen. Ben çocuklar küçükken 15 günde bir 5 kiloluk büyük bir tencerede yapıyordum bunu. O gün yiyorlardı, kalanını günlük yiyecekleri kadar cam kaplara ayırıp donduruyordum. Her an bu sağlıklı yemek hazır oluyor. Dışarı çıkarken de yanınıza alabilirsiniz. Bir gece önceden buzluktan buzdolabının alt tarafına indirip çözdürün. Her gün taze de yapabilirsiniz tabii, ona göre ölçüyü ayarlarsınız. Evde 3 bebekle her zaman bu mümkün olmuyordu. Bebeğiniz henüz kıyma veya tavuk yemeye başlamadıysa sadece kıyma ve tavuk koymadan yapın. Doktor izin verince koymaya başlarsınız.

- Tüm sebzeler küçük küçük kesilecek.
- 1 soğan, 2 havuç, 250 gram kıyma veya organik tavuk, 1 kaşık ev yapımı tatlı biber salçası (1 yaşından küçük bebekler için salça koymayın) ve 4 kaşık zeytinyağını 10 dakika birlikte pişirin.

- 8 bardak kaynar su ekleyin.
- 2 patates, biraz bal kabağı, 1 bardak pirinç (veya tam buğday unundan yapılmış erişte-erişte kullanırsanız son 15 dakikada ekleyin) ve 1 bardak yıkanmış kırmızı mercimek ekleyip 10 dakika daha pişirin.
- 1 kabak, biraz yer elması, 1 tatlı kırmızıbiber ve bir küçük baş kereviz ekleyip 10 dakika pişirin.
- Çok küçük doğranmış yarım demet maydanoz ve yarım demet dereotu ekleyin. 5 dakika daha pişirin. Afiyet olsun.

Bir kâse bundan yerler, sonra da bir kâse evde organik sütten mayalanmış yoğurt. Bu çok sağlıklı bir öğün olur. 4 yıldır bunu yapıyorum ve kesinlikle tavsiye ederim. İçinde sebze, et, pirinç, mercimek ve otlar var. Mevsime göre içindeki sebzeleri değiştirin. Sebzeleri mevsiminde kullanın. Tadı da süper oluyor. Sadece çocuğunuz değil siz de bayılarak yiyeceksiniz.

Zencefilli, Tarçınlı, Portakallı ve Havuçlu Kek

Bu kekin tarifini arkadaşım Hatice'nin harika sitesi portakalagaci.com'da buldum ama içine tarçın, keçiboynuzu unu ve zencefil ekledim. Unun da yarısını tam buğday unu yaptım. 2 kalıba sığacak tarifi yazıyorum çünkü çok güzel oluyor ve anca yetiyor.

Malzemeler:

- 6 yumurta
- 1 su bardağından biraz az sızma zeytinyağı
- 1 su bardağı portakal suyu
- 2 su bardağı beyaz un

- 2 su bardağı tam buğday unu
- 2 su bardağı toz şeker
- 2 portakal kabuğunun rendesi
- 2 büyük havuç, rendelenmiş
- 1 bardak bölünmüş ceviz
- 2 paket (1 tatlı kaşığı) kabartma tozu
- 2 çorba kaşığı tarçın (Tarife ben ekledim.)
- 2 çorba kaşığı keçiboynuzu unu (Tarife ben ekledim.)
- 1 çorba kaşığı rendelenmiş taze zencefil (Tarife ben ekledim.)

Hazırlanması:

- Yumurta ile şekeri çırpın.
- Sırayla yağı, portakal suyunu, rendelenmiş portakal kabuğunu, havucu, cevizi zencefili, tarçını ve kabartma tozu ile karıştırılmış unu ilave edin.
- Yağlanmış kalıba döküp önceden ısıtılmış 200 derece fırında pişirin.

Meyveli Tarçınlı Buzlu Çay

Biraz da biz Hassas Anneler için tarifler gelsin, değil mi? Biliyorsunuz, su içmek sağlığımız için çok önemli. Bazen bardaklarca suyu içmek zor geliyor ve sıkıcı olabiliyor. Bu tarifi diyetisyenim vermişti. Tadı gerçekten güzel ve insanı mutlu ediyor. İçine çay katmazsanız çocuklarınıza da verebilirsiniz. 1 litrelik cam şişeye, 1 çay bardağı koyu çayı, küçük küçük doğranmış kabuklarıyla 1 armudu ve 1 elmayı, yarım limonu, 3 tarçın kabuğunu koyun. Üstüne şişeyi dolduracak kadar kaynar suyu dökün. Biraz dışarıda soğusun. Sonra dolaba koyun. Gün içinde soğuk soğuk tüketin. Günlük 10-12 bardak su ihtiyacımızın da bir kısmını karşılıyor. İçinden su aldıkça üstüne aynı miktarda su ekleyin toplam 2 litre suyu böyle tüketin. Deneyin, çok seveceksiniz.

Çakma Çikolata

Hem kilosuna hem sağlığına dikkat eden büyükler ve hatta çocuklarınız bu çakma çikolatalara bayılacaklar. 4 kuru kayısı 1 porsiyon meyve oluyor. Çikolata istediğinizde 4 kuru kayısıyı küçük küçük kesin, buzdolabı poşetine koyun, üstlerine 1 kaşık kakao koyun ve torbanın ağzını kapatıp iyice sallayın. Çikolata değil ama idare eder. Dışarıya çıkarken yanınıza alıp Türk kahvesinin yanında bile yiyebilirsiniz.

Kerevizli, Salatalıklı, Kabaklı Süzme Yoğurt

- 1 büyük kabak, 3 salatalık, bir baş kerevizi rendeleyin.
- Kerevizi limon suyuyla karıştırın, kararmasın.
- Hepsini sık delikli bir süzgece koyun ve iyice suyunu sıkın.
- 750 gram süzme yoğurdu bir kâseye koyun, rendelediklerinizi ekleyin.
- ½ bardak dişe gelir doğranmış ceviz, ¼ demet doğranmış dereotu, ¼ demet doğranmış taze nane, 3 kaşık sızma zeytinyağı ve tuzu katıp karıştırın.
- Taze nane yapraklarıyla süsleyin. Afiyet olsun.

Kırmızı Biberli Naneli Bulgur Pilavı

- 5 kaşık sızma zeytinyağı ve 1 küçük soğanı çok az kavurun.
- 1,5 kaşık biber salçası ekleyin ve 1 dakika daha kavurun.
- Üç bardak yıkanmış pilavlık bulguru ekleyin ve 3 dakika daha kavurun.

- Küçük doğranmış 2 büyük kırmızıbiber, 1/3 bardak kuru nane, tuz ve 5 bardak kaynar su veya et suyu ekleyin. Karıştırın ve kapağını kapatıp kısık ateşte pişirin.
- Arada sırada karıştırın ama çok fazla karıştırmayın. Suyunu çekince altını kapatın ve üstüne havlu örtün. En az 30 dakika dinlensin. Afiyet olsun.

Evde Nasıl Tereyağı Yapılır?

Yıllardır güvendiğim bir sütçüden çiğ süt alıyorum ve kendi yoğurdumu bu sütten mayalıyorum. Bu sütçümüzü bulmadan önce de günlük sütten yoğurdumu mayalardım. Evde yoğurt mayalamaya 16 yıl önce Amerika'da başladım. Orada kendi damak tadımıza uygun sade yoğurt bulamayınca kendim mayalamaya başlamıştım. Orada yaşadığımız 6,5 yıl boyunca hep mayaladım. Türkiye'ye dönünce kısa bir süre hazır yoğurt aldık ama sonra Alper doğunca yine kendi yoğurdumu mayalamaya devam ettim.

Sütçümden aldığım sütleri kaynatınca çok güzel, kalın bir tabaka kaymak oluyor. Ne yazık ki pastörize ve UHT sütlerde böyle bir kaymak elde etmek ve tereyağı yapmak imkânsız. Bunları genellikle sütlaç gibi tatlıları yaparken kullanıyordum. Bir süredir aklımda kendi tereyağımı yapmak vardı. İki aydır süt kaymaklarını buzluktaki bir kabın içinde biriktiriyorum. Bugün kendi tereyağımı yapmaya karar verdim. Öğlenden çıkardım buzluktaki kaplardan birini. İçinde yaklaşık 750 gr. süt kaymağı vardı. Buzdolabının alt gözünde buzu çözüldü.

Derin bir kaba aldım süt kaymaklarını ve 5 dakika kadar çırpıcı ile çırptım. Sonra içine 1 büyük çay bardağı sıcağa yakın ılık içme suyu koydum ve 5 dakika daha çırptım.

Bunu iki tane 1 litrelik cam kavanoza bölüştürdüm içine de 7'şer tane buz küpü attım. Bu soğuk etkisi ile yağlar ayrılacak ve tereyağımız olacak. Zaten tereyağı yapımı bu kadar basit. Süt kaymağının yağını alıyoruz ve buna tereyağı deniyor.

Kavanozların ağzını kapattım. Çocuklar ve ben bu kavanozları dinlene dinlene kuvvetlice yayık ayran yapar gibi salladık. Çocuklar çok eğlendiler. Arada da kabın içinde kalan tereyağlarını ev yapımı 7 tahıllı ekmeğimize sürüp üzerine az tuz atıp yediler.

30 dakika kadar salladık kavanozları yayık ayran yapar gibi. Sonra büyük karıştırma kabının üzerine ince delikli çelik süzgeci koydum. Bu süzgecin üzerine tülbent koysam daha iyi olurdu sanırım, bir daha öyle yapacağım. İki kavanozun içindekileri bunun üzerine döktüm. Sular hemen akmaya başladı. Buzlar da erimemişti tamamen. Kaşıkla karıştırdım, karıştırdıkça aşağıya sular aktı. Bu sular da çok değerli bunları da atmayacağım çorba suyu yapacağım. Poğaçalara ve böreklere de katabilirsiniz. Hatta Amerika'da bunu satarlar tereyağı sütü (buttermilk) diye.

Beş dakika böyle karıştırdım. Sonra üstüne 2 bardak buz gibi içme suyu döktüm. İçinde süt kalmaması için bu yıkamayı yapıyoruz. Böylelikle tereyağımız daha çok dayanacak ve daha lezzetli olacak. Her 2 bardak su döktüğümde biraz karıştırdım ve suları akıttım. Böyle yaklaşık 8 bardak buz gibi su döktüm. Artık aşağıya akan su beyaz değil berrak su olunca su dökmeyi bıraktım. İyice karıştırdım ve suyunu tamamen akıttım. Tülbentle de sıkabilirsiniz. Suyu kalmasın içinde. Yarım tatlı kaşığı da tuz koyup karıştırdım. Böylece hem tadı güzel olacak hem daha çok dayanacak. Tabii o kadar süt kaymağından azıcık tereyağı çıktı ama en azından çocuklara kahvaltıda yedirebilirim. Tadına baktım, gerçekten çok güzel olmuş. Tabii en önemlisi doğal olması.

ANNE
HİKÂYELERİ

Kanser Hastası Bir Çocuğu Olan Annenin Hikâyesi

Bütün kara bulutlar sanki o gece bizim üstümüzdeydi. Bir yıl önce çocuk acildeki doktor, "Müşahedeye almak zorundayız, Beril'e kan lazım." dediğinde, eşimle birbirimize bakışımızı hiç unutmuyorum. Doktor hanımın bizi acil müşahedeye çıkarttığında bazı şeylerin ters gittiğini fark ettim. Dosyada "lökoz" yazısını görünce hemen internetten baktım. Kızım lösemi olabilir miydi? Beş belirtiden benim fark ettiğim iki belirtisi vardı. (eklem şişkinliği ve gece terlemesi) Kendimi bahçeye atıp hüngür hüngür ağladığım da "Beril çok iyi." diyordu herkes ama ben biliyordum, içime ateş düşmüştü bir kere. Kemik iliği aspirasyonu alınıp servise geçtik ve gece 11'de hemşire hanım Beril'e içirmem için ilaç getirdi. "Niye içiriyorum bunu?" diye sorduğumda "Ben bilmiyorum, doktor hanıma sorun." dedi. Asistan doktoru buldum hemen. "Benim açıklama yapmam doğru değil, bölümdeki doktorlar size açıklama yapar." dedi. O gece her şeyin farkına vardık eşimle. Eşim arabada, ben de uykuda olan ve hiç bir şeyin farkında olmayan Beril'in yanında saatlerce ağladım. Güçlü olmaya çalışıyorduk. Ne olmuştu bize böyle? Ya da bize neler olacaktı? Sabah, Doç. Dr. Serap Hanım'ın yanına gittik. Bize üzülerek Beril'in lösemi olduğunu söyledi. Gözyaşlarımı tutamıyordum, kendi kendine akıyordu gözlerimden. Aile toplantısında Doç. Dr. Deniz Hanım'ın "Güçlü olmalıyız." cümlesi ile yeni bir dönemi girdik.

Yeni bir hayat ve bu hayatta bizim de ikinci şansımız neden olmasın? Yeni hayatımızda anne ve kız olarak çocuk hematoloji servisinde yatarak ve ilaçlı (kemoterapi) günlerimiz başlamıştı.

Bir annenin en zor süreci işte tam da burada başlar. Tek kişilik hastane odasında artık siz anne değil, kızınızın oyun arkadaşısınızdır. Beraber yemek yerken, oyun oynarken, kitap okurken, kendinizi hastane odasında değil, olmak istediğiniz yerde hayal edersiniz.

Anne olarak kızının saçlarını kesmek sizin en zor görevinizdir. Asla istediğiniz gibi ağlayamazsınız gözlerinizin içine bakan, sizden güç isteyen çoğu zaman sizden daha güçlü duran kızınızın yanında. Her zaman gülmek zorundasınızdır.

"İnsanın hayatta güçlü olması değildir önemli olan, kendini güçlü hissetmesi önemlidir."

En duygusal kısım ise çocuğun babaya olan özlemidir. Seni baban için öpüyorum, onun yerine sarılıyorum demektir. Hastanede ziyaret yasaktır.

Uzun süreden sonra hastaneden eve geldiğiniz ilk gün, sizin bayramınızdır.

Ağız yaraları, ateşlenmek, enfeksiyon kapmak annenin korkulu rüyasıdır.

Tedavi devam ederken en mutlu olduğunuz gün idame tedavisine başladığınız gündür.

Kemoterapiye devam edeceğini bile bile mutlu olmak sadece lösemi hastası çocukların ailelerine mahsustur.

Lösemi hastası bir çocuğun en büyük hayali, maske atma partisidir.

Bir yıldır tedavimiz devam etmekte. En büyük ilaç şüphesiz sevgidir.

Bizi seven, her daim yanımızda olan, bizi hiç yalnız bırakmayan herkese sonsuz teşekkürler...

-Başak KIRAN

Instagram: @beriltosunannesi #beriltoşlugünler

Down Sendromu Olan Bir Çocuğun Annesinin Hikâyesi

Down sendromu olan bir çocuğun annesi olmak, çocuğunuz doğunca dünyanın altüst oldu sanıp, o gülünce altının üstünden daha güzel olduğunu anlamak aslında...

Çocuğun durumu kulaktan kulağa yayıldığında, bir bebek dünyaya getirdiğin için seni kutlamaya değil, ne doğurduğunu görmeye gelirler. Hatta öyle acırlar ki hâline, ziyaretine gelmeyenler daha çok olur.

Sen evde sessizce ağlayıp duruma alışmaya çalışırken, onlar sana destek olmak yerine "Hamileyken bilmiyor muydun?" diyerek o çocuğu neden dünyaya getirdiğini sorgularlar. Eğer bilerek doğurduysan da arkandan ahkâm kesenin çok olur, "Eee, doğurmasaydı?" diye.

Bilmezler gülüşünün her bebekten farksız, ama başarabildiklerinin bambaşka sevinçler getirdiğini.

Sen o her hasta olduğunda, onu kaybetme korkusu yaşarken onlar sana görmemişin çocuğu olmuş muamelesi yaparlar, acıtasyon yaptığını savunurlar.

Çünkü hiçbiri yeni doğmuş bebeğini kalp rahatsızlığı yüzünden kaybetmemiş, minicik bedenleri ameliyat masalarına yatırmamış ve çıngırak sallamayı öğretebilmek için 15 gün karşısında çıngırak sallamamıştır.

Her çocuk emek isterken, bizden 2 emek bekleyen çocuğun annesi olmak, işte o bilmeyenleri bazen görmezden gelmek demektir.

Ben görmezden gelemedim.

Evime gelmedikleri için cenaze evinden farksız kıldıkları evimi bayram evine çevirdim.

"Hamileyken bilmiyor muydun?" diye soranlara "Sen ne doğuracağını biliyor muydun?" dedim.

"Çok benzemiyor tipi de, söylemeyin bence kimseye down sendromu olduğunu." diyenlere inat, her sorana özel olduğunu anlattım.

Literatüre göre "eğitilebilir geri zekâlı" diye adlandırılan bu sıfatın tek kelimesini bile yakıştıramamaktı down sendromu olan bir çocuğun annesi olmak.

Evin her köşesinden silmek demekti tüm hakaret içeriği ile kullanılan sıfatları.

Hiçbir öğrencisine hakaret etmemiş bir öğretmen olarak, zerre kadar matematik öğretemediğim öğrencilerime hep "Siz de matematik bilmeyin ama çok iyi kitap okuyun canım." dediğim için gurur duymaktı kendinle...

Sendromu olmasaydı çok iyi fizik öğrenebilecek miydi ki?

Kromozomu 46 da olsaydı "Benim çocuğum sadece mutlu olsun." diyen bir anne olacaktım ben…

Şimdi tam da istediğim anneydim işte.

Kromozomu fazla, sevgisi fazla, neşesi fazla, yüreği fazla bir evladım var…

Doğduğunda "Beni tanıyacak mı? Beni anne olarak bilecek mi?" diye düşündüğüm günlerden utanıyorum. Çünkü böyle anlatılmıştı ve ben bir gün boynuma sarılıp beni koklayarak öpen 2 yaşında bir kızın annesi olacağımı hayal edememiştim.

İki yaşında hâlâ bağımsız yürüyemeyen, kucağımda taşırken kan ter içinde kaldığım o evlat ile haftanın 5 günü eğitime gidip geliyorum... Hiç kollarım yoruldu demedim çünkü şahane kol kaslarım oldu onu taşırken… Güçlendim...

Hem bedenen hem ruhen daha güçlüyüm artık... Çünkü onun herkesten güçlü bir anneye ihtiyacı vardı ve o beni seçti.

Onu taşıyabileyim diye, onu herkesten çok seveyim diye, ona farklı olduğunu hissettirircesine bakanların bakışını değiştireyim diye, onu eğitebileyim diye beni seçti.

Şimdi o benden güç beklerken, ben nasıl şikâyet ederim?

Allah onun karşısına beni, benim karşıma da ona güzel bakan iyi insanları çıkardı hep.

Şimdilerde o iyi olsun diye, mutlu olsun diye, en az benim kadar güçlü olsun diye, pes etmesin hep başarsın diye çalışan bir ekip gibi hissediyorum hayatımızdaki herkesi...

Down sendromlu bir çocuğun annesi olmak ne demekti unuttum ben... Çünkü hiçbir sabah yeni güne onun down sendromunu düşünerek uyanmıyorum.

Öğrendiğim bu bilgi ilk günlerde her sabah kabus gibi yüreğime çökerken, şimdi her sabah güzel gülüşüyle uyanmaktan başka bildiğim bir şey yok.

Onun kromozomu; kaslarını gevşek, bazı organlarını hasarlı, belki zekâsını geride bıraktı ve ileride farklı sürprizleri olacak... Ama asla onu hiçbir çocuktan geri bırakmasına izin vermemek demek, down sendromu olan bir çocuğun annesi olmak demek.

Ve İnci'nin annesi olmak, bu dünyada istediğim tek şeymiş meğer...

-Süreyya Ülkü Güler

Cennetin Bir'İnci Günü kitabının yazarı

Instagram: @1downhikayesi_suureyya

#cennetinbirincigünü

Engelli Bir Çocuğun Annesinin Hikâyesi

Bizim hikâyemiz; bir ipek böceğinin binbir sıkıntı ile kozadan çıkışına tanıklık ederken, kendinizi büyük bir aşkın, umut dolu bir yolculuğun, tarihin, felsefenin, bambaşka kültürlerin içerisinde seyahat ederken bulacağınız, diğer taraftan da asla pes etmemenin, vazgeçmemenin, sevginin gücünün önemini bir kez daha hatırlayacağınız, kimilerine göre mucizevi, kimilerine göre öğretici bir hikâye…

24 haftalık 660 gram olarak yaşam sınırında doğan ve yaşamaz denilen kızımız İpek Bade 'nin yaşama tutunma mücadelesi… Benim ise profesyonel yaşamdan anneliğe atanışım… Sonrasında profesyonel yaşam koçu oluşum… Dışarıda yaptığım yolculuğun yanı sıra, içime yaptığım yolculuk… Değişimin, dönüşümün hikâyesi…

Uzun yıllar Fransa'da yaşadıktan sonra Türkiye'ye temelli dönüş yaparak eğitimlerime burada devam ettim. Yer bilimleri (jeofizik mühendisliği) sonrası işletme yönetimi yüksek lisans yaptım ve 13 yıl kadar bankacılık ve finans sektöründe yöneticilik yaptım.

2004 yılında canım eşimle tanışıp 4 yıl çocuk planları yapmadan hayatımızı yaşadık. İki gezgin ruh birbirini bulmuş, dünyayı geziyor, günümüzü gün ediyorduk. Evlendikten tam 4 yıl sonra çocuk kararı aldık ve bu kararla hayatımız altüst oldu!

Gebeliğimin 24. haftasında erken doğum yaparak, yaşamaz denilen bir bebek dünyaya getirdim. Yaşasa da ağır engelli bir çocuk olacaktı! Çünkü erken doğum sebebiyle ağır beyin kanaması geçirip Hidrosefali hastası olmuştu. Bu da Serebral Palsi 'li (beyin felci) olmasına neden olmuştu

Dünya başımıza yıkılmıştı... Bir kararla hayatımız altüst olmuştu…

Ancak nerden bilebilirdik ki altının üstünden iyi olmayacağını...

Elbette ilk duyduğumuzda büyük bir şok yaşadık. Böyle bir çocuk istenir miydi? Sevilir miydi? Hayallerimize ne olacaktı? En iyi okullara gönderecek, başarısıyla övünecek, düğününde oynayacak, mutluluğumuza mutluluk katılacaktı. Hayat planlarımızın istemediğimiz yönde değişecek olması, tüm bu belirsizlikler bizi perişan etmişti. Ta ki aylar sonra kuvözden çıkıp bize teslim ettikleri güne kadar.

Kucağıma verdikleri gün ben ona âşık olmuştum. Hele de alıp eve gidip yedirip içip beraber uyuyup öpüp koklayınca, dedim ki, ''Ben doğurduğum gün değil, ben bugün ANNE oldum!" Belirsizlikmiş insanı perişan eden…

İşte o gün karar verdim. Bir kurban gibi davranmayacaktım; kendimi imha değil, inşa edecektim!

Çocuğumuz için ne gerekiyorsa yapmalıydık anne baba olarak. Ona daha kaliteli bir yaşam sunmak, onu mutlu etmek tek amacımız olmuştu.

Organik beslenmeden tutun, yardımcı destek aparatlar, modern tıbbın yanı sıra alternatif terapilere kadar birçok konuda gerek yurt içinde gerek yurt dışında ne varsa araştırmalar yaparak kızımızın şifa yolunda deneyimliyorduk.

Yaşamaz denilen kızımız bugün 6 yaşında olup yüzde 90 bedensel ve zihinsel engellidir. Ancak tüm bu olumsuzluklara rağmen, mucizevi olarak görülen müthiş bir algısı vardır. Konuşamıyor ama.

Doktorlar "Sevginin gücü ile yaşatıyorsunuz." diyorlar.

Meğer hiç bir önemi yokmuş evladınızın engelli olmasının. Evlat evlattır. Öyle çok seviliyormuş ki… Koşulsuz, karşılıksız.

Zaman içerisinde tüm deneyimlediklerimi diğer ailelere umut olmak, ilham olmak, yol olmak adına ve aynı gemide yol aldıklarımıza "yalnız değilsiniz" mesajını vermek adına hikâyemizi kaleme alma kararı aldım. Tüm hikâyeyi spiritüal bakış açısıyla dile getirdim. Kitap gelirini de bir nebze de olsa katkım olması adına kızım gibi engelli olan çocuklara destek derneği @ bircanbinumut'a bağışladım.

Hikâyemizle özel çocuklara farkındalık yaratmak istedim. Bu dünyadaki gizli kahramanların hikâyesine, bu kutlu yolculuklarına herkesin şahit olmasını istedim. Senden farklı olabilirler ama varlar, kabul et. Engelli olmak ayıp değil, acınası bir durum hiç değil...

Bu ülkede engelli olmak, gerek fiziksel sorunlar, (alt yapı, ulaşım) gerek ekonomik, (aile, devlet desteği) gerek sosyal sorunlar (negatif ayrımcılık) açısından çok zor. Bari toplumun bakışlarının baskısı olmasın.

Dışlayan değil kucaklayan, üzülen değil takdir eden bakışlar bekliyorum. Bizim sizin gücünüze desteğinize ihtiyacımız var. Toplumun her kesiminden destek ve moral bekliyoruz.

Biz insanlar, sadece bedenden oluşmuyoruz. Çok özel ve güçlü ruhsal varlıklarız da aynı zamanda. Bedenlerimiz bizlere emanet bir elbise gibidir. Ruhlarımızdır asli varlığımız... İpek böceğimizin ruhu sapasağlam. Elbisesi defolu olsa ne yazar.

Bu süreçte kendime de yatırım yapıyordum. (nefes terapileri, NLP eğitimleri, enerji çalışmaları gibi) Biz anneler güçlü olmalıydık ki çocuğumuza güç verelim.

Kızıma şifa ararken kendim şifalanıyordum. Sevginin gücünü deneyimliyordum. Dışarıdaki yolculuğum yanı sıra, içime de yolculuk yapıyordum. Yunus Emre'nin dediği gibi: ''Bir ben var ki bende, benden içeri.''

Tüm bunların dönüşümüm için yaşanması gerektiği bilincinde olmak, dönüşümün esas başlangıcıdır. Yaşanan her şeyin bir nedeni var. Sen sadece sebeplerini ararsın. Kişi öz benliğini tanıyıp varoluş nedenini idrak edince, geriye ne sonsuz acı kalıyor ne de hesap kitap. Keşfettikçe huzur buluyordum. *"Özüne inmediysen, tamamlanmadın."* yazıyordu okuduğum bir kitapta. Artık karşınızda ekonomik verileri takip eden bir finansçı değil, evladına ŞİFA arayan bir ANNE vardı...

Kendimi İstanbul Üniversitesi'nde felsefe okurken buldum. Yıllar evvel jeofizik mühendisliği okurken, "evren nasıl oluşmuş?" sorusunun yanıtını ararken bugün evren neden olduğu, insanın ve varoluş nedenimiz gibi soruların yanıtlarını buluyordum.

Diğer taraftan aldığım onca kişisel gelişim eğitimi, yaşama bambaşka bir açıdan bakmamı sağlamış, her şartta mutlu olabilme yetisini kazanmıştım. Sevginin gücü ile başaramayacağın bir şey yoktur.

Biliyordum ki mevcut durumunu kabul edince (tevekkül idraki) KALP en yüksek boyutta pozitif enerjiyi (sevgi) üretir. Duyguların ilk üretim merkezinin beyin değil, kalp olduğu ispatlandı. Kalpten yayılan enerji ile tüm bedenimiz, çevremiz hatta evren şifalanır. (endokrin sistemi, hormonlar vasıtası ile) Çünkü bizler enerji bedenleriz. Madde=enerjidir. Duygularla düşünce DNA bile şekil değiştiriyor.

Geldiğim noktada bugün bir "influencer" olarak her fırsatta, nice platformda yer alarak, engelli bir çocuğa rağmen hayata bu denli pozitif bakabiliyor olmanın, tükenmek bilmeyen enerjimin kaynağının sırlarını paylaşıyorum. (Bu da bankacılıktan, profesyonel yaşam koçluğuna atanışım.)

Mutluluk hayata nasıl bir bakış açısıyla baktığımızla alakalıdır. Hiçbir şey aşılamaz değildir. Sevince hiçbir şey engel değil. Hayattaki en büyük engel sevgisizliktir. Sevginin olduğu yerde mucizeler vardır ve mucizeler yalnızca ona inananların başına gelir!

Öğrendikçe öğretmeye başladım. Hikâyemiz birçok insana ne dersler verecekti kim bilir. Umudun kitabı diye tanımlanıyor... Sevginin gücünün altını çizmek istedim. Her şeyin başlangıcının kabullenmek olduğunu hatırlatmak istedim.

Eşime de bir nevi teşekkür etmek istedim kitabımla, bu kadar iyi bir baba ve eş olduğu için. Elbette kızımızın kardeşi Ali

Aras'tan vazgeçmeyip nice tüp bebek sonrası kavuşmamızın da müthiş hikâyesi.

Sonuç olarak;

Hayatta herkes kendi kozasını örüyor... Herkesin amacı kendi ''kozasından çıkmak''. Bakış açına göre ya orada hapissindir ya da o koza senin özgürlüğündür!

Hikâyemizle kendi içinize dönerek sevgiyi ve huzuru tekrar anlamlandırmanız dileğiyle...

-Hatice Beyza Bulut

Kozadan Çıkmak kitabının yazarı

Instagram: @kozadancikmak #kozadancikmak

Çocuk Doktoru Bir Annenin Hikâyesi

Bir gün hamile kaldım ve bütün hayatım değişti. Neredeyse 3 yıl süren uğraşıdan, bir düşükten, onlarca boşa giden Beta HCG tahlilinden (kanda gebelik testi), bir dolu jinekolog ziyaretinden sonra 35 yaşımın kıyısındayken oldu. "Tamam, artık ben normal yollarla hamile kalamıyorum. Tüp bebek yapayım." diye düşünürken hiç umulmadık bir anda bingo... Haberi alan ben, çılgınca sevineceğimi düşünürken herhâlde düşükle sonuçlanan ilk gebeliğimden kendimce dersler çıkardığım için 14. haftaya kadar yüksek sesle kendime bile söylemedim hamile olduğumu. Bütün hamileliğim gün sayarak, aklımdan bebekle ilgili kötü şeyler geçirerek geçti. Ya gene düşük yaparsam, ya erken doğarsa, ya doğumdan sonra ortaya önemli bir hastalık çıkarsa... Gerek çocuk doktoru olmanın getirdiği mesleki kötü tecrübelerden gerekse aklımdan geçenlerden dolayı 32. hafta tamamlandığında bir çöpü dahi yoktu yavrucuğumun. Aynı şeyleri pek sevgili kocacığım da düşünmüş olmalı ki 32. haftanın sonunda onun "Ne gereği var şimdi bebek alışverişinin? Daha erken." nidaları altında kayınvalidemle ben kolundan zorla çeke çeke anca götürdük bebek alışverişine kendisini.

Bütün bu düşüncelerin ışığı altında aynı anda tam 3 jinekoloğa takip oldum. Öyle ki bazen aynı gün bir randevudan çıkıp diğerine gidip aynı şeyleri dinliyordum. Hayır, meslektaşlarıma olan güvensizliğimden değildi bu çoklu takip durumu. Sadece nerede ve nasıl doğuracağıma karar verememiştim. Üniversite mi devlet hastanesi mi yoksa özel hastane mi? Ya normal doğuramaz da sezaryen olmak zorunda kalırsam?

Bu ikilem pardon üçlem 39. haftaya dek sürdü. Sonuçta tam donanımlı, koca koca hocaların konsultan olduğu, 3. basamak yeni doğan yoğun bakım hizmetinin verildiği benim, eşimin ve Çağın'ın halasının da mezun olduğu tıp fakültesi hastanesinin Anıtkabir manzaralı odasında doğdu oğlum.

"Çok mutlu oldum, her şey süperdi. Şakır şakır sütüm geldi, bizimki de lıkır lıkır emdi. Mışıl mışıl da uyudu." demek isterdim ama diyemem. Daha ilk saatlerde başladı kâbus: Süt yok. Memeyi emip emip çığlığı basan bebe, mamayı alınca mışıl mışıl uyumaktaydı. Ben ise sanki mama değil zehir veriyorum. Hayatta o an yerinde olmak istediğim tek şey bir montofondu.[6] Tabii bu pratikte mümkün değil. Peki, ne yapmalıydı? Bari sütü artırmanın yollarını denenmeliydi. Günde 5 litre su, bilumum bitki çayı, alkolsüz bira, instant maya, süt artırıcı tablet, koyunmuşum gibi her sofrada önüme konan türlü yeşillikler, kuru soğan, annemin ağzımdan burnumdan teptiği baklavalar, kayınvalidemin neredeyse her öğün çeşitli vesilelerle yaptığı bulgur pilavı... Hiç biri işe yaramadı! Yaramadığı gibi tüm vücudum süt artırıcı tablet yüzünden ürtiker oldu.

Sütsüzlüğüm yetmiyormuş gibi bir de lohusa depresyonu karabasan gibi üzerime çökmesin mi? Depresyon kelimesi hafif kalır gerçi. Saatlerce ağla ağla... O dönem en çok takıldığım şey bebeğim ben uyurken boğulup ölür mü? Hastaneden

6 Avusturya kökenli, süt verimi çok yüksek bir inek.

monitör getirip bağlamayı bile düşündüm. İnternetten ev tipi monitör araştırdığımı hatırlıyorum. Bir ara ben uyurken bebeği kaçıracaklarını düşünüyor; herkes uyuduktan sonra kalkıp defalarca kapıyı, pencereyi açık mı diye kontrol ediyordum. Tam bir delilik hâli sizin anlayacağınız. Yeri gelmişken o dönemde gıklarını çıkarmadan, bir yandan endişeli gözlerle beni izleyip bir yandan da ellerinden gelen yardımı esirgemeyen, benimle birlikte gecelerce uykusuz kalan eşim, kayınvalidem ve anneme bir kez daha teşekkür ediyorum. Haklarını ne yapsam ödeyemem.

Okumaya hastalık derecesinde düşkün biri olarak, tüm hamileliğim boyunca bebek bakımı ile ilgili hiçbir şey okumadım. Çocuk doktoru olmanın, bebeklerle ilgili her şeyi bilinir kıldığını düşünüyordum. Niye okuyayım ki ben bir çocuk doktoruydum. Başkalarının ihtiyacı olan şeylerin hepsini ben zaten biliyordum. Hayatım zaten koca koca pediatri kitapları arasında geçmişti. Geçmişti ama o kitaplarda bebeklerin yatağa koyunca uyumayabilecekleri, memeye tutunca emmeyebilecekleri, uygun teknik ve büyük bir istekle emzirdiğiniz hâlde sütünüzün hiç gelmeyebileceği ve daha nicesi yazmıyordu. Hasta olmadığı hâlde, altı temiz üstü pak ve uykusu da varken bir bebeğin niye uyumadığı ya da 40 dakika sonra neden uyandığı konusunda hiçbir pratik bilgi öğretilmemişti bana. Biz pediatristler, yıllarca çocukları hayatta tutmak için o kadar çok çaba göstermişiz ki, uyku, beslenme, öğrenme gibi sosyal konuları ihmal etmişiz. Oğlumun doğumuyla sosyal pediatri konularına olan ilgim arttı. Bu da hastalarıma yansıdı. Empati yeteneğimi artırdı anne olmak. Artık burnu tıkalı veya kaka yapmıyor diye gece 3'te acil servise gelen aileleri anlıyorum. Çünkü biliyorum ki burnu tıkalı bir çocuk bir ailenin bütün gecesini mahvedebilir. Çağın'la mesleğimi yeni bir eksene daha oturttum.

Başladığım bu yeni maceranın zor ve bilinmezlikle dolu olduğunu, yolu bilmekle yolda yürümenin farklı şeyler olduğunu anne olunca anlamıştım. Çocuk doktoru olmanın bu bilinmez yolda bana bazı durumlarda rehberlik edebileceğini ama asıl anahtarın annelik içgüdülerine ve benden önce bu yolda yürümüş olan diğer annelerin tecrübelerine güvenmekte olduğunu öğrenmiştim.

-Dr. Elif Çakır
İnternet sitesi: Guncelanne.com
Instagram: @guncel_anne

Otizmli Bir Çocuğun Annesinin Hikâyesi

Geçen yıl "Bu Ülkede Otizmli Ailesi Olmak Ne Demek" diye bir yazı yazmıştım. Yaşadıklarımızdan yola çıkmıştım; canım acıyordu, içim fena yanıyordu. Bu yüzden de yazıda dertler epey ağır cümlelerle ardı ardına sıralanıyordu.

Geçen hafta yazının bir bölümünün imzasız olarak sosyal medyadan tanıdığım bir otizmli babası tarafından paylaşıldığını görünce mutlu oldum. Demek çoğumuzun içinden geçenleri doğru ifade edebilmiştim, yazı bir anlamda anonimleşmiş, laf yerini bulmuştu.

Ancak dikkatle düşününce önemli bir hatamı fark ettim. Yazıda yalnızca sorunlarımızdan bahsediyordum, hayatımızın bir bölümünden…

Oysa bir otizmliyle yaşamanın bizlere kazandırdığı güzellikler de vardı. Belki de insanlara otizmi anlatmanın en güzel yolu onlardan öğrendiklerimizi, varlıklarıyla bize yaşattıklarını daha sık paylaşmaktı.

Ben de oturup aynı yazının yeni bir versiyonunu yazdım.

Otizmli bir çocuğun annesi, babası, ailesi olmak ne demek, özetleyeyim.

Otizmli bir çocuğu sevmek demek;

Kalabalıklar içinde yalnız kalsanız bile otizmli çocuğunuzun size sunduğu dünyanın manevi gücünü hep arkanızda hissetmek demek.

Hiç bilmediğiniz bir diyarda bile, gökyüzündeki o tek bir yıldızın size rehber olacağını bilerek asla kaybolmamak demek.

Siz yolunuzu ışıtacak insanlar ararken, günü geldiğinde o yolu ancak Yaradan'ın aydınlatacağını anlamak demek.

Yanınızda olmasını beklediğiniz kişi ya da kurumların duyarsızlığını gördüğünüzde bile elden geldiğinde her hatayı affetmeye çalışacak kadar insanı tanımak demek. Herkesi olduğu gibi kabul etmeyi öğrenme yoluna girmek demek.

Elinizde avucunuzda ne varsa planlayamadığınız şekilde harcayıp, sıfırı tüketseniz bile otizmli çocuğunuzun dünyanıza kattığı zenginliklerin her gün artması demek.

Siz dertlerinizle harman olmuşken küçücük dertlerini büyüten eşin, dostun sırtını sıvazlayıp 'Üzülme, bu da geçer." diyebilmeyi öğrenmek demek.

Kapılarına gidip gelmekten bitap düştüğünüz okullarda okuyan çocuklara dair hırslarına şahit olduğunuz ailelerden olmadığınız için şanslı hissetmek. Aslında hayattaki her kapının sonunda aynı yere çıktığını fark etmek demek.

Hayatınızda olan insanlar, içinde bulunduğunuz zor hâlleri görünce arkasına bakmadan kaçarsa, "Tanrım, beni yine bir fazlalıktan daha kurtardın." deyip şükretmeyi öğrenmek demek.

İçinde yaşadığınız toplumda bazen azınlıkta olsalar bile ne güzel ruhlar, ne yüce vicdanlar, ne hoş gönüllere sahip insanlar olduğunu fark etmek; devam etme gücünü iyilerden almak, geleceğe dair umudu hiç kaybetmemek demek.

Evet, ateş düştüğü yeri yakıyor. Kimileri bırak elini ateşe yaklaştırmayı, biz yanıp giderken dumanımızdan bile rahatsız oluyor. Olmuyor mu? Evet oluyor.

Varsın olsun.

Ne demiş Hz. Mevlana: "Kişi kim olduğunu bilmek isterse kimleri sevdiğine baksın."

-Sedef Erken
Kedi Gözü kitabının yazarı
Instagram: @sedeferken
Facebook: sedeferken

İkiz Çocukları Olan Bir Annenin Hikâyesi

Herkesin bir annelik hikâyesi var… Evet, benimkisi de ikiz anneliği hikâyesi!

Düştüm kalktım, güldüm ağladım… Evladım, ablayım, sevgiliyim, dostum ve şimdi anneyim; üstelik ikiz annesi. Asıl macera; canlarım, ikiz kızlarım Tilbe ve Ilgın'ın takribi 17 Ocak 2014'te rahme düştükleri ve 30 Eylül 2014'te şu anda üzerinde yaşamakta olduğumuz dünyaya geldikleri andan itibaren başladı diyebilirim.

Burada tabii hemen canım, sevgilim, dostum, eşim Ömer Şahin'e bir pas atmam lazım. 2 Temmuz 2001'di ilk tanıştığımızda, o gün bugündür ayrılmadı ellerimiz, kalplerimiz… Çok uzun yıllar birlikte yaşayınca, bir de bir kedi evlat eklendiyse bu yaşantıya çocuk mocuk yapmayı hiç düşünmüyorsunuz. Yahu, zaten biz hiç büyümeyen çocuklar değil miydik, kelimelerin, notaların peşinde koşan… Ailelerimizin "torun" serzenişlerine de "Biraz tüylü müylü ama çok tatlı bir torununuz var." diye cevaplar yetiştiren… Sonra bir gün bir şey oldu, hayatımızın neşe kaynağı, ailelerimizin tüylü torunu Şeker'imiz hastalandı. Meğerse minik kalbinde, doğuştan gelen bir ritim problemi tam 9 yaşında ortaya çıktı ve onun sonucu emboli atması ile üç gün; sadece üç gün içinde hayatımızdan gidiverdi. Yaşattığı derin boşluk, nefes alamama hâli, mezarını süslediğim çiçeklerle sadece evimizin arka bahçesine değil, toprağa, havaya, suya karıştı... Günler günleri kovaladı, nefes almaya, hayata karışmaya başladık. Ve yakınlarımız bize dedi ki, "Ya hemen bir hayvan sahiplenin ya da çocuk yapın!" İki seçenek de o kadar uzak ve zor geliyordu ki... Hele çocuk yapmak? Ben anne, Ömer baba olabilir miydik? Bunu istiyor muyduk? Bu fikri ekti evren bizim içimize...

Bir gün uyandım, "Ben anne olmak istiyorum." dedim o sevdiğim adama... O da itiraf etti, baba olmak istiyordu. Ama istemekle yapmak eş zamanlı olamıyormuş tabii. Onu da anlamak hemen hemen bir senemize mal oldu. Ters, tuhaf giden bir şeyler mi vardı? Hormonlarım bana ne anlatıyordu? Şu beden dili denen şey de ne menem şeymiş, işte o zaman o kadar net anladım ki... Tahliller, her şeyin yolunda olduğunu söylüyordu ama gel gör ki, her ay beklentilerimiz "negatif" sonuçlanıyordu. Umutlar, hayal kırıklıklarıyla tıpkı Şeker'in kavuştuğu gibi toprağa, havaya, suya karışıyordu. Yeniden umut etmek, umutlanmaya çalışmak da o kadar zordu ki... Ben hazır olsam, Ömer olamıyordu. O hazırken, benim ruh hâlim buna izin vermiyordu. Zamanlamayı da tutturmak ayrı mesele...

Bir kan tahlili sonucu yüksek çıkan Beta HCG ve hemşirenin "müjdemi isterim" gülümsemesiyle geçti bütün hâlsizlik. "Nasıl yani?" diye bakakalıp, sel olup akan gözyaşlarım ve hastane koridorunda Banu Hanım'ın odasına doğru koşturduğumu, bekleyen deneyimli annelerin "Üzülme olur elbet." diyerek sırtımı sıvazladığını ve dudaklarımdan "Üzülmüyorum, çok mutluyum çünkü hamileymişim!" kelimelerinin döküldüğünü hatırlıyorum. Ama göz açıp kapanması gibi, sadece bu anlar ve görüntüler var. Bir akış gibi değil, an an...

Tek başımaydım. Kimi arayayım; önce Ömer'i mi, annemi mi, yok önce doktorumla konuşayım derken paldır küldür girdim odaya. Tahlil sonucunu uzattım. "Tahmin ettiğim gibi..." dedi Banu Hanım. Ben niye hiç tahmin edemedim, belki de inancımı yitirmiştim "normal" yolla hamile kalamayacağıma inanmıştım zaten. Ne hissettiğimi bile çok net tarif edemiyorum.

Bu bir sonuçtu ama "hamileyim" diyebilmek için yeterli değildi. "10 gün sonra gel, bakalım kese oluşmuş mu." dedi Banu Hanım. "Peki." dedim çıktım. Tabii hemen Ömer'i aradım, "Kimseye bir şey söylemeyelim çünkü kesin bir şey yokmuş." dedim. 10 gün sonra heyecanla ve bu sefer Ömer'le birlikte Banu Hanım'ın kapısındaydık. Evet, kese oluşmuştu; hem de bir değil iki kesecik. 10 gün sonra tekrar gidip, o iki kesenin içinde kalp oluşacak mı, ikisinde mi oluşacak birinde mi yoksa hiçbirinde mi diye kontrol etmek gerekiyordu. Bu defa yine küçük sırrımızla birlikte 10 günü sabırsızlıkla beklemek üzere yola koyulduk. O 10 günler nasıl geçmek bilmiyordu, saniyeler saatlere dönüşüyordu sanki. Neyse 10 gün geçti, o gün geldi çattı ve o iki kesenin içinde iki minik kalp atışı duyuldu, duyduk; yankılandı o muayene odasında sanki... Gözyaşlarının, şaşkınlığın, sevincin, tedirginliğin birbirine karıştığı anlardı.

İşte şimdi açıklama vaktiydi. Herkese söyleyebilirdim hamile olduğumu ve üstelik ikiz hamilesi!

"Hayat biz planlar yaparken, başımıza gelenlerdir..."

O kadar doğru ki... Biz hamilelik haberini verme hazırlığı içerisindeyken hafta ortası sabah bir kalktım, kanamam var. Bütün dünyam, dünyamız yıkıldı. Ama bir yerlerde "Sorun yok, iyiler." diye de hissediyorum. İç sesim öyle diyor ve bunca sene, az buz değil 33 sene, hiç yanıltmadı ki beni...

"Ömer kalk. Banu Hanım'ı ara. İğneni al. Hastaneye git. Muayene ol." direktiflerinin peşinden iki minik kalbin hâlâ yerli yerinde attığını öğrenmek o kadar rahatlattı ki. Tüm kara bulutlar, kaygılar yerini güneşli, güzel bir güne devretti gitti... Ama organizasyon planı da mecburen tozlu raflara kalktı çünkü benim 10 gün hiç hareket etmeden -lavabo ihtiyacı dışında- istirahat etmem gerekiyordu ve ilk raporumu almıştım. İçeride o kadar kıymetli, biraz da kendi başına buyruk iki tip var. Daha

4-5 haftalıkken başladılar sanki arızaya, hadi hayırlısı diye iç geçirirken...

Durum böyle olunca maaile riskli ikiz hamileliğimi öğrendi. Mutluluk ve benzer kaygılar durumu onlarda da başladı tabii ama süreç böyleydi ve bunu hep beraber aşmalıydık.

Dedim ya ilk trimester yata kalka geçti. Yattığın yerden hele bir de canın hamur işi çekip yiyorsan üç ayın sonunda tam 8 kilo almış bir ikiz hamilesi olarak ikinci trimester'a merhaba diyorsun. Eee, biraz hızlı büyüdüğümüz doğru ama her şeyin yolunda olması hepimiz için mutluluk vericiydi. Bu arada 54 kilo ile başladığım ikiz hamileliği sürecini toplam 17 kilo alarak tamamladığımı önden belirteyim. Kiloların neredeyse yarısını ilk üç ayda almamın en önemli nedeni sadece yemek değil, hareketsiz yatmak. Ve benim gibi yerinde duramayan enerji patlaması bir bünye için o sürecin ne kadar zor olduğunu tarif bile edemem...

Gitgide büyümek tuhaf geliyor. Öyle böyle tamamlanan 12 hafta sonrasında benim hamileliğim ki toplam 36 hafta 3 gün sürdü, hep çok zorlu geçti. Midem bulanıyordu sabahları çok ama kusamıyordum. Sürekli hasta gibiydim. Diş fırçalayamıyordum öğürmekten. "Bir beş aylık olsunlar, bak nasıl rahat edeceksin." O beş aylar gelmek, gitmek bilmedi. Biri bitiyordu öbürü başlıyordu. Kaşıntılar, ayak yanmaları ve şişlikleri, hangi birini anlatayım. İyi besleniyorlar mı, büyütebiliyor muyum, sağlıklı olarak dünyaya gelecekler mi, o sorular zaten tekil çoğul fark etmeksizin bütün anne adaylarının kaygısı.

Durup dururken ağlamalar, her filmden romantik bazı çıkarımlar yapmalar, alınganlıklar, ah bu hormonlar... İkizlerde yüzde 100 bir güvenilirliği olmasa da ikili test, bebekler büyürken ben de çok fazla büyümeyeyim diye diyetisyen kontrolü, mide bulantıları, baş ağrıları, aralarda hastane ziyaretleri serumlarla toparlanmalar ve her doktor ziyaretini iple çekmeler... Çünkü onları o kadar özlüyoruz ki, ultrasondaki görüntüleriyle, o minik kalplerinin atışıyla buluşmak için iki hafta, üç hafta beklemek büyük eziyet, külliyen sabırsızlık...

Nisan 2014'ün sonlarına doğruydu cinsiyetlerini öğrendiğimiz zaman. İki kız, ikiz kızlar seçmişti beni anne olarak. Allah'ım ne büyük mutluluk. Gerçi "Kız erkek fark etmez, sağlıklı olsunlar da..." temennimiz hep vardı ama "Bir kızı olmalı insanın." temennisinin ne demek olduğunu yaşadıkça daha iyi anlayıp, hissediyorum...

Ya isimler ne olacak?

İşim gereği pek çok metne hayat; projeye, filme, ilana isim vermiş bir insan olarak bu görev de bana düşüyordu. Ama senin içinde büyüyen ve dünyaya getireceğin hem de bir değil, iki cana isim vermek bir projeye isim vermek kadar kolay olabilir miydi? Ne büyük sorumluluk! Ah, yine bir sorumluluk ve yine ben... Hiç şaşırtıcı olmadı tabii...

Çok kıymetli oyuncu Tilbe Saran'a olan hayranlığım ve "derviş, gezgin" anlamından dolayısıyla "Tilbe" ismi hep aklımın bir köşesindeydi. kızları öğrendiğim ilk anda birinin adı kesin Tilbe olacaktı. Tabii babası da uygun görürse... Uygun görmemek? Öyle bir ihtimal var mı ki?

Peki, diğer prensese ne diyecektik? Prenses çünkü her ikisinin reaksiyonları, hareketleri o kadar farklı ki. Biri tekmeleri amansızca savururken, diğeri sessiz sakin takılıyor hanımefendi gibi... Çocuk adları sözlükleri, internet araştırmaları, çevreden gelen öneriler, ah neler neler... Sonra birden "Ilgın" ismi belirdi aklımda. Araştırdım, Akdeniz Bölgesi'nde yetişen bir ağaç türüydü, "hafif esen rüzgâr" anlamı vardı. Serap, hayal, incelik... Ah zaten bu incelikler yüzünden... Birden içim ısınıverdi Ilgın'a...

Aynı anda bu iki miniği hissetmek, anlamaya çalışmak, onlarla konuşmak, onlara kitaplar okumak, sevdiğim filmlerin repliklerini söylemek, babaları gitar çaldığında kafalarını uzatmaları nedeniyle karnımda altıgen/sekizgen şekillerin oluşması dolayısıyla uzaylı gibi hissetmek... Böyle hatırlayıp, yazınca komik de geliyor insana...

Milimetreden santimetreye, gramdan kilograma giden yolculukta, bir de çalışan bir ikiz hamilesi olarak, konuşurken bile nefesimin yetmediği ne sunumlar ne toplantılar ne projeler yaptım; kızlarımla beraber... Her biri ayrı hikâye konusu...

Ama dedim ya, nefesim yetmemeye başladı diye... Ağustos ayı itibariyle 1 ay kadar evden çalıştım. Sonra eylül ayı başı itibariyle izne ayrıldım. Kızlar beni epey zorluyordu çünkü... 30. hafta itibariyle sık sık NTS cihazlarının yolunu tutar, haftada birkaç günü hastanede yatarak geçirir olmuştum. 32. haftada 3-4 günlük bir hastane yatışı da eklenince korkularım artmaya başladı. Taşıyabilecek miydim kızları? 35. haftayı da atlatmamız lazımdı, öyle diyordu çok sevgili doktorum. O ne derse oydu, tabii... Gel gör ki, dayanmak zor... "Dünyaya gelmeye hazırım" pozisyonu aldıklarında eylül ayı ortalarıydı... İkisi de baş aşağı dönmüş, özellikle Ilgın bayağı bir itekliyordu beni. Bavullarımı hazırladılar, "Beni de taşıyın götürün, hastanede yatayım." diyordum.

Hoş geldiniz dünya güzellerim...

Nitekim bir gece önceden yani 29 Eylül akşamı yerleştik hastaneye. Ertesi günü, doğum anını beklemek çok zordu. Hayatımda hiç ameliyat olmamıştım. Bir yerime dikiş bile atılmadı hani. Şimdi bayağı bir sezaryene girecek, iki kızı dünyaya getirecektim. Kim o, ben mi? Korkuyordum, hem de çok... "Beni genel anesteziyle ameliyata alın." demiştim çoktan. Zaten doktorum da aynı şekilde düşünüyordu. Herkes yanımdaydı... Aile, arkadaşlar, dostlar, bizzat gelemeyenler telefonda... Hiçbirini görmüyor, duymuyordum. Sonra zaman geldi, iğnemi oldum, vedalaştım odadakilerle. Ömer'in elini tutarak, asansöre, oradan onunla da vedalaşıp ameliyathaneye girdim. Orada doktorumu, ekibini gördüm. Sağ bileğime kocaman TİLBE, sol bileğime kocaman ILGIN yazmıştım. Başta Banu Hanım olmak üzere ameliyata girecek tüm ekibine de "Sağdaki Tilbe, soldaki Ilgın. Aman karıştırmasın kimse, yanlış olmasın." diye tembihlemiştim. Doğduklarında yanlış isim yazılırsa n'olur sonra? Ben onlara aylardır isimleriyle hitap ediyorum. Bu bile o kadar önemli ki... Aman isimler karışmasın!

"Her şey çok güzel olacak." dediler. "Tilbe ve Ilgın bana, bize emanet hiç kimse karıştıramaz, merak etme." dediler, kapadım gözlerimi... Açtığımda aradan sadece 45 dakika geçmişti ama ben sanki bir çağ atlamıştım. Başka biriydim sanki... Kızları benden önce babaları, teyzeleri, anneanneleri, babaanneleri görmüştü. Ve orada bebek bekleyen başka insanlar bile... Ama olsundu. Onlar sağlıklı bir şekilde, her ikisi de 46,5 santim ve Tilbe 2,200 gram, Ilgın da 2,300 gram olarak gelmişti dünyaya. Odaya getirdiler beni. Kavuşma anımızda yaşadığım duyguları ifade etmek mümkün değil, kelimeler kifayetsiz kalıyor. O kadar güzel ve küçüktüler ki... Gözlerini bile açamayan iki kedi yavrusu, benim iki kızım, ikiz kızlarım...

Birini bir yanıma, diğerini öbür yanıma verdiler. Sağa Tilbe, sola Ilgın tabii ki... Sarıldık birbirimize, kafalarını göğsüme yasladı ikisi de... O an o kadar güçlü hissettim ki dünyayı, yörüngelerini, gezegenleri tek parmağımda döndürebilirdim... Ameliyatmış, sızlanma, sancıymış unuttum gitti hepsini. Kavuştuk, koklaştık...

İlk emzirme, ilk gece, ilk ebeveynlik macerası...

Hepsi ayrı maceraydı tabii. Sırayla memeyi tutturmaya çalıştık kızlara. Ben oturamıyorum, hemşire bir yanda, annem öbür yanda. Şöyle tutalım, böyle destekleyelim derken eh, az birazdı ama geldi o mucizevi ilk süt: Kolostrum. Biraz Tilbe'ye biraz Ilgın'a... Mama desteği de lazım dediler, sütü performanslı bir şekilde alana kadar. Hazırladılar, gösterdiler vermeyi. Biraz baktım, biraz anladım ama yaparız illa, hallederiz hissiyle kalbime odaklandım. Hani içinden sevgi taşar ya tarifi zor, yaşamak lazım... Çünkü daha önce hiçbir şeyde, hiçbir kimsede yaşamadım böyle bir hissi ben. Hafif uykulu, hafif uyanık onlara baktım. Hemşireler arada alıp götürüyorlardı. Çok komiklerdi üzerlerindeki zıbınlar ve şapkalarla... Allah'ım onları ben mi doğurdum? Ne kadar güzellerdi...

Eh, yavaş yavaş akşam çöküyordu, herkese de tatlı bir yorgunluk. Anneler yaşlıydı elbet... Evlerine mi gideceklerdi, yoksa geceyi bizimle mi geçireceklerdi? "Yok yok siz gidin, biz hallederiz." dedik. Onlar da gitti. Belki de gitmezler diye mi öyle dedik yoksa Ömer'le ikimiz "Hallederiz zaten, ne var yahu?" diye düşünerek mi bilmiyorum ama ilk gecemizi çekirdek aile olarak birlikte geçirdik. Belki de öyle tercih ettik, iç sesimizi dinleyerek... Ters bir şey olursa bebek hemşiresini hemen çağırırdık nasıl olsa... Tilbe'nin ağlayıp da bebek hemşiresini o anda çağıramamamız ve Ömer'e "Hemen al kızı, bana ver." deyişim, Ömer'in soğuk terler dökerek, "Hayır yapamam!" korkusuyla ağlayan, el kadar ama tam tabiriyle el kadar Tilbe'yi alıp bana verişi... Onu sakinleştirmem, peşinden Ilgın'ın benzer bir nidayla kucağıma gelişi... Ahh, şimdi dile kolay unutulmaz bir anı olarak bu satırlarda...

Evet, belki de bu dünya üzerindeki ilk resmî ebeveynlik görevimiz ve şimdi seve seve kullandığımız #ikizannesi, #ikizbabası etiketi o an itibariyle başlamıştı... Ne zor ama ne güzeldi. Ertesi gün ve geceyi de hastanede geçirmiş, azıcık da toparlamış, kızları yıkamış ve sonra bizi neler beklediğini bilmediğimiz uykusuz gün ve gecelerin başlayacağı evimize doğru yol almıştık...

30 Eylül 2017 tarihi itibariyle 3. yaşlarını bitirdiler. İlk 3 yıl için ayrı bir kitap lazım. Ne büyük umutlar, heyecanlar, korkular, kaygılar, tarifsiz mutluluklar... Hem birey olabilmek hem evliliğini yürütebilmek hem de gerçek bir aile olabilmek için... İnanın 2, belki de 4 kat zor. Üstelik de çalışan bir ikiz annesi, ikiz babasının eşi olmak... Hayat devam ediyor hem de kat be kat güzel bir şekilde... Anneanne üç yıldır bizimle yaşıyor, ben

bir yılı çalışmadan kızlarla geçirdim ve işe başlamadan gündüzlü bir yardımcı edindim. Ve ikiz babası, kızları emzirmek dışında her şeyi yaparak hayatı acayip kolaylaştırıyor. O ilk günlerde memeyi bile tutamayan küçük damaklar, iki ayda zıpkın gibi oldular. Ve tam 33,5 ay boyunca ikizleri emzirdim. Ve gerçekten yaşasın emziren ikiz anneleri! Bu da apayrı ele alınması gereken çok önemli bir konu...

İkiz ebeveynliği çok ama çok daha büyük çaba, sabır, özveri gerektiriyor. Diğer türlüsünü birlikte yürütmek asla kolay değil.

Çok kıssadan hisse tavsiyem; sevgi, aşk ve güven olmazsa ilişkileri yürütmek, aile olabilmek hiç kolay değil. En azından bizim hikâyemizde böyle... Zaman hepimizi büyütüyor ve büyürken, bireysel özgürlüğümüzü kaybetmeden "biz" olabilmek ve "birlikte" büyüyebilmek çok önemli. Birbirinizi, ailenizi, ikiz ailesi olmayı çok ama çok sevin. Ne kadar ayrıcalıklı olduğunuzu, yaşadıkça fark edeceksiniz. Hayata; adalet, paylaşma, üretme, eğlenme kavramlarına bakışınızı ya da dışarıdan bakanların açılarını mutlaka değiştireceksiniz.

-Gülşah Peker
İnternet sitesi: Profesyonelanne.com
Instagram: @gulshahpeker

Boşanmış Bir Annenin Hikâyesi

Boşandığımda kızım 4, oğlum 9 yaşındaydı. İlk dönemlerde çocuklarla duygusal olarak birbirimize çok kenetlendik. Birlikte ağlayıp birlikte güldük. Duygularımızı birbirimizden saklamadık. Duygularımızı konuşmanın normal olduğunun üzerinde durduk. Babaları ile ilgili şöyle bir açıklamayı sıkça tekrar ettim:

"İnsanların birçok kimliği vardır. Ben hem sizin anneniz

ama aynı zamanda bir eş, bir kardeş, bir arkadaş, bir evlat, bir teyze, bir öğretmen gibi pek çok kimliğe sahibim. Herkesin bunlara benzer birçok kimliği vardır. Aynı anda tüm bu kimliklerde kusursuz ve başarılı olamayız. Çok iyi bir anne-baba olup, iyi bir eş olamayabiliriz. Bazı kimlikleri çok iyi taşır, bazılarında zorlanırız. Bu bizi iyi veya kötü yapmaz. Babanızla biz birbirimize iyi eş olamamış olabiliriz. Ancak bu iyi bir anne-baba olduğumuzu değiştirmez."

Mesleğim sebebi ile doğru zamanda doğru hikâyeler anlatarak iletişim kurmaya gayret ettim. İnsanları iyi ve kötü diye adlandırmaktan ziyade herkesin içinde iyilik ve kötülüğün bulunduğunu anlattım onlara. Mesela bu konu ile ilgili eski bir Kızılderili hikâyesi çok ilgilerini çekmişti:

Yaşlı Kızılderili reisi ve torunu kulübelerinin önünde oturmuş, az ötede birbiriyle boğuşup duran iki köpeği izliyorlarmış. Köpeklerden biri beyaz biri siyahmış. Kızılderili torununa:

"İyilik ile kötülük aynen şu köpekler gibi, içimizde sürekli mücadele eder durur. Onları seyrettikçe ben hep bunu düşünüyorum." demiş.

"Peki, sence hangisi kazanır bu mücadeleyi?" diye sormuş torunu.

"Hangisi mi evlat? ***Ben hangisini daha iyi beslersem!****"*

Bir süre sonra oğlum boşanmamız ile ilgili kendini suçlamaya başladı. Bu arada babaları tekrar evlenmişti. Babası ile aramızdaki geçimsizliğin çocuklarla hiçbir alakası olmadığını anlatmaya çalışsam da ikna edemiyordum. Bunun için de bir hikâye oluşturdum. Hikâyeyi dinledikten sonra oğlum şimdi daha iyi anladığını söyledi ve bir daha bu konuyu açmadı. Hikâye şöyle idi:

Bir beyaz yavru güvercin *varmış. Bir sabah kendini hazır hissederek kanatlarını açmış ve uçmaya başlamış... Beyaz güvercin üzerinden geçtiği dereleri, ovaları düşündükçe dünyada kapladığı alan karşısında kendini küçücük hissetmiş ve alçalarak bir elma ağacının dalına konmuş.*

Bu elma ağacının dalındaki küçük bir elmanın içinde yaşayan bir elma kurdu varmış. Bir sabah cüssesinin bu elmaya dar gelecek kadar büyüdüğünü düşünmüş. Kendini kocaman hissediyormuş. O gün elmanın dışına çıkmaya karar vermiş. Daha dalın ortasına gelmiş ki dinlenmek için dala konmuş olan beyaz güvercinle karşılaşmış. Elma kurdu güvercini çok beğenmiş. "İşte bu tam bana layık bir eş olabilir." demiş.

Masal bu ya elma kurdu, güvercine evlenme teklif etmiş. Dünya karşısında kendini küçücük hisseden beyaz güvercin ile elması yanında kendini kocaman hisseden elma kurdu evlenmiş. Beyaz güvercin, elma kurduna zarar vermemek için kanatlarını kullanamaz olmuş. Elma kurdunun zarar görmemesi için gagasını ve ayaklarını bile dikkatlice kullanarak o dalda yaşamaya başlamış... Ama bu duruma karşın yine de mutsuz olan elma kurduymuş. "Bu dal hiç rahat değil." demiş bir gün. Ve öteki gün esen rüzgârın onu üşüttüğünden yakınmış... Daldaki çıkıntılar ve eğrilikler de rahatsızlık vericiymiş... Elma kurdu elmasını özlediğini düşünmüş ve güvercine, "Gel benimle elmamın içine gir. Bak göreceksin orası o kadar rahat, o kadar güzel, o kadar güvenli ki!" Güvercinin elmaya girmesi ne mümkün! Güvercin uçmaya hasret, elma kurdu ise elmasına... Bir sabah elma kurdu, güvercini bırakmak pahasına elmasına dönmeye karar vermiş. Elma kurdu elmasına girince bir de ne görsün! Aynen kendi gibi küçücük bir elma kurdu... Güvercin ise kocaman beyaz kanatlarını açıp gökyüzüne yükselmiş. Rüzgârda uçuşan tüylerine, havada süzülen kanatlarına kavuşmuş. Yeryüzünün sonsuz ovalarında keşfedilecek kim bilir neler varmış...

Çocuklarıma alacağım pahalı hediyeler ve tatiller yerine onlara küçük mutlulukları yakalamayı öğrettim. Evin içinde çadır kurup masallar anlatmak, karanlıkta saklambaç oynamak, yatakta yuvarlanmak gibi. Büyüdüklerinde akıllarında onlara mutluluk verecek anıları olacak. En önemlisi de kötü biten bir evliliğin ardından ayağa kalkıp yola devam etmiş anneleri ile gurur duyacaklar.

-Ayşegül Dede
Hadi Masal Anlatalım ve *Masal Mutfakta* kitaplarının yazarı
Instagram: @kidsnook @aysegullldede

Ev Hanımı Bir Annenin Hikâyesi

Annelik üzerine neler neler yazsak yetmez. Böyle bir fedakârlık duygusunu ancak Allah verebilir bir insana. İlk aklıma gelen örnek, daha geçen gün oğlum, (Artık 13 yaşında.) hava daha karanlıkken servise bindiği için ev ve okul durağı arası 300 metre olmasına rağmen kendimi onun arkasından habersiz hem yürüyüp hem dua okuyup üflerken buldum. Malum ergenlikte olduğu için ebeveyn alerjisi var. Neyse ki saatler değişti, şimdi aydınlıkta gidiyor. Hâlbuki daha dün gibiydi doğduğu gün… Yıllar su gibi akmış; emzirme, uykusuzluk bunlar geçeli yıllar olmuş. Oğlum çok kolay bir bebekti. Her bebek gibi öksürük, ateşlenme gibi durumlar dışında çok zorlanmadım. Dağına göre kar misali de acemi anneydim… Doğduğunda nasıl yıkayacağımı bile bilmiyordum. O yüzden eşim, "Hastanede bir gece daha kalalım, çocuğun kullanma kılavuzunu öğrenelim." dedi. Yemek yeme dışında sorunsuz bir çocuktu. Ha bir de bisiklete binmeyi iki günde öğrendi, göbeğim çatladı öğreteceğim diye.

Tam anneliğin acemiliğini atıyorum derken kızım doğdu. İşte o gerçekten zor bir bebekti.

İlk dört ay kolikti, sabahlara kadar beni uyutmazdı. Neyse ki alternatif teknoloji (emzik) ile çare bulduk. Ben çocuklarımı kendim büyüttüm, eşim çok yardım edemezdi. Oğlum doğduğunda eşim henüz doktora öğrencisiydi, kızım doğduğunda işe yeni başlamıştı. Eve geldiğinde bile işi bitmezdi. (Eşi akademisyen olanlar ne demek istediğimi bilir.)

Ben çalışmayan bir anneyim. Bunu değersiz ve vakit kaybı gören anneler olabilir. Ama bence çocuğunun tek bir anını kaçırmamış olmak benim için dünyanın en paha biçilemez serüveniydi. Bunun mükemmel olduğunu savunmuyorum ama her daim onların kokusunu içime çekebilme lüksü bence çok güzel bir şey. Herkes oturup çocuk baksın, evde organik yoğurt mayalasın demiyorum. Kadın doktor, mühendis olduysa onun fedakârlığını da çocuğuna ve kendi emeğine karşı çalışarak yapmıştır.

Bugüne kadar çalışmayan anne olmaktan hiç üzülmedim ta ki geçenlerde kızıma "Kızım çok az matematik ödevin var. Ekstra bir sayfa yap." diyene kadar. "Anne ne gerek var, nasılsa senin gibi çocuğuma bakacağım." demez mi! Amanın ben farkında olmadan çocuğuma kötü örnek oluyorum diye üzüldüm. Kendisi 10 yaşındaydı. Bazı örnekler verdim. "Kızım bazen insanın eşi hasta olabilir ya da maddi olarak annenin de çalışması gerekebilir." dedim. "Tamam anne, ben avukat olacağım ama evde çocuğuma kendim bakacağım." dedi. Bu hangi açıdan baktığınıza göre göreceli bir durum. Bazen çalışan bir anne çocuğuna iyi örnek olmayabilir. Çocuğum anneliği gözünde o kadar sevmiş, o kadar büyütmüş ki bunu bir meslek yapmış kendine hedef olarak ve bunun hayalini kurmuş. Bence her anne farklı fedakârlıklarla büyütür çocuğunu. Tek temennim herkesin annesine ''İyi ki sen benim annemsin" demeyi nasip etmesi yoksa ben, ben olamazdım.

Son olarak şunu yazmadan edemeyeceğim. Geçenlerde yaşadığım yer Amerika'da Cadılar Bayramı olduğu için kızımın izci grubundan en yakın arkadaşının annesiyle, çocukların kiminle şeker toplamaya gideceğini haberleştik. O da eski kocasının çocuklarla birlikte olacağını söyledi. Kızım eve girer girmez bana

"Anne sana söylemememi söylediler ama ben sana yalan söyleyemem, benim suçum değil." dedi ve yalnız başlarına kapı kapı dolaşıp şeker topladıklarını anlattı. Üzülsem mi sevinsem mi şaşırdım ama çocuğuma yalan söylememeyi öğretmişim, onunla gurur duydum. "Kızım..." dedim, "Yarın Sophie sorarsa 'Annene söyledin mi?' diye, ne cevap vereceksin?"

"Merak etme anne, ben arkadaşıma da yalan söyleyemem sana söyleyemediğim gibi." dedi. "Ona ben anneme söyledim ama istersen sen bunu annene söyleme diyeceğim." dedi. Tabii ki şakaydı ve kahkahayı patlattık. Yani tabii ki doğuştan bir karakter var ama şekillendirmek kesinlikle bizim elimizde. Bence herkes bir gün biraz da olsa annesine benzer. Annelerin kıymetini bilmeli ve onları kusurlarıyla sevmeliyiz.

-Bir Anne

Alerjik Bir Çocuğun Annesinin Hikâyesi

Alerjik bir çocuk annesi olmadan önce ben bir alerjik çocuk ablasıydım. Erkek kardeşimin çoklu besin alerjisi ve ileri derecede astımı vardı. Zor zamanlar yaşamıştık. Ailesinde alerji ve astım hikâyesi bulunan biri olarak hamile kaldığımı öğrendiğimde; her hamileliğin getirdiği kaygıların yanında bir de "Ya bebeğim alerjik olursa?" diye endişe ediyordum. Oğlum olacaktı ve "Oğlan dayıya çeker." derlerdi...

Bir şeyler yapabilir miydim oğlumun, kardeşimin yaşadıklarını yaşamaması için? Evet, alerjide genetik faktörler çok önemliydi ama ben de riskleri ve tetikleyicileri elimden geldiğince ortadan kaldırmalıydım. Mesela sezaryen doğumların alerji, astım gibi birçok rahatsızlığın tetikleyicisi olduğuna inandığım için normal doğum yapmalıydım. Kardeşim sezaryen ile dünyaya gelmek zorunda kalmıştı. Bu yüzden normal doğum meselesine çok odaklandım ve faydası olur diye eşim ile birlikte doğum eğitimine katıldım. Sağlıklı beslendim. Sigara zaten içmiyordum ama pasif olarak da maruz kalmamak için ekstra özen gösterdim. Düzenli yürüyüşler yapıyor, çalışmaya devam ediyor, aktif bir hamilelik geçiriyordum. Doğum sürecinde her şey yolunda gitmiş, istediğim gibi bir normal doğum yapmıştım. 41. haftasında bebeğim çok sağlıklı bir şekilde dünyaya gelmişti. Doğum eğitimi almış bilinçli bir anne olarak emzirmenin önemi ve büyüsüne de kendimi çoktan kaptırmıştım. Hayalimdeki gibi, bebeğimi doğar doğmaz kucağıma vermişlerdi. Ten tene temasımızı doyasıya yaşamıştık ya artık sonrası çok kolay olacaktı...

Ama olmadı. Sütüm gelmişti fakat bebeğimde dil bağı olduğu için memeyi kavrayamıyordu. Sütümü sağıyor ve mecburen biberonla besliyordum. Bir süre sonra küçük bir operasyonla dil bağı alındı. Emmesi hemen düzeldi. Ama meme başı yaralarım çok kötüydü ve tekrarlayan mastitler yaşıyordum, çok acı çekiyor ve bitap düşüyordum fakat hâlâ emziremiyordum. Lohusalık yeterince zordu bir de üzerine emzirme problemleriyle dolu bir üç ay yaşamıştım.

Bir süre sonra meme başı yaralarım yavaş yavaş düzelmeye başlamıştı, her şeye yoluna giriyordu derken hiç beklemediğim bir meme reddi yine altüst etmişti bizi. Emmek isteyen bebeğim, emmeye başladıktan birkaç dakika sonra çığlık çığlığa ağlıyordu. Emzirmeye devam ettirmeye çalıştığımda istemiyor âdeta benden kurtulmaya çalışıyordu. Büyüme atağıdır, dikkati dağılıyordur dediler. Memeye geri döndürmek için çok fazla şey denedim; emzirme kolyesi yaptım, şarkılar söyledim ona, evde sürekli kanguruda gezdirdim, banyo yapmadım günlerce kokum değişmesin diye, kucağımdayken pilates topu üzerinde bile zıpladım sadece birkaç dakika daha emebilsin diye. Bir şeyler yolunda gitmiyordu...

Gerçekten sütüm çok boldu ama ben buna hiç sevinememiştim. Çünkü bebeğim çok az emiyordu. Mastit geçirmekten korktuğum için sağmak zorunda kalıyordum. Sağdıktan sonra buzlar koyardım memelerime ki süt üretimim yavaşlasın diye. Ah hiç su içmediğim günler bilirim daha az süt üreteyim diye… Buzluğum, bakıp bakıp iç geçirdiğim süt poşetleriyle dolmuştu ama biberonla da içmek istemiyordu onları. Emmemesi ve huzursuzluğunun yanında cildinde döküntüleri de vardı. Vardı ama ishali ya da mukuslu ya da kanlı kaka durumu olmadığı için alerji ihtimali yoktu, benim kuruntumdu. Bebeğimin kilo alımı bana göre az ama doktorumuza göre normaldi. Ah bu anneler! Cildindeki döküntüler mi, her bebekte olurdu ki, ay ne çok büyütüyordum! Huzursuz mu e akıldan o akıldan, akıllı çocuk olacak işte! Böyle böyle diğer 3 ayı da mücadeleyle geçirdik.

7. ayın içerisindeydik. Bayramdı, eşimin ailesinin yanına memlekete gitmiştik. Ziyarete gelen iyi niyetli bir komşumuz bize sormadan, yanında getirdiği baklavanın şerbetini bebeğimin ağzına değdirmesiyle, hayatımızı değiştirdi… Birkaç dakika içinde arabaya atlayıp hastanenin yolunu nasıl tuttuk, çok net hatırlamıyor olabilirim. Ama şükür ki yetiştik ve oğlum anafilaksiden döndü. Hoş geldin korkulu rüyam, uykusuz gecelerim… Hem beklediğim hem de hiç beklemediğim "alerji" hoş geldin…

İstanbul'a döner dönmez alerji uzmanına gittik. Testler yapıldı. Eser miktarlara bile tepki verecek kadar yüksek derecede alerjisinin olmasının yanında şanslı olduğumuz noktalar da vardı. En önemlisi doktor doktor gezmek zorunda kalmamıştık. Güvendiğimiz ve ailemizin hikâyesini bilen, aynı zamanda kardeşimin de durumunu takip eden bir doktorumuz vardı. Ayrıca bazı durumlarda alerjenin ne olduğunu bulmak zor olabiliyordu ama bizimkiler neyse ki testler ile tespit edilebildi. Alerji yabancı olmadığımız bir konuydu; dünya başımıza yıkılmamış, duruma çabucak adapte olmuştuk. Hatta aylardır yaşadığımız sıkıntıların asıl sebebini öğrendiğime sevinmiştim bile diyebilirim. Çocukların büyüdükçe alerjilerini yenme şansları olduğunu biliyordum. Bunun içinse tek yapılması gereken, bu süreçte alerjenlerden mümkün olduğunca uzak durmaktı. Bunu yapabilirdim çünkü ben bu filmi daha önce görmüştüm.

Doğum iznim bittiğinde uzatmalı bir ücretsiz izin döneminden sonra kısa süre çalışabildim. İşimden ayrılmak zorunda kaldım çünkü evet, her bebek annesinin en kıymetlisiydi ve çok özeldi ama benim bebeğimi birine emanet edebilmem gerçekten çok zordu. Anafilaksi riski taşıyan bir bebek olduğu için doktorumuz, içeriğinde adrenalin bulunan ve acil durumlarda oto-enjektör mekanizması sayesinde kolayca kas içine enjekte edilebilen bir iğne önerdi. Bu iğne en yakın acil servise yetişene kadar biraz zaman kazandıracak asla yanımızdan ayırmamamız gereken bir iğneydi. Bunun yükü ağırdı ve benden başka kimseye bu yükü taşıtamazdım.

Evin içinde işler kolaydı. Kardeşime yumurta alerjisi teşhisi konulduğunda o yumurtayı çok severek yiyen bir çocuktu. Yumurtayı hayatından çıkarmak biraz sancılı olmuştu. Oğlumun alerjilerini ek gıdaya yeni geçtiğimiz bir dönemde öğrendiğimiz için tadını bildiği bir şeyden mahrum kalmayacaktı. Yani biz evde rahattık ama evin dışı tehlike doluydu... Parktaki arkadaşlar, sokaktaki teyzeler, garson amcalar, komşular hep tehditti bizim için. İkram sever, paylaşımcı bir toplumuz biz. Bunun insanlık için güzel ama bizler için ne kadar zor olabileceğini yeni fark etmeye başlamıştım. O yiyeceğini paylaşmayan, kolaylıkla hayır diyebilen, bizim soğuk insanlar diye eleştirdiğimiz "elin Avrupalısı" ne de haklıydı.

Oğlumun ceviz ve yumurta alerjisi çok yüksekti, biraz da inek sütü alerjisi vardı. Ben emzirdiğim için zaten bebeğimle birlikte diyete girmiştim ve evimizde bunlardan bulundurmuyorduk. Ama eşimin evin dışında bizden uzakta yumurtalı ya da cevizli bir şeyler yediği zamanlar olabiliyordu. Eve geldiği anda kapıda kucağına atlayan oğlumun hemen benek benek olduğunu görünce o da tamamen uzak durma kararı aldı. Evin dışında bunlardan uzak durmak gerçekten kolay değildi. Yumurta öyle bir şeydi ki; kahvaltıların baş tacı, hamur işlerinin olmazsa olmazı, çorbaların sosu, köftelerin harcı, tatlıların gizli kahramanıydı. Yumurtayı hayatımızdan çıkarınca onun dokunduğu her şey de çıkıp gitmişti. Ceviz de Türk mutfağının büyülü bir lezzetiydi. Tatlılara, mezelere, salatalara, kebaplara, ekmeklere giriveriyordu. Çok dikkat etmek gerekiyordu. Bizim için dışarıda hayat seçenekleri çok kısıtlıydı.

Toplumumuzda alerji bilinci "Yesin yesin, yedikçe alışır." tadında olduğu için; bir yandan çocuğumu korumaya çalışırken bir yanda da karşı tarafı iyi niyetinden ötürü nezaketle geri çevirmeye çalışıyordum. Durumu açıklamaya çalıştıkça da, her şeyi gereksiz büyüten "pimpirikli anne" oluyor, tutumumu değiştirmem gerektiğine dair telkin ve tavsiyeler alıyor, hem de bunu bir kere değil aynı gün içerisinde bile defalarca yaşıyordum. Yoruluyordum.

Oğlum, besin alerjisinin yanında kardeşim gibi astımı olmasa da astım yatkınlığı olduğu için hafif birkaç gribi bile çok ağır atlatmıştı. Riskleri azaltmak için kalabalık yerlerden, alışveriş merkezlerinden uzak durmamız gerekiyordu. Sigara içilen açık/yarı açık alanlardan bile hemen etkilenirdi. Biz o parklardan, duraklardan, restoranların açık alanlarından, çay bahçelerinden, plajlardan kaçmak zorunda kalan bir aile olmuştuk. Bu alerji sosyal yaşamımızı da yönetiyordu.

Alerji bir hastalık değildi. Ama dikkat edilmez ise birçok hastalığın tetikleyicisi olabilir, oğlumun yaşam kalitesini düşürebilir ve hayatını tehlikeye atabilirdi. Ama alerji kesinlikle bir hastalık değildi. Bir yaşam biçimiydi. Evet, seçme şansımızın olmadığı bir yaşam biçimi. Zorluklarla doluydu ama hayatımıza kattığı olumlu şeyler de vardı. Şimdiye kadar alerjik bebek annesi olmanın zorlu kısımlarından bahsetmiş olabilirim. Ama tatlıları sona bıraktım.

Alerji nedeniyle hayatımızdaki en olumlu değişikliklerden biri beslenme düzenimizde oldu diyebilirim. Sağlıklı beslenmeye daha çok kafa yorar, yediklerimizin besin değerlerine daha çok dikkat eder oldum. Yumurta yiyemeyen insanlar onu telafi edebilecek neler yiyebilirdi? Yumurtanın içeriği neydi ki? Ben ne yemeliydim onun yerini doldurmak için? Ufkumu genişleten sorular, cevaplar, araştırmalar...

İnternet alışverişi uzun yıllardır hayatımda olan bir şeydi ancak bu kadar etkin kullanamıyordum galiba. Alışveriş merkezlerine ya da büyük marketlere gidemediğim için dayatılan tüketim çılgınlığından uzakta, kesinlikle çok daha doğru alışverişler yapmaya başladım. Hem epeyce zamandan kazanıyorum hem de tasarruf ediyorum.

Alerji sayesinde kesinlikle yaratıcılığım da gelişti. Mesela oğlumun yaklaşan ikinci yaş günü partisi için yumurtasız, cevizsiz ve fındıksız bir menü geliştirmeye çalışıyorum. Tarifleri alerji doğrultusunda revize ediyorum. Deniyorum, yanılıyorum, bir daha deneyip güzel sonuçlara ulaştıkça bundan çok keyif alıyorum. Erkek kardeşimin lateks alerjisi yüzünden balonsuz süsleme alternatifleri arıyorum mesela. Güzel şeyler çıkacak, biliyorum. Yani aslında hiçbir şeyden vazgeçmeden yöntem ve yol değiştirerek hedefime ulaşma pratikleri yapıyorum.

Çocuğumla birlikte diyet yapıyor, onunla empati kurmayı öğreniyorum. Topluma karışıp sosyalleştikçe; alerji nedeniyle nefsiyle mücadele etmek ya da bir şeylerden vazgeçmek zorunda kaldığında onun gerçekten nasıl hissettiğini tahmin edebileceğim. Onu anladığımı bilecek, daha çok güvenecek bana ve belki de bu sayede daha çok yardımcı olabileceğim ona. Büyüdükçe o, belki dönüşecek bu durum ama empatiye dayalı kurduğumuz bu bağ, hayatımız boyunca ilişkimize hep olumlu yansıyacak.

Karşıma çıkan her insana teker teker alerjiyi anlatmakla yetinmeyip sosyal medyanın gücüyle daha çok kişiye ulaşarak toplumsal farkındalık yaratmaya çalışmak gibi bir amaç edindim. Bu sayede epey kişiyle tanıştım, dertleştim, bilgi paylaştım. Hayatımın daralmaya başladığını sandığım çemberi, artık eskisinden daha geniş olmaya başlamıştı. Nice götürdüklerinden fazlasını katmıştı bu "alerji" benim ve ailemin hayatına.

Gün geçtikçe maalesef alerjik vakalar artıyor ve yaygınlaşıyor ama bu yaygınlık bunu yaşayan aileler ile sınırlı kalıyor. Yani bizim toplumumuz "Çekmeyen bilmez." diyor! Ama aslında alerjiyi herkes bilmeli ve ciddiye almalı. Alerjik aileler kendi durumlarına çabucak adapte oluyorlar, korunaklı çevrelerinde güvenli ve sağlıklı bir yaşam sürüyorlar. Ama yetmez ki! İnsan sosyal bir varlıktır! Özellikle alerjiyle büyüyen çocuklar bu korunaklı çevre ile sosyal çevre arasında çok bocalıyor, zarar görüyorlar.

Dünyayı değiştirecek en önemli şeylerden birinin "farkındalık" olduğuna inanıyorum. Bunu ancak bizler yapabiliriz. Farkındalık yaratma meselesini belirli kurumlara bırakmakla yetinmeyip her birimiz bireysel çabamızla da mücadele etmeli ve mücadele edenlere de destek vermeliyiz.

Büyüklerimizin "Anne olunca anlarsın."ları boşa değil. Annelik başlı başına bir mücadele. Bizim mücadelemizde işte şimdilik böyle. Başka başka sebeplerle, bambaşka mücadeleler veren bütün annelere selamımız olsun…

-Büşra Uysal

Instagram: @alerjiylebuyuyorum

Genç Yaşta Anne Olmuş Bir Annenin Hikâyesi

Amerika'da yaşıyorduk ve Türkiye'ye ailemi ziyarete gelmiştim. Sekiz haftalık hamileydim ve ufak bir kanamam olmuştu. Akşam saati apar topar acile gittim. Bebeğimin hâlâ iyi olduğundan emin olmak istiyordum.

Ultrasonda bebeğimi ilk defa gördüğüm zaman işte o zamandı. Ağlamaya başlamıştım. Bana göre Allah'ın varlığının ispatı gibi bir şeydi ve sanki gebe kalan hiçbir kadın bir daha Allah'ı inkâr edemezdi.

Yıllar yıllar sonra bir arkadaşım, "bir şeylerin olagelme hâlindekine mucizevilik addetmekteki tuhaflık" üstüne konuşmuştu benimle. Bebeklerin olmasının doğal yolunun zaten de bu olduğunu, herkeste aynı şekilde süregelen şeye de mucize denemeyeceğini söylemişti.

İlk gebeliğini 21, ikincisini 22, üçüncüsünü 23 ve son gebeliğini 34'ünde geçirmiş dört çocuk annesi bir kadınım. Ve hâlâ, bebeğin ana rahmine düşmesinin, hafta hafta bir insan yavrusuna dönüşmesinin, mercimek tanesi kadarken kalbinin atmasının, 8 haftalıkken parmakları olmasının, (Evet, o gün parmaklarını görmüştüm Ahmet Faruk'un!) canın içinde bir can yeşermesinin mucize olduğuna inanıyorum. İnsanı değiştiren, dönüştüren, başkalaştıran bir mucize.

Evet, çok zorlandım. Yaşıtlarım okurken daha, etrafımda çocuklu tek tük insan varken, derdimi paylaşmaya çalıştığımda arkadaşlarım dünyama çok uzak bir yerden dinlerken, bir değil, hepsi bebek üç çocuğumla birlikte, inanılmaz zorlandım. O zamanlar hassasanne.com daha portakalda vitamindi ve inanın annelik bu kadar popüler değildi. Derdimi paylaşacağım, insanlara hadsizliklerini haykıracağım bir mecram da yoktu.

Ahmet Faruk 28, Muhammed Yusuf 14 aylıkken Afra Beren dünyaya geldi. Üçüz gibi de değil, başından itibaren kardeşlerin birbirilerinin varlıklarına aşina olmaları nispeten daha rahat bir şey gibi geldi bana hep. Hepsi gelişiminin farklı döneminde üç küçük bebe.

Sonrası çaresizlik. İki kolunuz varken üç küçük bebeğe ve evinize yetişmenizi bekleyen, kendi çocuklarına kendilerinden çok annelerinin baktığını hesaba katmadan, sizi yardımcı aldınız diye yadırgayan insanlar eşliğinde, suçluluk duygusuyla, benliğimi eze eze küçülttüğüm bir dönem.

O kadar kalabalıktık ki dışarıya bile çıkamıyorduk. Hazırlanmak saatlerimizi alıyordu, gittiğimiz yerleri dağıtıyorlardı ya da ben hepsini zapt edemediğim için utanıp sıkılıyordum. Kazara çıksak, çıktığımıza bin pişman geri dönüyorduk. Çocuk dostu restoranları bırakın, alt açması olan alışveriş merkezi bile bir elin parmakları kadar etmiyordu.

"Büyüyüp okula gittiğini görebilecek miyim acaba?" dediğim Ahmet Faruk şimdi liseye hazırlanıyor. Ve ben yine hayretle bakıyorum Elif Leyal'e, aynı soru cümlesi kafamın içinde. Ama şimdi annelik daha keyifli. Instagram'da çocuğunuzun gece uyumadığını paylaşabilmek bile büyük bir lütuf. Geceleri bebeğiyle oturan diğer annelerle mesajlaşıyoruz mesela, aynı dili konuşuyoruz. Yer yer bunalsak da birbirimize hatırlatabiliyoruz: Geçecek. Ya da bir sıkıntımız olduğunda hemen cevap bulabiliyoruz. Sesimizi duyacak bir sürü insana ulaşabiliyoruz.

Artık insanlara hadlerini bildirebiliyoruz. Anlayışsız, üstten bakmacı, küçük görmeci tavrı hep beraber kınıyoruz. Şimdi birbirimize yardım ediyoruz. Olabileceğimizin en iyisi olduğumuzda toplumumuz da iyileşecek. Dünyaya güzel bakan, güzel gören çocuklar yetiştirebilmek için kısıtlı zamanımız var. O zamanı her annenin en rahat şekilde geçirmesine katkısı olacak, annelerin işini kolaylaştıracak her şey çok kıymetli. Bu vesileyle, Ece'mi, önce hassasanne.com bloğundaki müthiş eforu ve o çalışkanlığını, müteakiben gelen başarısı için, sonra bu kitabı için çok tebrik ediyorum.

Unutmayın: Bir çocuğa verebileceğiniz en kıymetli hediye mutlu bir anne.

-Meziyet Kalkavan
@meziyetkalkavan

Tek Ebeveyn Olan Bir Annenin Hikâyesi

Çocuğuna hem anne hem de baba olan bir anneyim. Çok mutlu bir evliliğim vardı. Eşim 31 yaşında, ben de 23 yaşındaydım. Serkan bebeğe hamile kalmam bir hayli zor olmuştu. Öncesinde iki bebeğimi karnımda kaybetmiştim. Kan pıhtılaşması diye bir rahatsızlık varmış. Bu yüzden hamilelik boyunca kan inceltici iğneler yapılması gerekiyordu. Ve bir gün Serkan bebeğe hamile kaldığımı öğrendim. Bu durum iki bebeğini karnında kaybetmiş anne için buruk bir sevinçti. Sevgili eşime bu güzel haberi verdiğimde o kadar mutlu olmuştu ki sanki bu dünyada babalık duygusuna sahip olan tek insan o olacakmış gibiydi. Tabii benim kadar onun da korkuları vardı, Bebeğimize bir şey olmasından korkuyordu. Dört ay boyunca her gün iğnelerimi eşim yapmıştı.

29 Ağustos 2016... Bu gün eşimi gördüğüm son günmüş. Bir sabah yine iğnemi yaptı ve çalışmak için çıkmıştı evden. O gün eşimin en sevdiği reçeli yapayım dedim. Çilek reçeline bayılırdı, bu onun için harika bir sürpriz olacaktı. Gün içinde hiç arayıp sormadı, normalde 3 kez telefonla konuşurduk. Ben de dedim işi çok yoğun herhâlde. Sonra telefon çaldı ve arayan eşimin arkadaşıydı. Eşimin rahatsızlandığını ve hastane olduğunu söyledi. Kapıda beni beklediklerini söylediler. Hemen evden çıktım ve hastaneye doğru gittik. "Ne oldu? Neyi var?" dedikçe bana "İyi iyi." dediler, sustum... Yollar bitmiyordu. Hastanenin

önü mahşer yeri gibiydi. Hep tanıdık bir yüz vardı. Koşarak acil kapısından girdim ve eşimi aramaya başladım. "Burada mı? Nerede? Kötü bir şey oldu? Kaza mı yaptı? Yoğun bakım da mı?" Yok. En son eşimin kalp krizinden öldüğünü söylediler. "Böyle bir şeyin olması mümkün değil, sabah evden çıkarken hiç bir şeyi yoktu. Daha baba olacak, çocuğunu görmeden gitmez." deyip durdum. Buz gibi yatıyordu morg denilen yerde, daha 2 gün önce oğlumuz olacağını öğrenmiştik.

Eşimi kaybettiğimde 1 sene 11 aylık evli, 4 aylık da hamileydim. Bundan sonra hamilelik dönemim çok zor geçti. Günlerce ağzıma su dışında tek bir lokma koyamadım. Ne uyku vardı ne de yeme içme. Zaman durmuş gibi olsa da düzenli doktor kontrollerine gidiyordum. 24 haftalık hamileyken detaylı ultrasona girdim. Bir sıkıntı vardı Serkan bebekte. Uzun bir ultrason oldu. Beyin ventrikül ölçümleri yüksek çıkmış. Doktorumuz, tıp fakültesinin perinatoloji bölümüyle beraber yürüttüler hamileliğimi. Her gün dua ettim oğlumu sağlıklı kucağıma almak için. Çok şükür ki anne karnındaki ölçümlerde yanılma oranı olabiliyormuş.

Ve büyük gün gelmişti, 28 Ocak 2017'de oğlum Serkan'ı kucağıma almak için hastaneye gittik. Herkes o kadar heyecanlıydı ki hepimize umut olacaktı. Doğuma girdim ve sezaryen ile oğlumu dünyaya getirdim. Ona babasının adını verdim. Odaya geldiğimde herkes vardı ama oğlum yoktu. "Oğlum nerde? Neden yanımda değil?" diye sorduğumda yoğun bakımda olduğunu söylediler. İnanmadım. En son çocuk doktorumuz ve doğum doktorumuz geldi yanıma ve solunum sıkıntısından dolayı yoğun bakıma alındığını söylediler. 2 saat sonra oğlumun yanına gittim. Sadece dokunabildim ona. Tek düşündüğüm babasız bir çocuk yetiştireceğim ve baba kelimesi onun için hiçbir şey ifade etmeyecek olmasaydı. Oysa ben babama ne kadar da düşkünüm. Bir hafta oğlum kuvözde kaldı, ancak 5. gün emzirebildim.

Doğumdan 1 gün sonra oğlumun kimliğini çıkarmak için nüfus müdürlüğüne gittim, aynı gün içinde sigorta işlemleri için bankaya gittim. Bir hafta boyunca hiç dinlenmeden hastaneye git gel yaptım. Bir hafta sonra oğlumu aldım ve evimize geldik. Günlerce oğlum kucağımda ağladım. Ona ismiyle hitap edemedim. Bu günleri nasıl atlatacağız? Babasız nasıl büyüteceğim? Kırkım çıkana kadar aile büyüklerimiz yanımdaydı. Sonra kimseyi istemedim yanımda çünkü biliyorum, yaşım küçük olsa da yaşadıklarım kocaman bir insan yapıverdi beni. Ben büyüdüm ve sadece anne olmadım, bunun yanında baba da oldum. Oğlum beni öyle bir hayata bağladı ki bu dünyadaki en güçlü insan yapıverdi. Babamız yok ama amcaları var, dedeleri var oğlumun.

Eşimin yokluğu en çok dışarıda anne baba ve çocuk gördüğümde içimi çok acıtıyordu. Ne zaman babası ile oynayan çocuk görsem, oğlum ve eşim gözümün önündeydi. Alıştım. Bizde durum böyle olmayacak. Oğlumun babasıyla yapması gereken ne varsa anne olarak bunu yerine getireceğim. Beraber top oynayacağız, maça gideceğiz, bisiklet kullanmayı ilk ben öğreteceğim.

Serkan bebek henüz 10 aylık şu an. Babasız büyüdüğünün farkında değil, belki de büyüyünce bunu hissedecek biliyorum. Ama olsun, büyüyünce babam gibi annem var desin. Bu beni gururlandırır.

-Serkan Bebeğin Annesi

Çocuğu Organ Nakli Bekleyen Bir Annenin Hikâyesi

Beni çoğunuz sosyal medyada "Müzisyen Anne" olarak tanıyorsunuz. Asıl ismim Ahu Kahraman Yıldırım. 6,5 yaşında bir kızın, melek olmuş bir erkek bebeğin, 20 günlükten beri kalp hastası olan 15 aylık Yılmaz Kartal bebeğin annesiyim.

Yılmaz Kartal, anne karnından beri mucize bebekti. Zaten

hamilelik, bir bebek dünyaya getirmek mucize değil mi? Ama Yılmaz, oğlumun abisi 1 sene önce henüz 21 haftalıkken doğup vefat ettiği için Kartal bebeği herkes çok büyük heves ve dualarla bekledi. Ama hep korku ve kaygı bu duygulara eşlik etti. Hamileliğimin ilk ayından itibaren ya bu bebek de ölürse diye her kontrolde ağladım. Bu ağlamalarım aylarca sürdü. Ne gelirse Allah›tan gelir deyip kendimi ona teslim edip huzurlu bir hamilelik yaşayamadım. Ama bir önceki bebeğimi kaybetmeme sebep olan domuz gribi aklımı başıma getirmemiş, 7 gün çalışma tempomu hiç düşürmemiştim. O müzik okulu ben olmazsam batar gibi geliyordu. İşi çocuklarla olan bir öğretmen için grip olmak kaçınılmaz bir sondur. Dokuz ay boyunca sürekli grip oldum. Keşkelerle yaşanmaz ama doğuma 1 hafta kala yine geçirdiğim çok ağır bir grip mikrobunun Kartal'ın şu anda yaşadığı kalp hastalığına sebebiyet verdiği düşünülüyor. Tabii bu ihtimallerden biri.

Kartal 20 günlüktü onu kucağımdan alıp yoğun bakıma yatırdıklarında. Dışarıdan ne kadar dehşet bir şey gibi duruyor. Bebek yoğun bakıma alındı. İlk aradığım kişi Ece (Hassas Anne) oldu. "Ece yetiş." dedim, "Kartal ölüyor." Kız şoka girdi. Beni mi sakinleştirsin, olayı mı anlamaya çalışsın... O sırada bizi eve yolladılar. Ece ve Gül hemen yanıma geldiler. Sabaha kadar üçümüz salonda yattık, sütüm kesilmesin diye beni oyalamaya çalıştılar. Henüz bebeğe ne olduğunu kimse anlamamıştı. Ertesi sabah telefonumu Ece'ye verdim çünkü herkes şoktaydı ve beni arıyordu. Gerçi hoş, biz de bilmiyoruz ki ne oldu, ne bilgisi vereceğiz. Ben sadece bebek çok derin nefes alıyor diye doktora götürmüştüm. Zira doğum yaptığımız hastanenin çocuk doktoruna bu durumu telefonda anlattım ve video yolladım. Kendisi panik yapmamamı, bir şey olmadığı söyledi. (Not: Siz siz olun doktorlara video göndermeyin, çok güvenli bir yöntem değil.) Ama anne yüreği dinlemez. Ben başka doktora gittim. Allah Tamer Ünver'den razı olsun. Bize bebeğin neyi olduğunu tarif etmekle bile vakit kaybetmeden bebeği kucakladığı gibi acil servise fırladı. Hani yiyeceği ekmeği varsa diye bir söz vardır ya işte tam da bizim hikâyemiz. Kartal dakikalarla yarışarak hayatta kaldı.

Neyse dakikalar dakikaları kovalıyor, bu arada iyi bayramlar mesajları geliyordu. Ne bayramı ya dedim, benim dünyam karardı. Kurban bayramının 1. günüymüş. Hepimiz yoğun bakım kapısından çıkacak doktorun ne diyeceğini bekliyoruz. Aklımı o an kaçırmadım ya bence şu anda ondan bu kadar sağlamım. Doktor çıktı, "Kartal iyi değil." dedi. Tamam yahu geç bunu onu anladık da niye iyi değil doktor bey, niye? "Kartal'ın kalp fonksiyonları iyi çalışmıyor, kalp kası hasar görmüş." dedi. "Nasıl olur?" dedim. "Daha 20 gün önce bu hastanede doğum yaptım her şey iyi dediniz. Hamileliğimde testlerin en alasına girdim, her şey yolundaydı." Doktor da "Zaten doğumsal gibi durmuyor, bir mikrop kapmış." dedi. Hastane mikrobu olabilir, doğum tebriki için eve girip çıkanlardan kapmış olabilir veya ilk söylediğim doğuma kısa bir süre kala annenin gribi kordon yolu ile bebeğe geçmiş olabilir. Hepsi birbirinden berbat seçenekler.

"Neyse tamam, onu da anladık ne olacak şimdi?" dedik. Doktor bize "İlaç tedavisi ile düzelebilen çocuklar var." dedi. "Miyokardite bağlı kardiyomiyopati tanısı koyduk." dedi. "Hah tamam o zaman." dedim "İlacı da varmış, ben ona bakarım."

"Ama Ahu Hanım, bu ilaçlarla ancak yüzde 30 bebek iyileşiyor." dedi. "Geri kalanı ne oluyor?" diye sordum. "Ya vefat ediyor ya da kalp nakli olmak zorunda kalıyor." dedi. Döndüm hemen kocama böyle şımarık bir tavırla (Ay benim kocam hemen isterim alır dercesine.) "Olsun nakil yaptırırız değil mi Levent?" dedim.

Öyle cahilim, öyle kalp naklinin ne demek olduğundan bir haberim ki doktor bu hâlime anlam veremedi ve beni frenlemek için "Ahu Hanım sakin olun ama kalp nakli çok zor."

dedi. "Nasıl zor ya?" dedim. "Özel hastane burası. Sigortamız var. Çalışıyorum, kazanırım; demeyin öyle." Tarih 20 Eylül 2016'ydı. Haziran 2017'de nakil beklerken vefat eden Tuğra da o hastanede yatıyormuş meğerse. Kalp nakli bekliyormuş sonradan öğrendim.

Ah şimdi bu satırları size Almanya'da yapay kalbe bağlı oğlumun başından yazıyorum ve o kareyi hatırlayıp demek istediği sanırım buymuş doktorun. "Ahu Hanım bak, ne paralar toplandı da oğluna kalp nakli hâlâ yapılamadı." diyorum.

Kartal 2 aylıkken eve getirildi ve karantinaya alındı. Ben tüm kariyerimi frenledim. Günde 22 ilaç içiriyordum. Hepsi özel olarak şırıngalarla ölçülerle hazırlanıyor, ağzına sıkılıyordu. Kimselere emanet edemezdim. 15 günde bir pediatri kalp doktorumuz Aygün Dindar'a gidiyorduk. Her kontrolde ömrümden ömür gidiyordu. Doktor, "Hadi be oğlum, güldür şu annenin yüzünü." dedikçe benim gözümden yaşlar akıyordu. Bu arada babamız çocukların resimlerini paylaşmamı pek istemediği için 7 aylık olana kadar Kartal'ın tek kare resmini paylaşmadım. Zaman geçiyordu. Her toparlanamadığı ay bizi kalp nakline yaklaştırdığını hepimiz biliyor ama söyleyemiyorduk. Bir yandan Türkiye'de organ nakli bekleyen çocukların anneleri ile arkadaş oluyor, süreci öğreniyordum. Ah Çiğdem ah Tuğra oğlumun annesi... En çok da onunla sabahlara kadar ağladık. O da bebekliğinden beri oğlunun başında kalp hastalıklarıyla çabalayan bir anne, son 1 senedir kalp nakli bekleyen bir çocuktu. Bana diyordu ki "Ahu, dua edelim nakilsiz kurtulsun. Çok zor beklemek."

Hamileliğim boyunca ortada bir olay yokken, ya bebek ölürse diye paniklediğim günler çok geride kalmış, bebek ölümle her gün burun buruna yaşarken ruhum sükûnete kavuşmuştu. Bebekleri sabaha kadar uyumuyor diye söylenen annelere bazen kızar bazen güler olmuştum. Çünkü ben sabahlara kadar nabzı hızlanırsa, kalbi durursa diye elimde makine, nefes ve nabız sayıyordum. Üstelik evde 5,5 yaşında okula giden bir ablamız vardı. Bebek karantinada ve asla enfeksiyon kapmayacak denmişti. İlk enfeksiyonda hayatı tehlikeye girecekti. Yine de bu süreci ne Lal'i korkutup üzerek ne de Kartal "Aman ya ölürse?" diye gözyaşları içinde geçirdim. Lal okuldan gelir gelmez odasında temizlendi duşunu aldı, dezenfekte spreylerini sıktı. Kartal'la hep oyun oynadı. Sevgi, gülmek ve mutluluktan daha büyük bir ilaç var mıydı kalbe? Bence yoktu ama olmadı.

12 Mayıs 2017 doğum günüm benim. Kartal iyi değildi, çok ıhlayarak nefes alıyordu. Doktor kontrolde her zamankinden daha panik ve üzgündü. Bizi odasına çağırdı, "Pulmoner hipertansiyon başlamış." dedi. Hah, bir bu eksikti. Aman dedim içimden, tansiyon çıkmış neyse ne yapalım... Gece Google'dan baktım. Ölümcül bir hastalık yazıyordu. Yok artık dedim, nasıl olur da bu da bizi bulur? İçeride eşimi sessizce ağlarken buldum. "Levent." dedim, "Bu yeni hastalık da çok kötüymüş. Akciğer nakli yazıyor, ne yapacağız?" Hiç konuşmadan sadece ağlayarak bakıştık bütün gece. Bu süreçte biraz aptallaştığım doğrudur. İlaçlarını değiştirdik, yeni ilaçlar eklendi. Moral olsun, yaşayacak günümüz ne kadar bilinmez ama 4 kişilik aile olarak yakın bir yere 1 gün bile olsa tatile gidelim dedik. Çünkü benim doğum günüm, çünkü 2 çocukla ilk anneler günümdü. Doktorumuza sorduk. Aygün Hoca, "Gidin tabii, çok eğlenin." dedi. Ama aylardır onun hastası olduğumuz için suratının hiç de iyi olmadığını kocam da ben de anladık.

Ertesi gün saat başı Aygün Hoca mesaj atıp Kartal'ın durumunu ve nabzını sordu. En sonunda ben aradım ve dedim ki "Hocam, Kartal'a ne olacak? Ben hazırım. Lütfen söyleyin. Siz bizi bu kadar aramazsınız." Aygün Hoca da "Cumartesi günü gel, yüz yüze konuşacağım." dedi. Kapısından girmemle bana sımsıkı sarılması bir oldu. "Ahucuğum sen harika bir annesin, aylardır harika baktın oğluna." ile başlayan motivasyon konuşmasında "Kartal 1 yaşına gelmeden önce nakil olmazsa yaşamı tehlikede." dedi. Artık soğukkanlılığımı tamamen bırakmış hüngür hüngür ağlıyordum. "Hayır." dedim "Ya bence yanlış teşhis. Olamaz yani, bebek iyi görünüyor." diyordum. "Sen bir düşün Ahucuğum, listeye acilen sokalım." dedi. Bu konuşmadan 1 hafta sonra Kartal kötüledi ve tekrar yoğun bakıma kaldırıldı. Türkiye'de 7 aylık bebeğe kalp nakli henüz hiç yapılmamış. Sadece 13 aylık bir bebek olmuş, o da yaşıyor mu diye öğrenebilmek adına bir türlü ailesine ulaşıp bilgi alamıyoruz. Nasıl panikledim, anlatamam. (Bu arada bebeklere kalp nakli ülkemizde yapılabiliyor ama kimse vefat eden bebeğinin organlarını bağışlamadığı için bizim gibi kalp bekleyen bebekler beklerken ölüyor.)

Almanya'da bir hastane öğrendik. Aygün Hoca'yı aradım, "Biz gidiyoruz." dedim. "Almanya'da da göstereceğim bebeğimi, orada da baksınlar istiyorum." Kadın ne desin, "Varsa imkânınız, göster kızım. Annesin sonuçta." dedi. Vize başvurusu, hastane randevusu derken bir risk alıp elimizde serum, yanımızda yoğun bakım hemşiresi, Almanca iyi bilen kız kardeşim, eşim ile Lal'i anneannesine bırakıp bebeği Almanya'ya başka bir doktora göstermeye geldik. Belki burada bir çaresi vardı. Belki başka ilaç verirlerdi. O kadar emindim ki ilaç verip gönderecek-lerine, yanımıza 2 kot, 3 tişört almıştık. Kartal'ın kontrolü beklediğimizden de kötü geçti. "Bebek ölüyor." dedi doktor. "Çok ama çok acil nakil gerek ama Türkiye›de yaptırmanız gerekiyor. Çünkü sizin oturma izniniz yok, Alman vatandaşı değilsiniz."

"Peki." dedik, "Ne yapalım..." Tam dönecekken Kartal ateşlendi. Bacağındaki serumdan enfeksiyon üremiş. Apar topar hastaneye yattık. Kötüleştikçe mecburen Almanya'da kaldık. Ama bu hastanede kalmanın bedeli 1 milyon 100 bin euro oldu. Valilik izni ile bu parayı toplamamıza yardım eden herkesten Allah razı olsun. Biz hastaneye yattıktan 2 gün sonra kalp bekleyen Tuğra'nın vefat haberi geldi. Ve ben o gün karar verdim, organ bağışı hareketi için elimi taşın altına koyuyorum dedim. Ve o günden beri bıkmadan usanmadan paylaşım yapıyorum. Tuvalette yıkanıyor, hastanede yaşıyorum. Doktorlarla anlaşabilmek için Kartal uyanmadan sabah 08.00'de Almanca kursuna gidiyorum. Türkiye'deki okulumuzu telefonla işletiyor, yoğun bakımda maaşları ödüyoruz. Tek gelirimiz Etiler Müzik Okulu. Ama işin büyüğü küçüğü olmaz, biraz Almanca öğrenir öğrenmez garsonluk gibi bir işe gireceğim. Çünkü Türk parası kazanıp euro harcamak ciddi anlamda bizi zorluyor.

Kartal şu anda bebekler için tasarlanan ve hasta bebeklerim hayatını ciddi anlamda yeni kalp gelene kadar uzatmasına destek olan "Berlin Heart" isimli yapay kalp makinesiyle yaşıyor. Tabii dualar en büyük desteğimiz. Geçen hafta oda arkadaşımız olan 8 aylık bir kız bebek kalp nakli oldu, şu anda durumu çok iyi. Darısı başımıza diyor, dualarla bekliyoruz. Ama bu dua Allah'ım bir bebek ölse de biz iyileşsek cinsinden asla değil. Allah'ım sen en doğru zamanda, en hayırlı şifayı bize ver diyorum. Organ bağışının günah olmadığını artık iyice benimsedik. Beyin ölümü ve bitkisel hayatın farkını anlayabildik. Ancak hâlâ benimseyemediğimiz şey, "Ben organlarımı bağışlarım ama evladım vefat ederse ona kıyamam." denmesi. Allah korusun, kimse evladına kıyamaz ama takdiri ilahi. Ancak organ nakli için bebeklerin kan grubu, kilosu, dokusu kadar kalbin boyutu da önemli. Bir bebeğe ancak bebek kalbi uyuyor. Ve zaten bebek yaşta yapılan nakillerde en geç 20-25 yıl sonra yine bir nakil daha gerekiyor. Ama o kadar uzun vadeli düşünmeyecek kadar dersimi aldım ben. Anı yaşayalım. Şu anda oğlum nefes alıyor ve elleri sıcak ya benden mutlusu yok. Yaşadığım şeyler, her gün yaşadığım şoklar çok fazla aslında. Ben bu hikâyeyi bir kitapta yazacağım ama buraya kadar sizlerle paylaşıp can arkadaşım Ece'min ilk kitabında bir anım olsun istedim. Ve sizlerin de kulağınıza küpe olsun. Hepimizin başına her an, her şey gelebilir. Sadece kızına kardeş yapmak isteyen, hayatı maddi manevi düzene girmiş mutlu bir aileydik biz. Şimdi ne paramız yetiyor oğlumuzu kurtarmaya, ne çevremiz. Kızımız Türkiye›de kaldı, biz burada... "Canım Ahu'cum." diyen iyi gününde yanından ayrılmayan insanların hepsi birer birer yok oldu. Bu nedenle bizim başımıza gelmez demeyin. Bir mikrop, sadece bir grip hepimizi kalp nakli sırasına sokabilir. Organ bağışı candan cana verilen en büyük sadakadır. Lütfen hepimiz organlarımızı bağışlayıp, ailelerimize de vasiyet edelim. Bana bir şey olursa lütfen organlarımı bağışlayın demelisiniz. Onların onayı olmadan maalesef ülkemizdeki sistem gereği organ bağış kartlarımızın bir geçerliliği yok.

Sevgilerimle

Not: 19 Kasım 2017'de Yılmaz Kartal'a Almanya'da kalp bulundu ve 12 saatlik bir ameliyatla yeni kalbi takıldı. Öncelikle bebeklerinin kalbini bağışlayan bu aileye sabır diliyoruz ve onlara bu duyarlı davranışları için ne kadar teşekkür etsek az. İnşallah Yılmaz Kartal'ın sağlıkla ve mutlulukla, annesinin hayalindeki kırmızı topun peşinden koştuğu günleri de göreceğiz.

Sevgilerimle.

-Ahu Kahraman Yıldırım

Instagram: @muzisyenanne @etilermuzikokulu

Geç Yaşta Anne Olmuş Bir Annenin Hikâyesi

Çok Geç Olmadan...

İlk ne zaman anne olmak istediğimi kendime soruyorum. Pek çok hemcinsimin aksine ben anne olma isteğine çok geç yaşta sahip oldum. Geç bir evlilik ve ardından hayatın getirdiği farklı bilumum sınavlar ile mücadele ederken birdenbire şok edecek derecede bir anne olma isteği ile dolup taştım sanki. 38 yaşımda evlendiğim düşünülürse mücadelemiz 40'lı yaşların başında başladı. Dedim ki kendime, artık bu sorumluluğu alabilirim ve bir çocuk sahibi olmak için yeterince cesaret topladım. Sanki istemem yeterli olur diye başladım bu yolculuğa. Meğerse bu sadece ilk adımmış!

Eşim ve ben uzun ve meşakkatli bir yoldan geçtik, sayısız konsültasyonlar, randevular, tedaviler ve denemeler... Başlangıçta kolay olacağını zannettiğimiz formüllerin her birini art arda denerken hem çok yıprandık hem de bir o kadar tecrübe sahibi olduk. Pek çok farklı hikâyeye ortak olduk. Bizim gibi çiftlerin yaşadıkları ile yoğrulduk. Zaman zaman birbirimizi unuttuğumuz bile oldu ancak hayal kırıklıklarımızın getirdiği acıları göğüslerken bir o kadar da güçlendik sanki.

İşin bir sonraki boyutunda anne olma dileğini sevdiklerinizle paylaştığımız zaman farklı bir tablo ile karşılaştık. Tüm aile ve arkadaşların yarattığı sevgi çemberinde hayal kırıklıkları katlanarak artıyor sanki... Beklentiler çoğaldıkça bu acı içinde eziliyor, yok olmaya yüz tutuyorsunuz. Zaman hep aleyhte işliyor, sanki ayların ardı arkası gelmiyor ve hayatınızı tamamen yumurtalar üzerine kurgularken çevreniz ve sizin için çetin bir bekleyiş bitmeden devam ediyor.

İşin sırrı ise sadece sabırmış, inançmış. Ben 8 deneme ve 4 farklı doktor ile geçirdiğim hiç duraksamadan sürdürdüğüm tedavi zarfından bunu öğrendim. Çoğu kez vazgeçmeye ramak kaldığında hep bir itici güç bana "Devam et!" diyerek en zorlu yokuşlarda bizi sanki yukarı çekti, "Zirveye az kaldı, lütfen pes etmeyin!" dedi.

Bizim şimdi 10 aylık bir oğlumuz var. Allah'ın bir mucizesi olarak bize bahşedildi. Onu ilk kucağıma aldığımda hissettiğim duyguların tarifi olamaz ama en ağır basanı kesinlikle hayranlık duygusu. Minik su gibi ellerin kıpırdamasını ve parmağıma sıkıca sarılmasını hiç unutamıyorum. Hayata, mucizelere, olan inancımın tavan yaptığı o an, her an artarak beni kaplamaya devam ediyor.

Bugün 44 yaşında ve henüz daha yürüyemeyen, konuşamayan bir 10 aylık annesi olarak deli gibi korkuyorum onu nasıl büyüteceğim, nasıl onu yaşamına tanık olacağım diye. Nefesim kesiliyor o ağladığında, gözlerinden yaşlar süzüldüğünde. Canından çok sevmek gerçekten varmış. Kadın olmanın en güzel yanı da anne olmakmış. Sadece doğum değil, bir bebeğin sıcaklığını doyasıya içine çekmekmiş.

Hayat eksik parçasını tamamladı benim için. Hayat, ruh buldu ve CAN buldu. Şimdi anne olmanın tüm zevkini tadarken aynı zamanda daha iyi bir teyze, daha iyi bir abla, daha iyi bir evlat hatta daha iyi bir insan olduğumu düşünüyorum. Doğumla gelen en büyük hediye içimde yeni yeni keşfettiğim ve her gün katmerlenen o şefkat ve sarmalama duygusunu hissetmem...

Oğluma çok şey borçluyum... Yeni bir hayat, umut ve sevinç ama en önemlisi daha iyi bir BEN.

-Leyla Günçavdı

Çok Çocuklu Bir Annenin Hikâyesi

8 yaşındaydım ve çocukluğumun en güzel günlerini yaşıyordum. Ablam ve erkek kardeşim o gün evde kalmış, anne ve babamla gezmeye tek başıma gidiyordum! Bizimkiler bugün bile arka koltuktan aralarına uzanıp "Keşke tek çocuğunuz ben olsaymışım!" dediğimi anlatırlar.

Belki de bilinçaltıma ittiğim ortanca çocuk hislerimden sebep kızım doğunca 2 yıl kadar sürekli "Tek çocuk kalacak ama şımarık bir tek çocuk olmaması için elimden geleni yapacağım elbette." diyerek gayet kendimden emin dolaştım. Neyse ki bilinçaltı dediğimiz sistem sadece 8 yaşın kıskançlıklarını değil 27 yıllık kardeşliğin sayısız güzelliğini, hayatla tek başına mücadele etmek zorunda olmadığını, kendini dünyanın en divanesi gibi görsen de ailenin senin tüm çılgınlıkların ile kucakladığını da hafızaya kaydediyordu.

Bundan sebep 32 yaşıma kadar üçer yıl arayla 3 çocuğa sahip olduğumu duyan tek çocuklu arkadaşlarımın "Allah kolaylık versin, biz bir tanesine bakamıyoruz." deyişlerini anlayışla karşıladım. Bana sorarsanız hayatımın annelikteki en zor yılları tek çocuk annesi olduğum dönemdi. Bu ilk çocuktaki acemilikten ziyade tek başına büyüyen bir çocuğumun benden anne, kardeş, arkadaş rollerinin hepsini birden oynamamı beklemesinden sebepti. Kardeşi olunca artık sürekli benim diğer rolleri de oynamamı beklemiyordu.

Önceki paragrafın başındaki cümleyle her karşılaştığımda "Anne ve dahası insan olarak sahip olduğum enerji, sabır, güç; artık aklınıza ne gelirse belirli bir miktarda mevcut. Tek çocukta bütün bu birikimi ona harcıyorsunuz, çocuk sayısı arttıkça bu enerji artmıyor, sadece çocuk arasında paylaştırılıyor." diyorum.

İlk çocuğumda sürekli onu düşünüp kaygılarımı besler, vicdanım sürekli ona daha fazla zaman ayırmam gerektiğini söyleyip dururdu. Şimdi hiç değilse birinin kaygılandığım bir durumu varsa, diğerinin sevinçli bir gününe denk geliyor. Ben aktivite annesi olmaktan çıkıp birbirleriyle ara ara didişseler de çoğu zaman uyum içinde olduklarını bilip derin bir nefes alabiliyorum.

Ben ya da babaları herhangi bir kavga durumunda kardeşini üzdüğü için bir tanesiyle konuşurken, canı yanan kardeş ortaya atlayıp "Abime kızamazsınız!" diye kardeşini savunmaya geçebiliyor.

Kardeşe sahip olmak çok güzel, evet ama eğer mükemmel oran 2 kız 2 erkek çocuğu yakalayamadıysanız annelerin dilinden kolay kolay kurtulamazsınız. Bunda da hep bizim kendimiz için en hayırlı olduğunu zannettiğimizden çok bizim hakkımızda en hayırlı olana tevekkül etmenin gerekli olduğuna inanıyorum. Bunu yazması kolay ama benim de buna kalbimi ikna etmem birkaç yılımı aldı.

İki kız kardeş olarak büyüyünce yedekte bir anneyle büyümüş gibi olmanın verdiği güveni bildiğimden kızımın hep bir kız kardeşi olsun istemiştim. Sonradan bebekken "Bunun arkası erkek." diyerek müthiş öngörüde bulunan teyzeleri ispatlarcasına iki oğlum oldu.

3 bebekte de erkek lafını duyunca minik bir şok geçirmiştim, Allah biliyor ya. Hatta 6 yaşındaki kızıma "4. kardeşin belki kız olur annecim." dediğimde benden daha fazla sorumluluk fıtratıyla yaratılmış çocuğum gözlerimin içine bakıp "Ben 4 çocuğa bakamam anne!" demişti... Hani ben bir şekilde büyütürüz diyordum ama Allah bana gayet realist bir evlat vermişti. En küçüğümüz doğup abisine arkadaşlık etmeye başladığında aslında esas kardeşe ihtiyacı olan abla değil abiydi.

3 aylık hamileyken "Hayati tehlikesi var, aldırmak ister misiniz?" dediklerinde "Asla!" dediğim ama 6 ay boyunca üzülmesinler diye anneme bile söyleyemediğim için yüreğimde dev bir kaya ile gezmekten ruhumun altüst olduğu, dokunsalar ağlayacağım hâllerimle, yüreğimden geçip giden endişeli kanımı karnımdaki bebeğe aktararak gezip durmuştum. İşte o bebek, bedenimden dünyaya geçerken endişelerimi de yanına almış, dokunsanız ağlayacak bir küçüğe dönüşmüştü. Doğrusu bu kadar kolay ağlayan bir çocuk olmasına kızamadım bile. Ben ne hâldeydim ki onu avuçlarımın içinde paramparça olan kalbimle büyütmeye çabalarken...

İşte ondan 3 sene sonra dünyaya gelen erkek kardeşi, en küçüğümüz abiye yoldaş oldu. Onun kimsenin kırmasına izin vermediği kabuğunu öyle bir tatlılıkla kırdı ki biz bile bugün eskiden sürekli ağlayan, her saniye hayatı kararmış gibi duran hâllerini hatırlamaz olduk. Meğer bizim üçüncü çocuk olarak bir kıza daha değil bir erkek çocuğa ihtiyacımız varmış, sadece planların en güzelini O'nun yaptığını yaşayıp yeniden hatırlamamız gerekiyormuş.

"Kardeş şart.", "Tek çocuk ideal." gibi lafların geçerliliği olmadığını, asıl olanın bize verilen emanet yavrulara iyi anne-babalık yapmak için gayret sarf etmek, bize nasip olan evlada şükretmek olduğunu anladım bu hayatta.

4. evladımı 3 aylık hamileyken anladığım bir şey daha var; bize verilen kadar bizden alınanda da bir hikmet var. Rabb'im bu hikmeti görebilenlerden, layıkıyla imtihanlardan geçenlerden eylesin.

-Hatice Özdemir Tülün

Ormanın En Sıradan Ağacı, Anneler ve Kızları için Portakal Ağacı'nın En Güzel Tarifleri kitaplarının yazarı

Instagram: @portakalagaci

Çalışan Bir Annenin Hikâyesi

Her annenin zihnine kazınmış, burnunun direğini sızlatan anıları mutlaka vardır. Oğlum 2,5 yaşlarında olmalıydı. İşe gitmek için evden çıktım ve koridorda yürümeye başladığımda "Anne!" diye seslendiğini duydum. Arkamı döndüm. Uyku tulumunun içinde mahzun mahzun bana bakıyordu. Gözlerim doldu. "Anne gitme." deseydi belki teselli edecek ve avutmaya çalışacaktım. O küçücük yaşında bunu çaresizce kabul ediyor görünmesi yüreğime çok dokundu. Yolda giderken ağladım. Tabii bu sadece o sabaha ait bir hüzün değildi, birçok şeyin birikimiydi...

Kızım ve oğlumun her ikisinin de doğumundan sonra altıncı ay dolduğunda çalışmak zorundaydım. Aslında birkaç ay ücretsiz izin alabildiğim için şanslı bile sayılabilirim çünkü pek çok annenin böyle bir imkânı olmuyor. Çalışmaya başladıktan sonra günler; sabah rutinleri, işe gidiş, çalışma, süt sağma, eve dönme, meme özlemini giderme, oynama, yedirme, yıkama, uyutma ve gece boyunca gündüz anneyi özleyen bebenin sık sık uyanıp emmeyi istemesi ekseninde dönmeye başlıyor. Tabii ki bir de buna evin ihtiyaçları, rutinleri, yardımcının yönetilmesi ve koca ile ilişkilerin, ebeveynlik anlayışlarının düzenlenmesi gibi konular ekleniyor. Eğer ikinci bebek geldi ise evde sizi daha hareketli ve heyecanlı günler bekliyor demektir.

Çalışan annenin günü mecburen erken başlar. Bebek ile biraz daha vakit geçirmek, gitmeden emzirmek, o günün siz yokken verilecek öğününü ayarlama, tembihler... Bu rutinlerden sonra işe vardığınızda ara vermeden çalışmaya başlarsınız. Kısa bir süre sonra emzirme zamanı yani sütü sağma zamanı gelir. Gün içinde verebileceğiniz dinlenme zamanları süt sağmakla geçer. İşte iken süt sağma maceralarla doludur. Bu işi hemen yapmazsanız zaten bir süre sonra ıslaklığı anında bedeninizin ön yüzünde hissetmeye başlarsınız.

Çalışan annenin günü erken biter demek isterdim. Ama gün gece mesaisi ile devam ediyor. Her iki çocuğumda da erken dönemde oturttuğum uyku düzeni, işe başlamam ile altüst oldu. Gecede kaç kere uyandığımı hatırlamam. Bir keresinde not tutmaya karar vermiştim. Kâğıda kalktığım saatlerin birinin yanına "*Fotoğrafı çekildi.*" yazmışım. Hâlâ nota bakıp güleriz. Böyle bir gecenin sabahında işe gitmenin fiziksel olarak zorlasa da anneye bir nevi "ara verme" olduğunu ve iyi geldiğini düşünüyorum. Daha iyisi ise uyku eğitimi verip, gece uyuyup sabah işe gitmektir. Denenmiştir ve şiddetle tavsiye edilir.

Eve varmak ve kavuşma anı muhteşem bir duygudur. İlk zamanlar küçük bir bebeği bir yabancıya bırakıyor olmanın verdiği vicdan azabı zamanla azalıyor. Ama hiç geçmiyor. Gerçi "yabancı" diye adlandırdığınız kişi, bebeğiniz için sizden sonra gelen en yakın kişi olmaktadır. Sanıyorum bu bakıcı konusu tüm çalışan annelerin en sıkıntı duyduğu konu. En kıymetli varlığınızı emanet ettiğiniz kişiyi bulma, anlaşma, alışma süreçleri, sonrasındaki yaşanan iyi ve kötü tecrübeler ve hayal kırıklıkları beni en zorlayan kısım oldu.

Bir gün kızım yeni yürümeye başladığı dönemde evin koridorunda düştü. O sırada hemen yanında olan bakıcısına bakıp ağlamaya başladı. Bakıcımız onu kucağına aldı ve teselli etti. Bir yandan o "yabancı"ya güven duymasına sevinirken, bir yandan da onu kıskandığımı itiraf etmeliyim. İyi haber şu ki çocukların okul çağına gelmesiyle bakıcı ihtiyacı ve bakıcı ile ilgili problemleri azalıyor. Fakat bu sefer de okul çanları çalmaya başlıyor. Çalışma koşullarım çok yoğun olduğu için okuldaki etkinliklerin bir kısmına gidemiyorum. Diğer ebeveynlere kıyasla öğretmenler ile daha az görüşebiliyorum. Evde yapılması gereken etkinliklere de çok hâkim olduğum söylenemez. Ama belki de bu yüzden çocuklarım kendi sorumluluklarını almayı daha erken öğrenecektir. Bilemiyorum. Sanıyorum annelik böyle bir şey. Hep eksik kalıyormuş gibi geliyor. Pek çok şeyi aynı anda yaşıyor ve hissediyorsunuz...

Çalışmalar göstermiş ki annenin çocukla geçirdiği sürenin kısa ya da uzun oluşundan çok bu sürenin niteliği önemlidir. Elbette ki çocuğun ihtiyaçları, özellikleri ve aile dinamikleri gibi pek çok faktör bu konuyu etkiliyor. Sanıyorum annenin çalışması veya evde olmasından çok; dengeyi bulması, mutlu olması, çevresi ve çocuğuyla iyi bir iletişiminin olması kıymetli. Galiba bu biraz da zamanla gelişiyor ve olgunlaşıyor. Bir akşam kızım 4, oğlum 2 yaşlarında iken eşimle yemeğe gitmek için evden çıkıyorduk. Oğlan ağlayıp mızırdanmaya başladığında kızım, "Merak etme, gidiyorlar ama geliyorlar." demişti. Kapı kapanınca "İşte bu..." dedim. "Başardık!"

-Deri ve Zührevi Hastalıklar Uzmanı Dr. Banu Taşkın

İnternet sitesi: drbanutaskin.com

Bir Prematüre Annesinin Hikâyesi

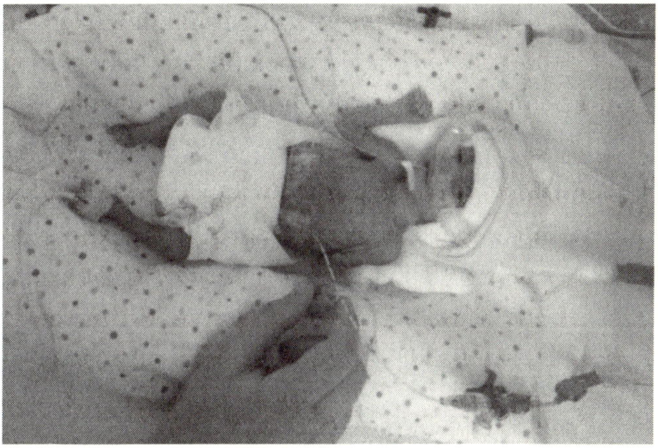

Ben 520 gram dünyaya getirdiğim minik bir mucizenin annesiyim. Anlatacağım hikâyede belki de kendini bulacaksın ama yaşamadıysan asla anlayamayacaksın. Benim geçtiğim yollardan geçmediysen "mücadele" kelimesinin aslında senin bildiğin gibi bir şey olmadığının farkına varacaksın. Bebeğinin defalarca kez kalp atışlarının yavaşlayıp nefes alışının durduğunu gözleriyle görmüş bir anneyim aynı zamanda. Umut, zafer, acı, şükür, gözyaşı ve mutluluk dolu bir doğum hikâyesi okuyacaksın az sonra. Bir gün senin de başına gelirse sakın korkma, sadece bebeğine inan… O sana doğru yolu gösterecek ve ikiniz tüm olmaz denilenleri bir kenara atıp emin adımlarla yürümeye devam edeceksiniz…

Daha sağlıklı, daha güçlü, daha azimli olacaksınız!

Eşimle uzun süren flört dönemimizin sonunda 2012 yılının ocak ayında evlendik. Balayından döndüğümüzde iyi bir kadın doğum uzmanına görünüp bebek yapmayı istiyorduk ikimiz de. Benim için çok erkendi herkese göre ama ben hazırdım.

Anne olmak istiyordum. Yapmam gereken bir sürü şey vardı aslında. Bir yandan yüksek lisans programları araştırıyordum, öte yandan çok taze evliydik ama ben kararımı çoktan vermiştim. Mart ayında ailenin hemen tüm kadınlarının doğumlarını yaptıran doktordan randevu almıştık. İlk randevunun sonucunda hemen gebe kalamayabileceğimi öğrendiğimde soğuk duş etkisi yaratmıştı ama üstesinden gelemeyeceğimiz bir durum olmadığını öğrendik. Polikistik over hastasıydım ve çok ciddi adet düzensizliklerim vardı aynı zamanda hormonlarım da şaşırmış durumdaydı. 6 ay sürecek bir doğum kontrol ilacı kullanmam gerekiyordu. Hemen başladım. Altı ay dolar dolmaz tekrar doktorumun kliniğine koştuk. Kistler kontrol altına alınmış ve kaybolmuşlardı. Artık bebek yapmamızdaki engel ortadan kalkmış görünüyordu. Doktorum doğal yollarla hamile kalabileceğimi söyledi ve işi akışına bırakmamızı önerdi.

Bir sonraki ay gebelik testi yapmak için bekliyordu bizi. O ay bitmek bilmedi ve âdetim gecikmişti. Eşimle birlikte el ele gittik test yaptırmak için fakat 2 saat sonra aldığımız sonuçla birlikte âdeta yıkılmıştım. Negatifti. Herkes beni teselli etmek için uğraştıysa da kimse başarılı olamadı. Her gün ağlıyordum. Sürekli kadın portallarına girip polikistik olan kadınların nasıl hamile kaldığını araştırıyordum. Bir sonraki ay yumurta geliştirici ilaçlar ve yumurta çatlatıcı iğneler kullandım ama yine koca bir negatif kaldı geriye. İyice paniklemiştim aklımda hep aynı soru: Ya bebeğim olmazsa? Bir sonraki ay aşılama yöntemini denemeye karar verdik. Her şey harika görünüyordu. Yumurtalarım artık istenildiği gibi büyüyüp çatlayabiliyordu ama olmadı, tekrar negatif. Bir sonraki ay tekrar aşılama ve tekrar negatif! Artık kontrolümü kaybetmiştim. Tek düşündüğüm şey, hamile kalıp bebeğimi dünyaya getirmekti. Tüp bebek denemek istediğimi söyledim eşime, o da pek sıcak bakmasa da aslında benim için endişeleniyordu. Doktoruma söylediğimizde çok erken cevabını aldık ama beni artık çok iyi tanıdığından kabul etmek sorunda kaldı. Yeni yıl gelmişti. Ocak ayı itibari ile tüp bebek tedavisi başladı ve bitmek bilmeyen iğneler, tahliller, ultrasonlar içinde 20 gün geride kaldı. Sıra geldi yumurta toplama işlemlerine... 18 yumurtanın 14'ü döllenebildi ve sadece 3 tanesi 3. gün sonunda gelişebildiler. 3'ü de transfer edildi. 21 Ocak 2013 günü hastaneden evimize tam 5 kişi olarak dönmüştük... 5 gün boyunca sadece tuvalet ihtiyaçlarım için yataktan çıktım. Devamlı uzanır pozisyonda, elimde ultrason kağıdı, bebeklerimle konuştum. 10. gün test için laboratuvara gittiğimizde erken kan testi ile sonucu aldık. Hamileydim! Sevinç çığlıkları, kahkahalar ve gözyaşlarımızla müjdemizi verdik ailelerimize... Allah'ım dualarımı kabul etmişti. Değerlerim çok güzel, katlanarak artıyordu. Keseyi ve kalp atışlarını da duysak bu iş tamamdı. Geriye sadece 9 ay beklemek, bebek bakım kitapları okumak, bolca alışveriş yapmak, evi bebeğe göre düzenlemek, bebek partisi organize etmek kalıyordu! Yani bana göre öyle olmalıydı...

Kızımın kalp atışlarını duyduktan 1 hafta sonra yani hamileliğimin 8.haftasında şiddetli bir kanama geçirdim. 2 gece hastanede yatmama ve progesteron iğneleri olmama rağmen kanama 13. haftama kadar devam etti. Beş hafta boyunca hiç kalkmadan istirahat ettim ve her gün progesteron iğnesi vuruldum. Bunların hiçbiri önemli değildi benim için; yeter ki bebeğim beni bırakmasın, içimde büyümeye devam etsin, ben yatmaya razıydım. Bu sırada ikili test vakti gelmişti. İkinci panik dalgası bizi daha fazla sarsmaya yetmişti. Testin sonucuna göre bebeğim 250/1 down sendromlu olabilirdi. Ve amniyon sıvısı olması gerektiğinden daha azdı. Doktorumun yönlendirmesiyle perinatoloji uzmanından randevumuzu aldık ve detaylı ultrasona girmeye karar verdik. Ertesi gün 3 saat süren ve bebeğimin mesanesinden parmaklarına, burnundan tüm damarlarında dolaşan kanın miktarını gösteren bir cihazla tanışmıştık: Doppler. Endişelenilen bir şey olmadığını, gerekirse 18. haftada amniyosentez yapabileceğimizi öğrenip biraz sakinleşmeye karar verdik. Zaman hızla geçiyordu. 18. haftanın sonunda doppler bize bebeğimizin kalbinde ve bağırsaklarında bir parlaklık olduğunun haberini verdi. Artık amniyosentez kaçınılmazdı ve hiç istemeye istemeye karnımdan o kocaman iğnenin girmesine bebeğime zarar verme olasılığını bile bile izin vermek zorundaydım. Kritik sonuçları 3 gün sonra alacaktık fakat o 3 günün bana 3 asır gibi geldiğini anlatmaya kelimelerim yeterli olmuyor maalesef... Her şey güzel olacak diye telkin ediyordum kızımı, ağladığımı asla çaktırmadan. Sonuçlar temiz çıkmıştı. Artık keyifle hamileliğimin tadını çıkarabilirdim. Kızım için hazırlıklar yapmaya başlayabilirdim. Ama içim yine de rahat değildi. Çünkü 23. Haftada perinatoloji uzmanı beni tekrar görmek istediğini söylemişti, preeklampsi şüphesi görmüştü.

28 Haziran 2013. Hiç bitmeyecek sandığımız kâbusun başladığı ilk gün. O günden önce başımıza gelenlerin içimizde hep bir açıklaması vardı sanki istenilenleri yapınca hemen düzeliverecek, her şey yoluna giriverecek gibi geliyordu ama o gün...

Artık bebeğimi besleyemediğimi, karnımda hiç büyümediğini, hâlâ 20. haftada gözüktüğünü, 400 gram civarında olduğunu ve bu şartlarda hiçbir hastanenin kabul etmeyeceğini, derhâl üniversite hastanesi kontrolüne girmem gerektiğini, bebeğimin çok uzun bir kuvöz süreci yaşayabileceğini (tabii şansı varsa) anlatıyorlardı bana. Ağlamaktan dinleyemiyor, yazılı olarak vermelerini istediğimi hatırlıyorum sadece. Gerisi kocaman bir boşluk... Dipsiz kuyulara atılmışım gibi hissediyordum... Bir anne, karnındaki savunmasız ve sadece ona muhtaç bir bebeği nasıl besleyemez? Hem de o kadar istemişken! Kim şimdi bunun sorumlusu? Tabii ki benim! Ben nasıl bir anneyim ki bebeğim benim yüzümden oksijensiz kalıyor, gereken besini alamıyor! Bu ve bunlar gibi daha birçok gelgitlerim oldu hep derim "Annelik vicdan azabıdır." diye...

1 Temmuz 2013. İstanbul Üniversitesi Çapa Tıp Fakültesi'nin yolunu tuttuk. Eşimin arkasına saklanmışım, korkuyorum, duymak istemiyorum anlatacaklarını. O zamana kadar bir an önce doğurmak isterdim, şimdi artık istemiyordum, kızım hep benimle kalsın, almasınlar benden istiyordum. İlk muayenemde evet, amniyon sıvısı neredeyse tükenmiş ama az da olsa bebeğe giden kan akımı devam ediyormuş. Bu durum bize zaman kazandırabilirmiş. Belki 30. haftaya kadar bile dayanırmışız. Ya dayanamazsak? Bebeğimi eve gittiğim zaman karnımda kaybedebilirmişim. Kasılmalarım sıklaşırsa kalbi dayanamayıp duruverirmiş. Aynı zamanda beynine de oksijen gitmeyebilir, beyin kanaması geçirebilirmiş. Bu durum çok ciddi sorunlara yol açabilirmiş. Bağırsakları gelişmediği için doğar doğmaz ameliyata alabilirlermiş. Akciğerleri gelişmediğinden aylarca makineye bağlı kalabilirmiş...

Beynim karıncalanıyor, midem bulanıyordu. Boğazımı sıkıyorlardı sanki nefes alamıyordum. Benim kulaklarım doğru mu işitiyordu? Nasıl kaldırır benim küçük kızım bu kadarını? Ben nasıl dayanırdım? Tüm bunların başımıza gelme ihtimalinin olması bile tüm gücümü emiyordu... Vakit artık geçmek bilmiyordu. Sanki hep aynı zaman diliminde yaşıyordum. O günden sonra dünya çok yavaş dönüyordu benim için. Bakışlarım donuklaşmış, algılarım kapanmıştı. İnsanlar bir şey sorduğunda cevap dahi veremiyordum. Telefonlara çıkmıyor, kimseyle konuşmak istemiyordum. Ağlamıyordum artık.

9 Temmuz 2013. Umutsuzluğa kapılmadım mı? Hem de çok... Saatlerce elim karnımda, kızım hareket etsin diye bekliyordum. Ama çoğu zaman kımıldamıyordu. Korkularım beni daha da içine kapanık birisine dönüştürmüştü. Şehir dışından gelen annem ve kayınvalidem yavaş yavaş kızım için aldığımız tulumları patikleri hurçlara koyup yatak altlarına kaldırmaya başlamışlardı. Bunu yazması bile çok güç geliyor şu anda ama hiç kimse iç açıcı bir şey söylemiyordu. Hep en kötüsüne ha-

zırlamaya çalışıyorlardı beni. Çapa'da kontrolüm haftada bir, salı günleriydi. Riskli gebelikler servisine bavulumla gitmiştim yatırma ihtimallerine karşılık ama minicik de olsa şansımız devam ediyordu. Kızım 40 gram kadar almıştı, hâlâ ümit vardı.

16 Temmuz 2013. Her şey yokuş aşağı yuvarlanmaya devam ediyordu. Sona çok yaklaşmıştık. Hastaneye yatış işlemlerimin başlatılmasına karar verilmişti. O günden sonra her saat doppler'e girmem gerekiyordu. Odaya çıktım ve aylardır yaptığım gibi sol tarafıma yatmaya devam ettim. Hemşirenin bir tanesi ciğer geliştirici iğne vuruyordu, bir diğeri tansiyonumu ölçüyordu. Tansiyonum hamileliğim boyunca hiç yükselmedi ve idrarımda beklenildiği gibi protein kaçağına rastlanmadı. Ama yine de bu benim preeklampsi olmadığım anlamına gelmiyordu. Sabahları aynı saatte hasta bakıcı tekerlekli sandalye ile beni almaya geliyordu. Karnıma jelin sürülmesini beklerken bile yüreğim ağzıma geliyordu. Asistanların "Kalp atışı normal." demesiyle gözlerimden yaşlar süzülüveriyordu istemsizce. NST cihazına bağlı yaşamaya başlamıştım bu arada. Sonuçları bir iyi, bir kötü geliyordu. Kızımın kalp çöküşleri sınırda seyrediyordu. 5 defa üst üste gerçekleşmesini bekliyorlardı. Yüzümde oksijen maskesiyle daha çok nefes almaya çalışıyordum öyle zamanlarda, belki bebeğime ufacık da olsa faydam dokunur diye. Gecelerce NST'ye bağlı kaldım. Ne bir şey yememe izin vermediler, ne de yattığım yerden kalkmama.

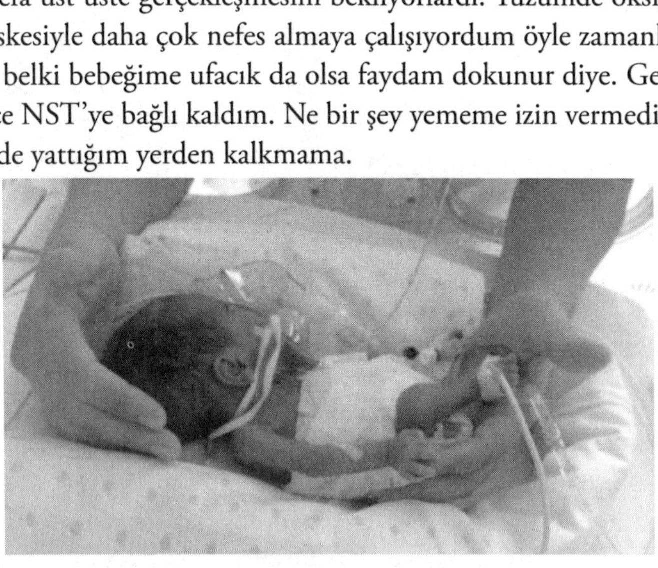

24 Temmuz 2013. Gece 22.50'de kızım dünyaya geldi. Doğar doğmaz entübe edilip yenidoğan yoğun bakım servisine çıkarıldı. Sezaryen narkozundan ayılırken defalarca aynı soruyu sordum: "Yaşıyor mu?" İnanmak istiyordum, görmek istiyordum, dokunmak istiyordum. Hamileyken herkese tembih etmiştim; bebeğime benden başka kimsenin dokunmasına izin vermeyecek, ilk ben kucağıma alacak, ben dokunacaktım. Hangisi planladığım gibi olmuştu ki bu olsun? 520 gram doğmuş bir bebekti beni kızım. Bu gerçeği bana söylemeye cesaret edememiş olacaklar ki hep geçiştirdiler. Ta ki hemşirenin doğum bilekliğimizi koluma takmasıyla öğrendim 520 gram bir kız bebek doğurduğumu. Çok araştırmıştım; hiç bu kadar küçük bir bebeğin yaşadığını, sağlıkla büyüdüğünü okumamıştım. Ameliyat sancılarımdan çok kızımdan haber alamıyor olmak yakmıştı canımı. Bana ihtiyacı vardı ama ben yanına gidemiyordum. Günün aydınlanmasıyla birlikte hemşireler bebeğim için anne sütüne ihtiyaç duyduklarını, göğsümü sağmam gerektiğini söylediler. Evladını hiç görmeden kokusunu bilmeden süt nasıl gelirdi ki anneden? Gelirmiş demek ki... Neredeyse verdikleri kabın tamamını doldurup yoğun bakım kapısına gittim. "İstanbulluoğlu bebeğin annesiyim ben." dedim ve ekledim "Kızımın adı Beliz." diye... Üzerime mavi bir önlük geçirdiler, eşimin kolunda yattığı kuvöze doğru yürüdüm. Gözümle gördüğüm benim kızımdı ve minicik bir kedi yavrusu kadardı sadece. Hâlâ şoktaydım ve ayakta durmakta zorluk çekiyordum. Kuvözüne kapandım ve elimi içine sokup henüz tırnakları bile oluşmamış parmaklarına dokundum. Doktorları oluşabilecek komplikasyonları bir bir sıralıyorlardı. Ama ben hiç birini bilmek istemiyordum.

Kritik 72 saati geride bırakmıştık. İlk kakasını yapmış ve çekilen ultrasonda beyin kanaması geçirmediğini öğrenmiştik. Yavaş yavaş yoluna girmeye başlıyordu her şey. Ama daha önümüzde çok uzun bir yol vardı. 3 saatte bir gece gündüz süt sağıyordum ve sadece dua ediyordum. Elimden gelen başka hiçbir şey yoktu. Beliz doğduktan 8 gün sonra kucağıma alabildim ve 16 gün sonra benim sütümle beslenmeye başladı. Eğer prematüre bir bebek dünyaya getirmişseniz aldığı 10 gramla sevinçten çığlık atabilir, verdiği 20 gramla dünyalar başınıza yıkılabilir. Neye sevinip neye üzüleceğimiz belli olmadan birbirini kovalayan 58 koca gün geçirdik hastane koridorlarında. Bitmek bilmeyen göz muayeneleri, ilk seferde geçemediği işitme testi, kan arayışlarımız içinde beni tek teselli eden artık kızımı her gün kucağıma veriyor olmalarıydı. Ona dışarıda nasıl bir hayatın onu beklediğini, birlikte çok güzel günler yaşayacağımızı, bir sürü mutlu anılar biriktireceğimizi, onu sevmekten asla vazgeçmeyeceğimi ve hastanenin bıraktığı tüm kötü izleri unutturacağımı anlatıyordum bıkmadan.

20 Eylül 2013. Elimizde pusetimizle gittik hastaneye. Birkaç saatin sonunda 3 kişi olarak ayrılacaktık oradan. Gözlerimiz dolu dolu, içimiz kıpır kıpır tüm gece heyecandan uyumamıştık. Arabanın içinde giderken "Kızım seni almaya geliyorum!" diye çığlıklar attığımı hatırlıyorum. Bu sefer şans bize de gülmüştü, kazanmıştık... Kızımızın yaşadığı tüm acıların geride kalacağına dair bir söz vermiştim ona ve bugün itibari ile sözümü tutmama bir adım kal-

mıştı. Arkamıza bile bakmadan kaçar gibi çıktık hastaneden. Evimize girdikten sonra 20 Eylül bizim miladımız oldu.

Bizim hikâyemiz mutlu sonla bitenlerden oldu, şükürler olsun. Yaradan'a sual olmazmış neden diye, elbet bir bildiği var denirmiş.

520 gram 32 santim doğan kızım artık evinde düzeltilmiş olarak 13 aylık, 9,5 kilo ve 80 santim. Dört gözle yürümesini bekliyoruz şimdilerde. Bu yazıyı yazmak, tekrar o günlere dönmek benim için hiç kolay olmadı. Defalarca ara vermek zorunda kaldım, boğazım düğümlendi, nefes alamadığım anlar oldu. Ben kızıma her zaman inandım ve asla pes etmedim. Mucize bebeklerin mucize anneleriyiz bizler. Asla vazgeçmeyiz. Bebeklerimiz için, onların sağlıkla büyümeleri için yapamayacağımız hiçbir şey yok, bunu biliyorum.

Gücümüzü bebeklerimizden alıyoruz çünkü onlar hayata bu kadar sıkı tutunmuş mucizelerken, sen sakın kendini hafife alma. Çünkü bu kadar güçlü bir bebeği sen dünyaya getirdin!

-Sinem İstanbulluoğlu
İnternet sitesi: prematurebebekguncesi.blogspot.com
Instagram: @Sinemistanbulluoglu

SON SÖZ

Değerli zamanınızı ayırıp kitabımı okuduğunuz için çok teşekkür ederim. Umarım okuduklarınız bir anne ve baba olarak kendinizi iyi hissetmenizi sağlar, gücünüze güç katar ve çocuğunuzu büyütürken işinizi kolaylaştırır. Çocuğunuza koşulsuz sevgi verin, aranızda kesintisiz iletişim olsun, çocuğunuzun güvenliğine dikkat edin ve çocuğunuzla mutluluk dolu anlar biriktirin. Kendi koşullarınızda elinizden gelenin en iyisini yaptıktan sonra yetersizlik ve suçluluk duygularının, ebeveynliğin tadını çıkarmanızı engellemesine izin vermeyin. Öncelikle siz mutlu olun ve potansiyelinizi gerçekleştirin ki çocuğunuz da mutlu olsun ve potansiyelini gerçekleştirsin. Yapamadığınız şeylere hayıflanmaktan çok yapabildiklerinize odaklanın, elinizdeki güzelliklerle mutlu olun ve bunların sayısını arttırmaya çalışın. Ailenizle mutluluk ve huzur dolu bir hayat dilerim.

-Ece Kumkale

Hassas Anne

Okulun ilk günü

1 senelik fark